그들의
진로는
달랐다

그들의 진로는 달랐다

변화의 시대를 살아가는 13가지 삶의 방식

시네하 세이코 · 오카모토 요시코 · 나카무라 유키 지음 | 김지윤 옮김

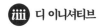
디 이니셔티브

다가올 시대를 어떻게 살 것인가?

테크놀로지의 진화, 글로벌화, 초고령화 등의 변화가 지금 전 세계의 경제와 사회를 뒤흔들고 있습니다. 점점 더 복잡하고 불확실성이 높아지는 세상이 될 거라고들 말합니다. 이처럼 사회 환경이 끊임없이 변화하면서 지금까지 일반적으로 여겨지던 취업 방법이나 직업에 대한 지식은 과거의 이야기가 될 것입니다. 일본에서도 고도 성장기에 운영된 종신 고용제가 붕괴하고 있으며 이직은 일반화되어가고 있습니다.

컴퓨터와 인공지능 등 과학기술의 발전에 따라 향후 10~20년 사이에 없어질 것으로 예상하는 직업이 있는가 하면, 지금까지 없었던 새로운 직업도 연이어 탄생하고 있습니다. 개인의 가치관도 다양해지고 있습니다. 과거 누군가에게 도움이 되었을 진로 가이드가 지금 우리에게 도움이 되리란 보장이 없어졌습니다.

빠르게 변화하는 시대인만큼 학생들 또한 문과·이과, 글로벌·로 컬 등 기존의 이분법적인 틀에서 벗어나 유연하게 커리어 관리를 했으면 합니다. 이런 생각에서 도쿄대 1, 2학년 학부생을 위해 마련한 〈교양학부생을 위한 커리어 교실-다가올 시대를 어떻게 살 것인가〉(이하 〈커리어 교실〉)의 강의 내용을 책으로 출간하게 되었습니다.

격변하는 시대를 살아가기 위한 교양의 기반 다지기

일본의 대부분 대학은 입학하기 전에 학생들이 학부와 학과를 미리 정합니다. 그런데 도쿄대는 입학생 전원에게 먼저 교양학부 과정(1, 2학년)을 이수하게 합니다. 일찍부터 전문 분야에 얽매이지 말고 문과와 이과를 넘나드는 넓은 지적 시야를 갖도록 '리버럴 아 츠(liberal arts, 교양과목)' 교육을 받게 하는 겁니다. 그리고 후기 과정 (3, 4학년)에서 자신이 나아갈 전문 분야의 학부와 학과 등을 선택하 도록 합니다(진학선택제도[1]). 이는 'Late Specialization(후기 전문화)' 이라는 시스템으로 도쿄대 교육의 큰 특징 중 하나입니다.

변화가 적은 안정적인 사회에서는 지식의 효율적인 분업이라

---

1. 본인의 희망과 전기 과정의 성적(1~2학년 중간고사까지), 면접을 통해 3학년 때 진학할 전공 학부 와 학과를 정한다.

는 관점에서 일찍부터 전문 영역으로 특화된 지식을 배우는 것이 합리적일 수 있습니다. 하지만 복잡하고 불확실성이 높은 사회에서는 세분된 학문의 특화된 전문 지식과 기술도 필요하지만, 무슨 일이든 다면적으로 해석하고 거시적으로 파악해서 기존의 틀에서 벗어난 발상을 해야 할 때가 많습니다. 그런 자유로운 발상은 단편적으로 흩어져 있는 기존의 사물이나 사상을 서로 연결하여 새로운 관계성을 발견하는 힘에서 나옵니다. 이는 그 기반이 되는 지식의 깊이와 넓이에서 가능한 게 아닐까요? 도쿄대의 Late Specialization 시스템은 학생들이 분야를 넘나들며 배우고, 시야를 넓힌 이후에 전문 분야를 선택하는 것을 돕는 과정입니다.

선배들의 경험을 들으며 해답을 '찾아가는 길'

　Late Specialization 시스템이 있어도 단순히 '난도가 높은 학과 =목표로 해야 할 분야'라고 생각하거나 좋은 성적을 얻기 위해 학점이 잘 나오는 과목만 선택하는 식으로 과목이나 진로(학부·학과)를 선택해서는 의미가 없습니다. 그래서 도쿄대 교양학부에서는 'Early Exposure(빠른 단계에서 다양한 전문 지식을 접하는 일)'에도 힘쓰고 있습니다. 이 책의 토대가 된 〈커리어 교실〉도 Early Exposure로 개설한 과목군 중 하나입니다. 이 강의에는 국내외에서 활약하는 각계각층의 인사들을 특별 강사로 초빙해 커리어에 대한 이야기와 다가올 시대를 어떻게 살아갈 것인가에 관한 생각을 듣습니다.

〈커리어 교실〉의 수강자 대부분이 아직 학부를 선택하지 않은 1학년생이기 때문에 학생들은 강연자들에 대해 '어떤 학부와 직업을 선택했는가?', '학부에서 배운 지식을 일하면서 어떻게 살렸나?'에 대한 궁금증을 가집니다. 그 배경에는 '장래의 진로와 맞는 학부를 선택하여 공부하면서 커리어를 차근차근 준비하고 설계해야 하지 않을까' 하는 학생들의 고민이 숨겨져 있습니다. 그런데 지금 자신의 취미, 적성, 능력, 주위 환경 등을 합리적으로 분석하면 미래에 자신이 가야 할 목표나 거기에 도달하기 위한 커리어 코스가 명확해질까요? 또 정해진 코스를 가는 '방법'을 가르치는 것이 우리 교육자가 해야 할 커리어 교육일까요?

저는 '그렇지 않다'고 생각합니다. 물론 커리어를 설계하는 일 자체를 부정하는 것은 아닙니다. 다만 이제 막 스무 살, 스물한 살에 선택하는 학부와 학과가 자신의 장래를 결정하지도 않을뿐더러 취직이 대학 생활의 유일한 목표가 되어서도 안 된다는 것을 말해주고 싶습니다. 그래서 〈커리어 교실〉에서는 자신의 미래에 대해 불안해하는 학생들에게 선배들은 미래를 어떤 식으로 선택해 나갔는지, 나와 같은 고민을 했던 선배들의 경험담을 가능한 한 많이 들려주고자 노력합니다.

〈커리어 교실〉이라는 과목명을 보고 어떤 '해답'을 기대하고 참가한 학생들에게 우리는 "이 수업의 목적은 해답을 제시하는 것이 아닙니다."라고 말합니다. 선배들의 다양한 경험을 들으며 스스로 해답을 찾아가는 데 도움을 줄 수 있기를 기대하여 만든 수업이기 때문이죠.

커리어를 선택하는 데 정답은 없다

어떤 커리어를 선택하고 어떤 길을 걸어가느냐는 사람마다 다릅니다. '정답'은 없습니다. 그래서 수업을 통해 커리어를 선택하고 쌓아가는 방법에 대한 다양한 접근 방식을 소개하고자 기존의 전형적인 틀에서 벗어나 다양한 영역에서 활약하고 있는 분들을 모셨습니다.

이 책은 최근 3년 동안 진행된 강연 중 하이라이트 13개를 뽑아, 커리어와 마주하는 방법에 대해 강연자가 전달하고자 하는 메시지를 기준으로 4개의 장으로 나누어 구성했습니다.

책에 소개된 커리어 쌓는 방법은 '좋아하는 분야를 끝까지 파고들기', '큰 조직의 강점 살리기', '고민하면서 시행착오 하기' 등 매우 다양합니다. 어쩌면 조금 특이한 경력을 갖고 각계에서 활약하는 모습을 통해 '아, 이런 선택지도 있겠구나' 하고 커리어에 대해 더욱 유연하고 풍부한 이미지를 그릴 수 있게 될 것입니다.

또 커리어를 쌓다가 예측하지 못한 변화를 만났을 때 어떻게 자신만의 방식으로 유연하게 대처하는지도 알 수 있을 겁니다. 여기서 '교양'이야말로 우리가 인생의 주요 선택 과정에서 근시안적인 태도에서 벗어나게 해주는 힘이라는 걸 깨닫게 됩니다. 바로 이것이 이 책의 주제입니다.

고등학교나 대학교에서 커리어 교육에 종사하는 분들뿐 아니라 학생들이 대학 진학과 졸업 이후의 진로에 대해 생각하고 본격적으로 자기 인생을 향해 한 걸음 내디딜 때, 이 책에서 어떤 힌트를 발견할 수 있기를 바랍니다.

— 시네하 세이코

차례

CHAPTER 3
미래의 일은 아무도 모른다

CHAPTER 4
'어떻게 살 것인가'를 생각하는 힘

일러두기
본문에 소개된 참고 문헌 중 국내에 번역된 책은 번역된 제목과 출간일에 따라 표기했습니다.

CHAPTER
1

느낌이 오면
파고들어라

Your time is limited, so don't waste it living someone else's life. Don't be trapped by dogma – which is living with the results of other people's thinking. Don't let the noise of others' opinions drown out your own inner voice. And most important, have the courage to follow your heart and intuition. They somehow already know what you truly want to become. Everything else is secondary.

당신의 시간은 유한합니다. 다른 사람의 삶을 사는 데 시간을 낭비하지 마세요. 다른 사람의 생각에 따라 사는 도그마에 빠지지 마세요. 다른 사람의 목소리에 귀 기울이느라 당신의 내면의 소리를 듣지 못하는 우를 범하지 마세요. 가장 중요한 것은 당신의 마음과 직관에 따라 행동하는 용기입니다. 당신의 마음과 직관은 당신이 진정으로 무엇이 되고 싶은지를 이미 알고 있습니다. 그 밖의 것은 부차적입니다.

— 스티브 잡스, 2005년 스탠퍼드대 졸업식 연설에서

좋아하는 일을 자신의 직업으로 삼을 수 있다면 더할 나위 없이 좋겠지요. 그러나 인생이 그렇게 달콤하다고 느끼는 사람은 많지 않은 것 같습니다. 1장에서는 자기 안의 '목소리'와 '직감'을 믿고 자신이 좋아하는 일을 직업으로 삼기 위해 노력해온 선배들의 이야기를 모았습니다.

하버드대에서 물리학을 배우고, 주식회사 라쿠텐에서 최연소 임원으로 활약하고 있는 기타가와 다쿠야 씨는 지금까지 어떤 생각을 가지고 커리어를 개척해갔는지 이야기합니다. '인생을 즐기기' 위해서 노력을 아끼지 않는 그의 이야기를 통해 긍정적인 에너지를 받을 수 있기를 바랍니다.

연구자의 길을 걷고 있는 안도 야스노부 씨는 연구자라고 하면 흔히 연구실에서 갇혀 실험에 몰두하는 모습만이 연상되는데 실제로는 어떤 일을 하는지 본인의 경험을 이야기합니다. '자신이 만족하지 못하는 결과로는 남들도 만족시킬 수 없다'라는 그의 말에 잔잔한 여운이 남습니다.

마루 유키히로 씨는 박사 과정을 밟으면서 동료 학생들과 주식회사 리버네스를 설립하였고, 지금도 수많은 벤처기업을 만드는 데 적극적으로 관여하고 있습니다. '자신에게 맞는 무언가를 찾으려면 목표를 세우고 반드시 온 힘을 다 해야 한다'라는 그의 말에 여러분도 힘을 얻었으면 좋겠습니다.

사춘기 시절을 미국에서 보낸 저도 연사로 참여하여 화학에 끌리게 된 계기와 교육과 연구를 동시에 할 수 있는 일을 만나게 되기까지의 경험을 이야기하려 합니다. '자신의 아이디어를 인풋하여 변화를 가져올 수 있는 환경을 찾고 활약하기를 바란다'라는 메시지를 여러분에게 전하고 싶습니다.

'나는 무엇을 좋아할까? 무슨 일을 할 때 보람을 느낄까?' 그 답은 오직 자기 자신만이 알고 있습니다. '이것이다'라고 생각하는 길로 힘차게 나아가고 있는 이야기를 참고로 여러분도 자신이 '좋아하는 일'을 찾을 수 있기를 바랍니다.

― 나카무라 유키

트위터 팔로워
늘리기를 하다 빠져버린
빅데이터의 세계

기타가와 다쿠야

주식회사 라쿠텐 임원 (소속은 강연 당시 기준)
CDO ^{Chief Data Officer}
글로벌 데이터 총괄부 총감독

PROFILE

하버드대를 졸업한 뒤 동 대학원 물리학과에서 박사 과정을 이수했으며 이론물리학자로서 20여 편의 논문을 발표했다. 라쿠텐에서 데이터 사이언스 조직을 만들고, 현재 CDO로서 그룹 전체의 데이터 전략과 실행을 담당할 뿐 아니라 인도와 미국을 비롯한 해외 거점 조직도 총괄한다. 과학적인 이론에 바탕을 둔 데이터 기반 고객 체험과 비즈니스 이노베이션 사업을 추진하고 있다.

연구자를 거쳐 임원이 되기까지

먼저 제 소개부터 하겠습니다. 저는 간사이 지방 출신으로 나다 중고등학교를 졸업한 뒤 하버드대에서 물리학을 전공했습니다. 그 후에는 이론물리학을 공부하고 양자 컴퓨터에 관한 다수의 논문을 썼습니다.

저는 이론가이기 때문에 이론적으로 '이런 세계가 있다'라고 알리고, 이를 다른 사람이 실험을 통해 증명하는 방식으로 일했습니다. 그런데 제 논문이 《네이처》, 《사이언스》와 같은 세계적인 학술지에 실린 것이 계기가 되어 원래 사업 쪽에는 전혀 관심이 없었던 제가 라쿠텐에 입사하게 되었고 지금은 임원으로 일하고 있습니다. CDO로서 회사 전체의 데이터를 책임지고 있는데 주로 인터넷 쇼핑을 담당하는 자회사의 데이터 전략을 짜는 일을 하고 있습니다.

'배운다는 것'은 자신의 행동을 변화시키는 것

오늘 강연을 준비하면서 여러분이 이 수업에서 무엇을 배우고 돌아가면 가장 의미가 있을지를 생각해 보았습니다. 저도 대학원에서 박사 과정까지 공부하며 배움이 무엇인지를 고민하던 시기가 있었습니다. 그리고 생각 끝에 '배운다는 것은 나의 행동을 변화시키는 것'이라는 결론에 이르게 되었습니다. 무언가를 배웠다면 행동이 변화되어야 합니다. 그렇지 않으면 그 배움은 쓸모가 없습니다. 생각을 바꾸거나 삶의 방식을 바꾸거나 문제 해결 방식을 바꾸거나 지금까지 익숙하던 방식을 바꿔야만 비로소 행동이 변화됩니다.

그런데 인간은 본래 자기 고집이 있는 데다 나이가 들수록 자신의 의사 결정 방식이나 사고방식을 잘 바꾸려 하지 않습니다. 그래서 어떤 지식이 진짜 배움으로 이어지려면 우선 어떤 일에 대해 느끼는 감정부터 달라져야 합니다. 자동반사적으로 말이지요. 즉, 행동이 달라진다는 것은 어떤 일이 일어났을 때 그것에 대해 느끼는 방식 자체가 달라진다는 뜻입니다. 저는 그것이야말로 진정한 배움이라고 생각합니다.

항상 배우면서 이 배움이 나의 행동을 조금이라도 변화시켰는지를 생각해 보기 바랍니다. 변화시키지 못했다면 그 배움은 의미가 없습니다. 의미 없는 배움은 차라리 그만두는 편이 낫습니다. 여기 계신 교수님들께는 죄송하지만 그런 수업은 듣지 않아도 됩니다. 저는 그만큼 극단적으로 생각하며 살아왔습니다. 하지만 교수님들이 최선을 다해 준비하신 수업이기 때문에 배울 점이 반드시 있을 겁니다. 발상을 전환해서 기왕 학교에 와서 배우고 있으니 그 수업을 통해 자신의 행동을 어떻게 바꿀 수 있을지 생각하며 공부하면 좋지 않을까요.

명언 가운데 '어리석은 자는 경험에서 배우고, 현명한 자는 역사에서 배운다'(오토 폰 비스마르크)라는 말이 있습니다. 경험이 있으면 실패를 두려워하고, 성공을 바라게 됩니다. 경험은 쉽게 사람의 감정을 움직이니까요. 따라서 경험을 통해 배우는 일은 간단합니다. 그런데 현명한 사람은 다른 사람의 경험담을 듣거나 책을 읽는 것만으로도 자신의 감정을 움직일 수 있습니다. 이것이 이 명언의 진정한 의미가 아닐까요. 결국은 '상상력'이 중요한데요, 제 이야기를 들으며 여러분이 '나라면 어떻게 할까'를 상상해보고 무언가를 배울 수 있다면 유의미한 시간이 될 거로 생각합니다.

대국에서 인생을 설계하다

제 학창 시절 이야기부터 시작해볼까 합니다. 고등학교 때 갑작스럽게 하버드에 간 제가 영어는 어떻게 했을까요? 저는 중학생이 될 때까지 ABC도 몰랐습니다. 그 기호를 이해할 수도 없었고 그냥 어렵다는 생각만 들었습니다. 당연히 중학교에 들어간 뒤에도 추가 시험을 치를 때가 많았고 기억력도 안 좋아서 단어도 좀처럼 외우지 못했습니다. 영어는 도저히 안 될 것 같았습니다.

이렇게 영어가 잘 안 맞고 공부할 생각도 없었는데 당시 Windows95 라는 컴퓨터가 출시되면서 손정의와 빌 게이츠가 대단해 보였습니다. 빌 게이츠의 전기[2]를 읽고 솔직히 일본은 이제 끝났구나 싶었고, 미국에게 모두 빼앗길 것 같다는 위기의식이 생겼습니다.

'일본은 끝났고, 나는 영어를 못 하는데 앞으로 어떻게 살아야 할까?' 미래를 고민하며 불안감에 휩싸였지만, 영어 공부는 도저히

---

2. 제임스 월리스·짐 에릭슨,《빌 게이츠-거대 소프트웨어 제국을 구축한 남자》, 1992.

하기 싫었던 저는 결국 가서 배우는 수밖에 없다고 생각했습니다. 현지에 가서 생활하다 보면 어떻게든 되지 않을까 싶어 일단 미국에 가기로 결심한 것이 중학교 3학년 때의 일입니다. 그리고 고등학교 1학년 때 교환학생으로 미국에 갔습니다.

미국에 가기 전 중학교 3학년 때는 테니스부 주장이었습니다. 테니스를 시작한 계기는 어느 날 문득 테니스를 하는 이유에 대해 생각하다가 어쩌면 테니스로 먹고살 수 있을지도 모른다는 생각이 들어서 일단 프로 선수가 돼 보기로 했습니다. 그런데 몇 년 동안 테니스를 쳐보니 프로가 될 만한 실력이 아니라는 걸 느꼈습니다. 3년째 되던 해, 계속 테니스를 하는 건 의미가 없다고 생각하고 그 자리에서 담당 선생님께 전화를 걸어 "선생님, 저 그만둘래요."라고 말했습니다. 주장이었지만 갑자기 그렇게 그만두었습니다. 이제와 생각해보면 제 마음속에서는 나름의 스토리가 있었지만, 선생님은 너무 갑작스러운 제 행동을 보고 도무지 무슨 영문인지 모르셨을 것 같습니다. 다행히 선생님께서 큰 문제 없이 그만둘 수 있게 배려해주신 덕분에 다음 해 미국 유학길에 올랐습니다. 그렇게 사춘기 시절을 보냈습니다.

그때 처음으로 '대국적으로 인생을 내려다보아야 한다'는 생각을 했던 것 같습니다. 제가 읽어낸 대국은 아무리 봐도 세계 경제와 테크놀로지의 중심은 미국이라는 것이었습니다. 빌 게이츠는 물론이고 손정의도 미국에서 대학을 졸업하고 그곳에서 활약했다는 것을 알고, 세계의 중심은 일본이 아니라는 생각이 더욱 명확해졌습니다. 그리고 나도 세상의 중심에 가지 않으면 안 된다고 생각한 것이지요. 여러분도 이렇게 대국을 파악하고 인생을 설계하면 좋을 것 같습니다.

즐기는 재능은 인생을 살아가는 데 중요하다

미국에서 교환학생을 마치고 다시 일본으로 돌아와 학교에 다녔는데 사고방식이 다소 극단적이었던 저는 '학교에 다니는 건 의미가 없다'고 생각했습니다. 시험 치기가 정말 싫어서 진짜로 학교를 그만두려던 시기도 있었지만, 조금 더 시간을 두고 생각해 보기로 했습니다. 학교를 그만두는 것도 좋지만 그만둔다 한들 특별히 할 일도 없었기 때문입니다. 이것저것 생각해보다가 문득 '지금을 즐기지 않으면 손해다'라는 생각이 들었습니다.

'지금을 즐길 수 있는 일이 무엇일까?' 곰곰이 생각해봤더니 당시에 듣고 있던 수업을 즐길 수 있느냐 없느냐가 지금 내 인생의 승부처가 아닌가 하는 생각이 들었습니다.

저는 물리와 수학 등 각각의 수업이 왜 즐거운지를 생각해보았고 그러면서 어떤 과목이라도 그 과목의 프로가 있다는 것을 알게되었습니다. 물리 선생님, 화학 선생님. 과목마다 프로 같은 선생님이 계십니다. 그 선생님들은 자기 과목에 관한 이야기를 매우 즐거운 듯 풀어냅니다. 그걸 보면서 거기에는 반드시 재미있는 요소가 있을 거라는 생각이 들었습니다. '재미있는 요소가 있는데도 그걸 모르고 이 시기를 넘어간다면 인생에서 엄청난 손해를 보는 게 아

닐까? 세상 사람들이 가장 재미있다고 생각하는 일을 다 알게 된다면 내 인생이 장밋빛이 되지 않을까?'

그래서 선생님께 직접 여쭤보기로 마음먹었습니다. 수업 시간에 손을 들고 "여기에서 뭐가 재미있나요?"라고 물어보기로 한 것이지요. 화학 선생님은 친절하게 제 질문에 대답해 주시고 책도 주셨는데 그 책을 열심히 읽어 보니 꽤 재미있었습니다. 그래서 고등학교 시절 내내 화학을 공부했습니다. 화학 올림피아드에 나간 적도 있습니다. 반면에 실패한 것은 국어였습니다. 국어 선생님은 하이쿠(17자로 이루어진 일본 특유의 단시)를 좋아하셨는데 선생님께 손을 들고 "(하이쿠의) 어떤 점이 재미있어요?"라고 물었더니 비꼬는 거로 알고 상처를 받으셨는지 대답을 제대로 안 해주셨습니다. 이 경험을 통해 선생님께 너무 따져 물으면 안 된다는 것도 알게 되었습니다.

질문해서 잘 풀린 과목이 있는가 하면 잘 풀리지 않은 과목도 있었는데, 그 당시 제가 깨달은 것은 즐기려고 마음먹으면 뭐든 어느 정도 즐길 수 있다는 것이었습니다. 즐기기 위해서는 본인의 재능도 필요합니다. 즐기는 재능은 인생을 살아가는 데 있어서 상당히 중요합니다. 여러분 중에 즐거워하는 일이 많은 사람이 있다면, 그 사람은 재능이 풍부한 사람이라고 생각합니다. 살다 보면 별 이유 없이 즐거워 보이는 사람들을 만나게 되지요. 그들은 즐기는 방법을 알고 있는 것입니다. 그들이 어떻게 인생을 즐기는지를 알게 되면 여러분 인생도 즐거워질 겁니다.

각자가 시간을 즐기는 방법은 생각보다 훨씬 다양합니다. 아침에 일어나서 무엇을 하는지가 모두 다르고, 그 작은 차이로 인해 인생의 즐거움이 달라집니다. 지금이라는 순간을 진지하게 그리고 욕심껏 즐겨보면 어떨까요?

백지상태에서 내 그림을 새롭게 그리는 설렘

하버드 시절, 영어를 거의 못 알아들어서 상당히 고생했습니다. 중학교 때까지 ABC도 몰랐을 정도니, 대학생이 되었다고 해서 갑자기 말을 잘 알아들을 리가 없지요. IQ는 언어 능력과 계산 능력으로 이루어져 있는데 언어 능력이 절반 정도를 차지합니다. 영어를 모르면 미국 사람들과 동등한 대우를 받을 수 없습니다. 제 주변에는 좋은 사람들만 있었기 때문에 다들 친구처럼 대해주었지만, 이야기하다 보면 저를 자신보다 아래로 보고 있다는 느낌을 받을 때도 있었습니다. 하버드생 가운데는 저를 상대도 해주지 않는 사람들도 꽤 있었고, 저 또한 친구를 어떻게 사귀어야 할지 몰라서 정말 힘들었습니다.

저는 남자 중고등학교를 나와서 그런지 화사하고 즐거운 캠퍼스 생활을 꿈꿨는데, 영어를 못 하니 말을 걸어주는 사람이 없었습니다. 기왕 하버드에 들어갔으니 여러 가지를 도전해보고 싶었지만 뭘 하면 좋을지 몰랐습니다. 그래서 일단 공부나 해야겠다 싶어 물리 공부를 했습니다. 제가 물리 전공을 한 것은 물리를 좋아했기 때문이라기보다는 솔직히 현실 도피에 가까운 느낌이었습니다. 그래도 덕분에 물리의 재미를 남들보다 더 많이 알 수 있었습니다.

당시 하버드생 친구가 대학끼리 교류하는 프로그램인 HCAP (Harvard College in Asia Program)의 대표가 되었는데, 도쿄에 오피스를 내고 싶다고 했습니다. 그 친구는 아시아 프로그램인 HCAP의 오피스가 중국과 인도에는 있고 일본에는 없다며 "일본에 사무실이 없는 건 이상하잖아. 기타가와, 어떻게 좀 해봐."라고 말했습니다. 일본인이라는 이유만으로 저에게 부탁한 것입니다. 그래서 저는 도쿄대에 다니는 친구에게 연락했고, 그 친구가 다행히 한번 해보겠다고 해서 우리 둘은 HACP의 도쿄 오피스를 만들게 되었습니다. 대학교 2학년, 물리 공부밖에 안 했던 제가 여러 시행착오 끝에 결국 HCAP 일본 오피스를 설립한 지 벌써 10년이 지났습니다. 여러분도 앞으로 다양한 일에 도전할 기회, 다양한 사람을 만날 기회가 있으므로 그 하나하나를 소중히 대하길 바랍니다.

이때 제가 배운 건 백지상태에서 일을 시작하면서 즐기는 방법입니다. 고등학생쯤 되면 자아가 싹터서 자기 자신에 대해 인식하기 시작합니다. 저는 그런 시기에 갑자기 아는 사람이 단 한 명도 없는 미국에 가서 혼자 생활하게 되었습니다. 가기 전에는 어떻게 될지를 전혀 예상하지 못했고, 가고 나서야 깨달은 부분이 많습니다. '친구가 없다'는 생각에 초조했는데 당시에는 영어도 못 했으니 어떻게 생활해야 할지 막막했고, 실제로 고생도 많이 했습니다. 하지만 이때의 경험은 지금도 제 안에 고스란히 남아있어서 이제는 아무도 나를 모르는 상황에서 새롭게 일을 시작하는 게 전혀 두렵지 않습니다.

라쿠텐에 들어갔을 때도 또다시 백지상태에서 시작한다는 것이 오히려 즐거웠습니다. 빈터에 자신의 그림을 새롭게 그려가는 설렘을 대학 생활을 통해 배웠던 것 같습니다.

아이디어를 발전시키는 방법

그 뒤 대학원에 들어가서 이론 물리를 연구했습니다. 모처럼의 기회이니 이론 물리에 관한 이야기도 해볼까요? 2016년에 노벨 물리학상을 받은 덩컨 홀데인(F. Duncan M. Haldane) 교수님은 저와 비슷한 분야를 연구한 사람입니다. 제 전문 분야는 '물성물리'라고 불리는 분야인데, 물질의 성질을 밝혀 물리 이론을 이용해 다양한 물질을 만드는 일을 합니다. 물리학자들은 초전도물질이라는, 저항이 전혀 없이 전류를 흘려보낼 수 있는 물질을 개발하려고 애쓰고 있습니다. 하지만 실용화할 수 있는 것은 아직 발견하지 못했습니다. 초전도물질을 찾으면 아마 몇백조 엔 규모의 사업 기회가 생길 겁니다.

초전도물질은 양자역학적으로 아주 작은 단위에서만 발생하는 물질의 성질을 이용해서 만들어집니다. 특이 환경, 예를 들어 온도가 매우 낮거나 자력이 아주 강한 곳에서만 발생합니다. 초전도와 밀접한 관련이 있는 현상으로 양자홀 효과가 있는데 이것 또한 강한 자기장 안에서만 효과가 나타난다고 합니다. 홀데인 교수님은 자기장이 없어도 양자홀 효과를 관측할 수 있다는 사실을 이론적으로 증명했습니다. 하지만 그가 제안한 모델은 너무나 까다로워서 이론적으로밖에 존재하지 않는다고 여겨져 왔습니다.

그런데 저는 그래핀이라고 불리는 격자형 탄소 원자가 겹쳐진 물질에 원편광(圓偏光)이라는 특정한 빛을 비추면 홀데인이 말한 모델이 어떤 조건 하에 발생한다는 것을 밝혀냈습니다. 홀데인이 말한 물성은 평균 상태 즉, 안정된 상태에서만 가능한데 제 논문의 포인트는 동적인 상태 즉, 비평형 상태에서 실현할 수 있다는 것이었습니다. 그것을 제안한 논문이 여러 가지로 증명되어, 2~3년 전에 《네이처》와 《사이언스》에 발표되었습니다. 그리고 실제로 그런 일이 일어날 수 있다는 사실이 차례로 밝혀지고 있습니다. 이를 제가 국제 학회에서 발표했을 때 홀데인 교수님이 직접 참석해서 아주 멋진 아이디어라며 칭찬해주셨습니다.

논문을 쓰면서 제가 배운 것은 아이디어는 끝까지 파고 들어가지 않으면 그 끝에 뭐가 있을지 알 수 없다는 것입니다. 왜냐하면, 기초 연구의 세계는 경쟁이 매우 심해서 아이디어가 떠올라 교수님을 찾아가도 대개는 '그건 이미 다른 논문에 나와 있다'라는 말을 듣게 됩니다. 저도 그런 일이 자주 있었습니다. 여러 가지 아이디어가 떠올라서 "이건 어떨까요?"라고 물으면 "그건 여기에 이미 나와 있어."라는 식으로 거부당했지요. 하지만 그런 말을 신경 쓰다가는 아무것도 할 수 없을 것 같아서 누군가가 이미 연구했다는 이야기는 더는 신경 쓰지 않기로 했습니다. 이론 물리를 연구할 때 처음 떠오른 아이디어가 다른 이의 아이디어와 얼마나 유사한지는 중요하지 않습니다. 이전 사람이 무엇을 했느냐가 아니라 그 중심에 어떤 가치가 있느냐를 따져서 갈 데까지 가보면 결국에는 처음 아이디어와 완전히 다른 아이디어가 되어있는 경우가 많습니다.

비즈니스를 할 때도 어떤 아이디어에 대해서 '별로 가치가 없다'라는 말을 듣는 이유는 처음에 떠오른 아이디어는 남들의 아이디어와 비슷한 경우가 아주 많기 때문입니다. 하지만 모두가 다른 인생을 살아왔기 때문에 아이디어를 발전시키는 방법은 저마다 다릅니다. 아이디어라는 것은 떠오른 다음 한 걸음, 두 걸음, 세 걸음 앞으로 나아가면서 진화합니다. 처음에는 같은 아이디어였더라도 열 걸음 걸어 나간 뒤의 아이디어가 다르면 그걸로 된 겁니다.

그러니 여러분, 아이디어가 떠오른 순간은 아직 한 걸음도 떼지 않았다는 것을 기억하세요. 거기서 포기하면 기본적으로 다들 생각하는 것밖에 떠올리지 못합니다. 하지만 그것을 열 걸음 앞으로 끌고 간다면 분명 다른 아이디어가 되어있을 겁니다.

트위터를 하다 데이터 분석의 세계를 만나다

이론물리학자였던 저는 어떻게 라쿠텐에서 데이터 전략 책임자로 일하게 되었을까요.

먼저 데이터와 어떻게 만나게 되었는지부터 이야기해야 할 것 같습니다. 저는 이시카와 요시키[3]와 니시우치 히로무[4], 두 사람과의 교류를 통해 데이터 분야에 입문했습니다. 요시키는 예방의학자로 활약하고 있고, 히로무는《빅데이터를 지배하는 통계의 힘》이라는 책을 쓴 빅데이터 전문가입니다. 이 두 사람과는 꽤 오랜 인연인데 그 인연은 하버드에서 시작되었습니다. 저희 셋은 거의 매일같이 한 집에 모여서 빈둥거렸습니다. 당시 제가 닌텐도 위(Wii)를 가지고 있어서 다 같이 저희 집에 모여 게임을 하면서 시간을 보내는 게 일상이었습니다.

그렇게 빈둥대던 시절, 트위터가 미국에서 인기를 끌기 시작했는데 통계학자인 히로무는 팔로워를 모으는 데 천재적이었습니다. 일반인의 팔로워 수는 많아야 1~2천 명 수준일 텐데 그는 당시 팔로워 수가 50만 명이나 됐습니다. 이 엄청난 숫자에 궁금증이 생긴 저는 대체 어떻게 한 거냐고 물어봤습니다. 히로무는 팔로워는 이렇게 하고 저렇게 하면 모인다는 걸 이론적으로 설명해줬고, 우리는 거기에 상당히 큰 감명을 받았습니다. 팔로워 수가 비슷했던 저와 요시키는 내기를 하기로 했습니다. 그날부터 한 달 정도 게임을 하면서 틈이 날 때마다 트위터를 해서 팔로워 숫자를 늘리는 경쟁을 하기로 한 것이지요.

우리는 소문이나 웃긴 이야기가 소셜네트워크를 통해서 어떻게 퍼지는지를 이야기하기도 했습니다. 셋 다 과학자이기 때문에 히로무의 조언을 받으면서 입소문이 어떻게 생기고 전파되는지를 과학적인 차원에서 의견을 공유했습니다.

---

3. 이시카와 요시키(1981~): 예방의학 연구자. 저서로《지치지 않는 뇌 휴식 법》(2018) 등이 있다.
4. 니시우치 히로무(1981~): 통계 전문가. 저서로《빅데이터를 지배하는 통계의 힘》(2013),《확률을 높이는 확률》(2013) 등이 있다.

당시 이론물리학자들 사이에서는 네트워크 이론이 유행하고 있었습니다. 물성물리는 물질의 성질을 조사하는 것인데, 물질은 기본적으로 규칙적인 원자의 배열로 이루어져 있습니다. 이론물리학자는 격자 구조 위에서 전자가 달리는 것을 계산하는 게 기본적인 일이기 때문에 격자 구조에 대해서는 상당히 잘 압니다. 그런데 사람의 네트워크나 트위터의 팔로워 네트워크는 랜덤 네트워크라고 해서 규칙적으로 배열되어 있지 않은 것이 특징입니다. 규칙적으로 배열되지 않은 네트워크 세상에서 정보가 어떻게 이동하고, 인간 네트워크를 통해 질병이 어떤 식으로 감염되는지도 이와 비슷한 문제로 볼 수 있습니다. 이론물리학자는 이런 문제를 네트워크 이론이라는 분야에서 연구합니다. 저도 물리학자였기 때문에 관련된 논문을 열심히 읽으며 어떻게 트위터 팔로워를 늘릴지 고민했습니다. 그러다가 팔로워를 늘리려면 일단 데이터를 모아야겠다는 생각이 들었고, 트위터의 API(Application Programming Interface)를 사용해 나의 팔로워가 누구인지, 내 글이 누구에게 리트윗되었는지 데이터를 모아 분석한 것이 저의 데이터 분석의 시작입니다. 그저 팔로워를 늘리고 싶다는 욕망에서 데이터 분석을 시작한 것이지요.

인간에 대한 완전히 새로운 이해, 빅데이터

이론물리학자였던 제가 빅데이터에 흥미를 느낀 몇 가지 이유

가운데 하나를 이야기해 보겠습니다.

일반적으로 과학자들의 위대한 발견에 앞서 새로운 관측 방법이 등장합니다. 예를 들어 현미경의 발명으로 세포를 관찰할 수 있게 되었고, 그것이 발전해서 바이러스 등을 볼 수 있게 된 것처럼 말이죠. 그리고 그것으로 양약 분야를 개척하게 되었습니다. 그전까지는 바이러스가 병의 원인이라는 사실을 몰랐고, 눈으로 볼 수도 없었기 때문에 사람들은 이유도 모른 채 병에 걸리고는 했습니다. 하지만 그 정체를 볼 수 있게 된 순간, 그것에 대처할 수 있는 약을 만들자는 이야기가 나왔습니다. 이처럼 새로운 관측 방법이 새로운 분야를 낳습니다. 과학 분야에는 이와 비슷한 이야기가 많이 있는데, 새로운 방법으로 관측을 하게 된다는 것은 세상에 대한 이해를 확대하여 새로운 발견으로 이끌 가능성을 여는 일이기도 합니다.

저는 대학 시절, 트위터의 빅데이터를 보면서 인간에 관련된 전혀 새로운 데이터, '사람들은 어떤 물건을 구매하는가, 인터넷상에서 어떤 행동을 하는가'와 같은 데이터는 지금까지 거의 보지 못했다는 것을 알게 되었습니다. 그런 데이터는 사실 개인 정보여서 오픈되기 어려우니까요. 그런데 인터넷 세상이 되어 모든 정보가 모이면서 여러분이 평소에 어떤 일을 하고 있는지를 알 수 있게 되었습니다. 새로운 관측 방법이 생긴 것입니다.

미래에는 '인간에 대한 완전히 새로운 이해'라는 혁명이 일어날 겁니다. 틀림없습니다. 그런데 현재는 이런 데이터가 기업에만 있어서 혁명의 속도가 조금 느립니다. 하지만 앞으로 5~10년 이내에

빅데이터를 사용해 노벨 경제학상을 받는 학자가 반드시 나올 것이라고 생각합니다. 노벨상을 받는 것이 목적은 아니지만, 개인적으로 인간에 대한 새로운 이해가 앞으로 5년 안에 틀림없이 가능해질 거라고 봅니다.

저는 지금 라쿠텐에서 데이터 전략 책임자로 일하고 있습니다. 구체적으로는 빅데이터를 분석함으로써 미시 경제와 거시 경제의 관련성을 명확하게 하는 연구를 하고 있습니다. 개인의 의사 결정을 이해하는 것이 미시 경제이고, GDP가 어떻게 생겨나는지를 이해하는 것이 거시 경제입니다. 경제학에서는 이 두 가지가 별개로 논의되고 있고, 개인의 의사 결정이 어떻게 GDP에 영향을 미치는지에 대한 이해는 아직 부족한 것이 현실입니다. 그래서 경제학이 비즈니스나 국가를 부강하게 한다는 측면에서 큰 효과를 얻지 못한다고 생각합니다. 경제를 회복시키기 위해 무엇을 하면 좋을지도 제대로 파악하지 못하고 있습니다.

미시 경제와 거시 경제를 잇는 데이터를 가진 것은 라쿠텐이나 아마존, 야후 같은 인터넷 기업뿐이기 때문에 저는 그곳에서만 할 수 있는 학문이 틀림없이 있다고 생각합니다. 이것이 바로 학문적인 백그라운드를 가진 제가 라쿠텐에 들어간 이유입니다.

과학적으로 증명된 네 가지 성공 요인

이번에는 과학적으로 증명된 성공 요인 네 가지를 이야기해 볼까요?

먼저 가장 중요한 것은 '성장 마인드셋(Growth mindset)'입니다. 한마디로 '나는 성장할 수 있다'라는 신념입니다. '나는 어릴 때부터 이랬으니까' 혹은 '부모님이 이러시니 나도 이럴 것이다'라고 생각하는 것은 별로 좋지 않습니다. '나는 지금부터 좋아질 수 있다'고 확신하는 것이 인간에게 좋은 영향을 준다는 사실은 과학적으로 이미 밝혀져 있습니다.[5]

또 하나는 '셀프 에피커시(Self-efficacy)', 즉 '자기 효능감'[6]입니다. 이것도 비슷한 맥락으로 잘 해낼 수 있을 거라는 자신감으로 생각하면 됩니다. 세상을 살려면 특히 셀프 에피커시가 중요한 것 같습니다. 자신감이 없어서 하지 못하는 일은 상당히 많으니 말입니다.

다음으로는 '그릿(Grit)'인데 이는 '끈기, 끝까지 해내는 힘'입니다. 《그릿》[7]이라는 책을 꼭 한번 읽어 보기 바랍니다. 재능이나 센스는 그렇게 중요한 것이 아닙니다. 결국, 마지막까지 해내는 힘이 미래의 성공 여부를 가릅니다. 저는 포기를 모르는 사람이라서 그릿을 가지고 있지 않은 상태가 어떤 상태인지 잘 모르겠지만, 아무튼 끈질기게 버티는 일이 중요합니다.

마지막으로 대학생에게 매우 중요한 능력 가운데 하나인 '벌너러빌리티(Vulnerability)'입니다. 저는 이 단어를 '상처받기를 두려워

---

5. 캐럴 드웩, 《마인드셋》, 2017.
6. 심리학자인 알버트 반두라가 만든 개념으로 어떤 목표나 과제에 대해 적절한 행동을 수행해서 과제 달성에 성공할 거라고 자기 자신을 믿는 일.
7. 앤절라 더크워스, 《그릿》, 2016.

하지 않는 강인함'이라고 번역하고 싶습니다. 이걸 갖기는 어려운 일입니다. 왜냐하면, 상처받기를 두려워하지 않는다는 것은 상처를 받아도 상관없다고 생각하는 것이고, 이는 엄청난 강인함이 필요하기 때문입니다. 나라고 하는 인간, 존재에 대해서 굉장한 믿음과 자신감이 있어야 가질 수 있는 것이 벌너러빌리티입니다. 그런데 자신감이 있다는 것과 상처를 받지 않는다는 것은 다른 문제여서 자신감이 있는 사람도 상처를 받습니다. 따라서 그 상처를 받아들이고 더 나아가서 거기서부터 무엇을 배울 수 있느냐가 성공하는 데 매우 중요한 요소입니다.

저는 지금 현장과 경영자 사이의 중간 입장에 서 있습니다. 전체 80명의 멤버들 간에 다양한 관점이 존재하는데 현장과 회사의 의견을 동시에 듣다 보면 양쪽 의견을 수렴하기도 쉽지 않습니다. 그래서 무슨 말을 들으면 방어 본능이 작동해 내 잘못이 아니라고 생각하고 싶은 마음도 생기지만, 상처를 안 받을 수 없는 것 또한 사실입니다. 그러나 이것도 나중에 성장을 위해서 중요한 부분이라고 생각합니다. 저는 비판을 받으면 기분이 안 좋아지는 사람이어서 이런 부분을 쿨하게 넘기는 방법을 후천적으로 배워야만 했습니다. 어른이 된 다음에 이걸 배우느라 고생을 많이 했고요.

어쨌든 '나는 성장할 수 있다는 신념(성장 마인드셋), 잘해나갈 수 있다는 자신감(셀프 에피커시), 끈기·끝까지 해내는 힘(그릿), 상처받기를 두려워하지 않는 강인함(벌너러빌리티)'을 가지는 것이 중요합니다. 이 네 가지를 원래부터 갖추고 있는 사람은 없으므로 어떤 것은 후천적으로 배워야 할 겁니다.

일단 인생을 즐기자는 마음으로 살기 바랍니다. 그렇게 하다 보면 배움은 자연스레 뒤따라올 겁니다. (2016년 10월 14일 강연)

덧붙임: 필자는 2019년 1월, 상무집행임원이 되었다.

연구자는 실험에만
몰두할 수 있을까

안도 야스노부

도쿄대 대학원 공학계 연구과 조교[8]
(소속은 강연 당시 기준)

PROFILE

도쿄대 이학부 물리학과를 졸업하고, 동 대학원 이학계 연구과 물리학 전공으로 박사 후
기 과정을 마친 이학 박사이다. 산업기술종합연구소 특별 연구원(박사연구원)을 거쳐
도쿄대 대학원 공학계 연구과 조교로 일하고 있다. 전문 분야는 통계물질과학이며 연구
키워드는 전기 이중 층, 차세대 전지, 기계 학습, 데이터 구동 과학이다. 그 외에 과학기
술 인터프리터 양성 과정을 수료하고 NPO 법인 Class for everyone의 이사로서 신흥
국의 교육 활동에 힘쓰고 있다. 일본 전통 의상 입기와 살사를 즐긴다.

8. 일본의 조교는 수업과 연구를 진행하는 등 한국의 대학교수 역할을 한다.

연구자의 가장 중요한 업무는 글을 쓰는 일이다

여러분 가운데 앞으로 연구자가 되겠다는 사람은 많지 않을 겁니다. 아마 대부분이 살면서 연구자와는 인연이 없을 거로 생각할지 모르겠습니다. 하지만 예를 들어 국가 공무원이 된다고 해도 무슨 일이 있을 때마다 연구자와 함께 일을 하게 될 겁니다. 오늘은 연구자가 어떤 일을 하는지, 대학에서 커리어를 쌓으려면 어떤 부분을 생각해야 하는지, 그리고 제가 이 길에 들어서게 된 이유를 이야기해 보겠습니다.

제가 생각하는 연구자의 가장 중요한 업무는 '글을 쓰는 일'입니다. 이게 전부라고 해도 무방할 정도입니다. 문과든 이과든 글을 쓰지 않는 연구자는 존재 의미가 없습니다. 연구자는 학회지나 해설기사, 투고 논문 등 다양한 형태의 글을 매일같이 끊임없이 씁니다. 물론 연구를 실행하는 스킬은 기본적으로 갖추고 있어야 하겠지요. 그런데 연구 기술이 아무리 뛰어나도 연구를 통해 도출해 낸 결과가 자기 머릿속에만 있으면 제대로 평가받지 못합니다. 잡지에 발표하지 않으면 설령 학회에서 아무리 훌륭한 발표를 했더라도 가치가 없는 연구로 취급됩니다.

또 예산을 획득하려면 여러 가지 서류를 작성해야 합니다. 연구 계획서를 쓰고 응모해서 선발되어야 예산을 받을 수 있습니다. 연구 계획서를 쓸 때는 자신이 어떤 비전을 가지고 그 연구를 통해 얼마나 새로운 것을 발견할 수 있는지를 알기 쉽게 써야 합니다. 이것이 오늘날 연구자에게 요구되는 가장 중요한 일 중 하나입니다. 연구자가 되고 싶다면 반드시 기억해두기 바랍니다.

연구자는 어떤 걸 쓸까?

예를 들어 연구 성과에 관해 쓴다고 칩시다. 이는 논문을 쓰는 것이기 때문에 여러분도 비교적 이해하기 쉬울 겁니다. 공적으로 발표하는 것으로는 학술 논문이 있습니다. 영어로 쓴 논문을 국제 학술지에 투고해서 채택되면 전 세계 사람들이 볼 수 있습니다. 그리고 연구자들을 위한 해설 기사도 있습니다. 일본에는 다양한 학회가 있습니다. 제가 속해있는 학회는 '일본물리학회'와 '일본표면 과학회'인데 그곳에 소속된 회원들에게 우리의 연구가 어떻게 진전되었는지 등을 기사를 통해 해설합니다. 이것도 연구자들 사이에서는 평가받는 일 중 하나입니다.

또 예산을 획득하면 그 성과에 대해 보고서를 써야 합니다. 이 작업은 받은 금액에 따라서 그 규모가 달라집니다. 지원 금액이 수억 엔이 넘는 많은 예산을 획득한 사람은 보고서 정리에만 한 달 이상 매달리기도 합니다. 이렇게 보고서를 쓰는 일은 상당히 힘들지만, 그 뒤의 평가로 이어지는 중요한 작업이기 때문에 소홀히 할 수 없습니다.

공적으로 발표하는 것은 아니지만 반드시 해야 하는 작업은 자신의 연구 노트 정리와 자료 정리입니다. 이것 또한 쓰는 일입니다. 저 같은 경우에는 파워포인트에 자료나 코멘트를 붙여두고 다양한 포맷으로 바꿔 쓰기 편하게 정리해서 보관하고 있습니다. 이를 논문 형식으로 바꿔서 발표 자료로 이용하기도 합니다. 이 큰 틀은 문과·이과 할 것 없이 모든 분야의 연구자들이 하는 작업입니다.

대부분 연구자는 스스로 연구를 위한 자금을 모금해야 합니다. 그래서 자금 공모에 신청서를 내고 심사를 통과한 사람만이 연구 예산을 지원받을 수 있는 제도가 있습니다. 신청서에는 연구 목적, 연구 배경, 연구 계획, 아이디어 발상 경위, 연구 예산 사용처를 순서대로 써 내려갑니다. 한 건당 A4 용지 12장 정도의 분량입니다. 저는 이런 신청서를 1년에 2~3건 정도 씁니다. 모든 연구자가 이런 신청서를 쓰고 엄격한 심사를 거쳐 채택되어야 연구 자금을 획득할 수 있습니다.

연구자의 비전에 따라 예산이 결정됩니다. 비전이 제대로 인정되지 않는 연구에는 예산이 할당되지 않습니다. 그래서 제안서를 제출하기 전에 선배 연구자가 신청서를 검토해줍니다. 같은 분야 연구자가 체크하는 것이 일반적이지만 서로 일면식이 없는 경우가 많습니다. 게다가 다른 분야의 사람이 보게 될지도 모르기 때문에 전문용어만 사용해서는 안 됩니다. 따라서 그 연구에 어떤 가치가 있는지를 직접 기술하는 편이 좋습니다. 매년 이런 치열한 경쟁을 거쳐 예산을 획득하는 일을 반복하는 것이 연구자의 일상입니다.

연구 성과는 학회에서도 발표합니다. 저는 시뮬레이션을 통해 다양한 재료의 특성을 조사하는 연구를 하는데, 학회에서 발표할 때는 연구 자료를 만들어 발표합니다. 착실하게 분석해서 보고서를 작성하고 어떤 점이 재미있는지 물 흐르듯 설명한 뒤 연구 커뮤니티에 제출하는 작업을 매일같이 하며 살고 있습니다. 좋은 연구 성과가 나와서 국제 학회에서 발표할 기회가 있으면 해외에 나가 세계 각국의 사람들과 교류할 수 있다는 점도 연구자라는 직업이 가진 매력 중 하나입니다. 제가 지금까지 국제 학회로 찾은 곳은 유럽의 여러 나라와 미국, 멕시코, 싱가포르, 태국 등입니다. 연구자가 되면 꽤 다양한 나라에 갈 수 있습니다.

이상이 대략적인 연구자의 업무인데 어쨌든 글을 쓰지 않으면 아무것도 시작되지 않고, 아무것도 끝나지 않습니다. 평가도 받지 못합니다. 연구자들의 세계는 글을 쓰는 일이 전부인 사회라고 생각하면 됩니다. 보고서도 그렇고 논문도 마찬가지입니다. 그런 연구 활동 가운데 세계 여러 나라 사람들과 교류하는 일이 대부분 연구자의 일상입니다.

연구자의 인생은 불안정하다?

그렇다면 연구자는 안정적으로 생활을 해나갈 수 있을까? 생활이 불안정해서 결혼을 못 하지는 않을까? 결혼한다고 해도 대부분 아이가 없지 않을까? 저도 신문에서 연구자의 생활에 대해 이러한 여러 부정적인 기사를 본 적이 있는데, 제 경험을 바탕으로 대답해 보겠습니다.

다들 예상하시겠지만, 연구자는 불안정한 직업입니다. 제 경우에는 우선 학부 4년과 대학원 5년, 총 9년 동안 학생으로 대학에 있었습니다. 이 단계에 대해 잘 모르는 사람들은 도대체 뭘 해서 먹고사는 거냐고 묻습니다. 그래도 다행히 마지막 2년 동안은 일본학술진흥회의 특별 연구원으로 나라에서 매달 20만 엔의 연구 장려금과 연간 100만 엔 정도의 연구비를 받으며 연구를 했습니다. 연구 장려금은 학비나 생활비로 사용할 수 있으므로 세금을 계산할 때는 급여로 취급됩니다. 한편 연구비는 소속 기관에 입금되는 것으로 연구를 위해서만 사용할 수 있습니다. 박사 과정에 진학하는 사람이라면 누구나 응모할 권리를 가지고 있으므로 신청자가 많아서 채택률은 20% 정도입니다. 전혀 윤택하지는 않지만, 박사 과정을 밟는 동안은 수입이 없어 부모님의 등골을 빼먹고 살아야 한다는 말은 반드시 맞는 건 아닙니다.

저는 이런 가운데 박사 학위를 따고, 산업기술종합연구소라는 곳에 취직했습니다. 이른바 박사연구원입니다. 1년 계약 이후 재계약할 수 있지만, 안 되는 때도 있어 조금 애매하기는 합니다. 그 뒤에 도쿄대 공학부로 이동했는데, 요즘 도쿄대 공학부의 조교는 누구나 계약 기간이 5년으로 정해져 있습니다. 5년이 지나면 다른 곳으로 가서 새로운 포지션을 찾으라는 뜻입니다. 그러지 않으면 젊은 인재들이 새로 올라올 수 없어 인재가 순환되지 않기 때문입니다. 저 같은 사람이 마흔이 넘어서까지 조교를 하고 있으면 그 십수 년 동안은 젊은 사람들이 그 자리에서 일할 수 없는 문제가 생기므로 가능한 한 빨리 나가 달라는 것이 대학의 입장입니다.

원칙적으로 계약 갱신은 없습니다. 그래서 저는 단기 계약을 반복하면서 살고 있습니다. 제 인생이지만 앞날을 스스로 예상할 수 없는 상황에서 연구해 나가고 있는 셈이지요. 어떠한 인재가 되어 어느 곳에서 활약하겠다는 저만의 의지, 꿈으로 움직일 수밖에 없습니다. 망망대해에 내던져진 느낌이지만 그런 상황을 극복하는 가운데 길러지는 감각도 있으리라 생각합니다.

연구자는 글로벌 커뮤니티의 일원

저는 산업기술종합연구소에서 일하다가 도쿄대로 옮겨왔습니다. 공적인 서류에는 이직을 한 것으로 기록되지만 저희 연구자들끼리는 '이직했다'라는 말을 거의 하지 않습니다. 대신 '이동했다'라는 표현을 씁니다.

보통 민간 기업에서 자회사로 옮기거나 다른 지점으로 옮길 때 이동이라는 단어를 사용합니다. 하지만 연구자들은 다른 대학으로 옮기거나 독립 행정법인 같은 연구기관으로 옮길 때도 이동이라는 단어를 사용합니다. 해외에 있는 연구소에 가는 것도 이동입니다. 그 이유는 '아카데미아'의 세계인 대학이나 연구기관이 각각의 분야별로 하나의 커다란 글로벌 커뮤니티를 형성하고 있기 때문이라고 생각하는 겁니다. 실제로 저는 지금 도쿄대에 소속되어 있는데 같은 대학의 약학부에 대해서는 잘 모릅니다. 하지만 다른 대학의 이공학부에 관한 이야기는 자주 들어서 잘 압니다. 즉, 관련 분야라면 세계 각국의 대학에 아는 사람이 있지만, 다른 분야에 대해서는 같은 대학 안이어도 모른다는 말이죠. 대학이라는 곳은 그런 이상한 조직입니다.

　연구자는 개인 사업자에 비유되기도 합니다. 스스로 돈을 받아와서 무엇에 얼마를 쓸지를 관리합니다. 학부는 상공회나 노동조합 같은 것이고, 대학은 그것을 총괄하는 행정기관 같은 이미지입니다. 그래서 대학에 소속되어 있어도 대학을 위해 모두가 하나의 방향을 바라보며 일하는 것이 아니라 각자 하고 싶은 일이 있는 사람끼리 모여 그 일을 원활하게 진행할 수 있도록 각 조직이 지원한다고 보면 됩니다. 수업이나 회의 같은 업무도 있지만, 극단적으로 말하면 연구를 위해 돈을 받아오는 것도 무엇을 연구할지도 개인의 선택이자 책임입니다. 철저하게 서포트만 하는 조직이 대학입니다. 그러면서도 전 세계와 연결되어 있다는 게 참 재미있습니다.

교수가 되는 과정

　일본에서 박사 학위를 취득하면 제일 먼저 맡게 되는 일은 박사연구원이라는 직무입니다. 이는 정식 명칭이고 실제로는 줄여서 연구원이라고 부르는 경우가 많습니다. 그 위에 조교가 있고요. 전임강사로 배치하는 곳도 있습니다. 거기에서 출세하면 준교수, 교수로 올라가는 피라미드 구조로 이루어져 있습니다. 참고로 현재 일본에서는 조교수라는 단어는 사용하지 않습니다. 과거의 조교수는 준교수로 명칭이 바뀌었습니다.

　분야에 따라 달라서 일률적으로 말할 수는 없지만 제가 알고 있는 공학부에서의 일반적인 예를 들자면, 가장 중요한 업무는 대학·각 연구과의 운영과 프로젝트 관리입니다. 프로젝트의 관리·운영이란 기본적으로는 자신들이 받아온 돈으로 진행하는 연구에 대한 관리와 운영을 말합니다. 이는 이른바 관리직으로 불리는 정교수와 부교수의 일입니다. 연구원은 그런 연구 프로젝트에서 실제로 손을 움직여 다양한 연구를 합니다. 데이터를 수집해서 교수님께 들고 가 의논하고 연구를 계속합니다. 양쪽 모두를 하는 것은 조교와 강사로, 쉽게 말하자면 중간 관리직입니다.

직무는 시험을 통해 따내야 합니다. 저는 지금 조교인데, 제가 준교수로 올라가려면 먼저 준교수를 모집하고 있는 대학이 있는지를 찾아야 합니다. 그리고 조건에 맞는 자리가 있으면 서류를 제출해 응모합니다. 서류 전형에 통과하면 대면 면접과 모의 수업이 진행됩니다. 해당 연구과 교수님과 연구진 앞에서 '나는 이런 연구를 해서 이런 성과가 있었다. 이런 수업을 할 수 있다. 그러니 이 자리에 적합하다'라는 이야기를 하고, 연구과 사람들의 압박 질문을 피해 가며 자신을 부각해 목표로 한 자리를 차지해야 합니다. 매일하는 일의 성과를 면접할 때 보여주고 그것을 바탕으로 각 단계를 올라간다고 생각하면 됩니다.

연구 성과는 크게 두 가지 축을 기준으로 평가받습니다. 예를 들어 어떤 규율 안에서 최첨단을 달리면 당연히 뛰어난 연구로 평가됩니다. 또 경계 영역이라고 불리는 미개척 분야에 관한 연구가 높은 평가를 받는 때도 있습니다. 다만 경계 영역에 대해서는 평가할 수 있는 인력이 부족하다는 어려움이 있습니다. 기존의 틀에 꼭 들어맞지 않기 때문에 '제 연구는 상당히 흥미롭습니다'라고 말해도 그걸 이해할 수 있는 사람이 많지 않습니다. 그래서 어떻게 하면 다른 사람들에게도 공감을 얻을 수 있을지를 고심하지 않으면 안 됩니다.

또 경계 영역을 하려면 다양한 분야에 대해 알아야 한다는 어려움도 있습니다. 제가 지금 하는 일은 물리와 화학, 에너지 공학을 섞은 일입니다. 물리를 모르거나 화학, 전기공학에 대한 지식이 없으면 지금의 연구는 할 수가 없습니다. 거기에 에너지 문제, 연료전지나 리튬전지 등에 정통하지 않으면 제 연구의 가치를 설명할 수 없습니다. 이처럼 다양한 분야를 배워야 한다는 어려움은 있지만 이에 대해 어떻게 생각하느냐는 사람마다 다르겠지요. 저는 한 가지만 깊이 파기보다는 다양한 것들을 융합해 하나의 형태를 잡아가는 것을 좋아하기 때문에 이 분야가 더 잘 맞습니다.

'기존의 것을 끝까지 파고들며 정상의 자리를 노릴 것인가', '경계 영역을 개척할 것인가' 어느 쪽을 선택할지는 본인의 소양과 취향에 달린 것 같습니다.

연구자는 연구만 하면 된다?

그렇다면 대학의 연구자는 연구만 하면 될까요? 저는 그럴 수 없다고 생각합니다. 물론 연구자는 기본적으로 연구를 하고 논문을 써야 하지만, 이제는 그것만 할 수 있는 시대가 아닙니다. 학생 수가 줄고 있다는 데 그 원인이 있기도 하고, 분야가 너무 세분되면서 전문 분야마다 흥미로운 부분이 있더라도 그 전문 분야 밖에서 보면 도저히 이해하기 어려운 경우가 많기 때문입니다. 그래서 연구자는 단지 연구에만 전념할 것이 아니라 자신이 연구하는 분야의 상황과 환경을 함께 고민해야 합니다.

연구는 혼자서 할 수 없습니다. 지금 머릿속에 10개의 연구 주제가 있다면 이 모든 연구를 혼자서 진행하기는 어렵습니다. 그래서 동료를 모으거나 학생들에게 협조를 요청하거나 외부에서 스태프를 고용해서 일해야 합니다. 그러려면 평소에 전문 분야의 연구자 커뮤니티를 구축해야 합니다. 또 연구소를 새로 세우려면 그 지역 주민들의 협조가 필요하므로 반드시 지역 주민들의 동의를 얻어야 합니다.

연구자에게 가장 중요한 일인 연구를 하기 위해서는 연구자 커뮤니티를 넓혀야 합니다. 그 연구자 커뮤니티를 유지하기 위해서는 외부 사회의 더욱더 넓은 커뮤니티 안에 자리매김해야 합니다. 오늘날 연구자들에게는 이런 모든 능력이 요구되고 있습니다.

'중간 영역의 지식'을 가지자

과거에는 '전공 바보'라고 놀림을 당하는 I형 인재가 많았는데(그래프 참조), 최근에는 다양한 분야를 두루 아는 T형 인재가 필요하다는 이야기가 나오기 시작했습니다. 전공 이외의 것도 얕고 넓게 알고 있어야 한다는 말입니다. 하지만 저는 역삼각형 형태(세 번째 그래프)의 지식이 필요하다고 생각합니다. 폭넓은 교양은 물론이고 자기의 전공 분야에서는 전문성을 가져야 합니다. 또 중간 영역의 지식 또한 매우 중요하다는 걸 강조하고 싶은데, 중간 영역의 지식도 가진 인재가 되어야 '전공 바보'라는 말을 듣지 않을뿐더러 전공 분야의 경계 영역으로의 지식 확장도 쉽고, 또 인생도 풍요로워질 수 있습니다. 그래서 제가 많은 사람에게 추천하고 있는 형태가 역삼각형 모델입니다.

제 경우 시뮬레이션을 전공으로 하고 있지만, 물리와 시뮬레이션, 그리고 어느 정도의 화학 지식도 갖고 있습니다. 예를 들어 저는 보통 사람들보다는 컴퓨터에 대해 상당히 잘 압니다. 하지만 전문가 수준은 아닙니다. 바로 이것을 저는 중간 영역의 지식이 있는 상태라고 부릅니다. 이런 중간 영역의 지식을 바탕으로 다양한 공동연구와 부업을 하고 있습니다.

최근에 〈과학수사연구소의 여자〉라는 경찰 드라마 대본 작업에 참여한 적이 있는데, 지인을 통해 물리를 주제로 한 살인 사건을

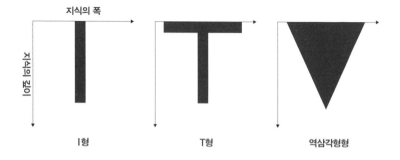

다루려고 하는데 도와줄 수 있겠느냐는 문의가 와서 하게 되었습니다. 지금까지 형사 드라마에서는 좀처럼 볼 수 없었던 내용을 그리기 위해 흉기를 나노 수준으로 분쇄했습니다. 이렇게 하면 DNA 감정을 할 수 없기 때문입니다. 시청률을 떠나서 저한테는 어떤 인기 드라마를 보는 것보다 즐거운 경험이었습니다.

2015년 8월에 탄자니아를 방문했을 때의 인연으로 최근에는 한 NPO 단체의 이사가 되었습니다. 이 단체는 탄자니아 농촌에서 버스를 이용하여 이동식 도서관을 운영해 농촌 지역의 식자율을 높이는 사회 공헌을 하는 곳입니다. 어떨 때는 물리학자인 제가 왜 이런 일을 하는지 잘 모르겠지만, 친구와 술을 마시다가 저도 모르게 단체에 가입한 것이 그 시작이었습니다. 실제로 제가 하는 일은 '아이패드를 사용하고 싶은데, 이 아이패드 10대를 가지고 갔을 때 10대에 같은 데이터를 효율적으로 넣으려면 어떻게 하면 좋을까?', '인터넷으로 여러 가지 일을 하고 싶은데 어떻게 조절하면 좋을까?' 등 기술적인 상담입니다. 그 외에도 최근에는 이동도서관 차량을 사기 위한 크라우드 펀딩도 시작했습니다.

내가 연구자를 선택한 이유

지금까지는 조금 딱딱한 이야기였는데 이제 제가 연구자라는 길을 선택하게 된 과정에 대해 솔직하게 이야기해 볼까요? 저는 2003년 도쿄대 이과1류에 입학했고, 그 후에 이학부 물리학과에 진학했습니다.

이학부 물리학과에 대해 잘 모르시는 분들을 위해 간단히 소개하자면, 이과1류 가운데 가장 특이한 녀석들의 소굴이라고 불리는 학과입니다. 저는 교양학부의 이과 수업과 수물학(수학, 응용수학, 물리학, 화학) 수업을 모두 듣고, 그 평균점으로 간신히 그곳에 들어갔습니다. 머리 좋은 녀석들이 많기로 유명한 이학부 물리학과에 들어가는 바람에 지금까지 우여곡절이 많은 인생을 보내고 있는지도 모르겠네요.

전공을 이학부 물리학과로 결정한 이유는 일본 최고의 물리 선생님이 되고 싶었고 물리와 화학, 과학과 예술 사이에 무엇이 있는지 흥미가 있었기 때문입니다. 저는 개념이나 힘과 같이 보이지 않는 것을 좋아했습니다. 지금은 시스템 같은 것도 좋아합니다. 보이지 않는 것을 마음대로 조정해서 그것으로 세상이 돌아간다는 게 신기하지 않나요? 사실 은행 ATM 시스템도 그렇고 컴퓨터 안에 있는 프로그램도 육안으로는 보이지 않습니다. 프로세스는 보이지 않지만, 그것에 의해 움직입니다. 또 우리가 말할 때 나오는 목소리도 눈에는 보이지 않지만 음이라는 개념을 이용하면 제어할 수 있습니다. 크게 하거나 작게 할 수가 있지요.

이처럼 저는 개념에 관한 공부를 하고 싶어서 여러 가지 분야를 두루 살펴보다가 이학부 물리학과에 진학하게 되었습니다.

천재적인 동기들에게 기죽다

'물리에서 개념과 힘에 관해 연구할 거면 역시 소립자 물리지. 누가 뭐래도 물리 분야에서 주목받고 있는 데다가 이론가라고 하면 왠지 멋지잖아? 그리고 중력! 아인슈타인 최고!' 이런 가벼운 마음으로 이학부 물리학과에 진학했는데 들어가자마자 현실의 벽에 부딪히고 말았습니다. 학부 동기들이 너무 똑똑해서 깜짝 놀라고 좌절한 것이지요. 한번은 다 같이 연습 삼아 문제를 풀고 있는데 제가 모르는 걸 하는 동기가 있길래 "이게 뭐야?"라고 물었더니 "교과서에 나와 있어."라고만 대답하는 겁니다. '어떤 교과서? 나는 모르는데?'라고 말하고 싶을 만큼 수준 높은 책을 영어로 읽고 있는 엄청난 녀석들이 있었습니다.

그리고 저에게 결정타를 날린 잊지 못할 에피소드가 있습니다. 스티븐 와인버그[9]라고 노벨상을 받은 소립자 물리학의 대가가 있는데, 그가 쓴 책《Quantum Theory of Fields, 장(場)의 양자 이론》의 해설을 하는 세미나에서 있었던 일입니다. 저는 제가 담당하게 된 네 줄 남짓의 수식에 막혀서 일주일 동안 고민했습니다. 고민 끝에 간신히 그럴듯한 결론을 끌어냈는데, 제 동기는 한번 쓱 보더니 아무렇지 않게 풀어서 설명해 주더군요. 참으로 무서운 세계라는 생각이 들었습니다.

---

9. 스티븐 와인버그(1933~): 미국의 물리학자. 소립자론 연구로 알려져 있으며 1979년 셸던 리 글래쇼, 압두스 살람과 함께 노벨 물리학상을 받았다.

그런 전쟁터 같은 학부 생활을 보냈지만 그래도 역시 물리는 좋았고 기왕 이학부에 들어왔으니 대학원에서는 근대과학의 초석이 된 양자역학을 전공하고 싶었습니다. 그리고 저는 게임을 좋아해서 게임과 관련이 깊은 기법인 시뮬레이션도 하고 싶었고요. 시뮬레이션하는 양자역학이면 뭐든지 좋다는 생각에 대담하게 이것저것 찾다가 최종적으로 물질을 양자역학으로 푸는 지금의 전문 영역에 이르게 되었습니다.

대학에 들어가기 전에는 제 직업에 관해 전혀 생각하지 않았습니다. 재수생이었을 때는 언어에도 흥미가 있었고 뮤지컬이나 예술계도 재미있다고 생각했고요. 대학에 입학하고 동기들과 함께하면서 '물리의 세계에는 괴팍하거나, 당해낼 수 없는 녀석들이 잔뜩 있지만 여기까지 와서 물리에서 손을 떼고 싶지는 않으니 오히려 물리를 해보자'라는 생각이 들었습니다. 대학에서 알게 된 동료들을 존중하게 되면서 제 장래에 대해서 생각하게 된 게 아닐까요. 도쿄대의 이과물리학에 다니는 학생 중 반 이상은 박사 학위를 땁니다. 그런 환경에 있다 보니 저 역시 박사 학위를 따는 것을 자연스럽게 생각하게 되었습니다.

실연이 인생의 전환점이 되다

만 스물셋. 대학 4학년부터 대학원 1학년 사이에 저는 제 인생에 새로운 전기를 맞이했습니다. 누구나 이 나이쯤에서 좋은 쪽으로든 안 좋은 쪽으로든 한 번은 큰 변화가 찾아올 시기인데, 저는 이때 엄청난 실연을 겪었습니다. 사귀던 여자 친구에게 보란 듯이 차이고 정말로 세상이 끝나는 줄 알았습니다. 상당히 무서운 경험이었습니다. 그 공포를 어떻게든 이겨내고 싶어서 현실도피 차원에서 이것저것 손을 댔는데 예상 밖의 좋은 결과가 있었습니다. 서머스쿨에 참가해 그다음 해에 그곳의 교장을 맡기도 했고 컨설팅 회사에서는 인턴을 하며 부전공으로 과학 커뮤니케이션도 공부했습니다. 일단 깊이 생각하기를 멈추고 그때그때 눈에 들어오는 흥미로운 일에 용기를 내어 뛰어들어 봤습니다.

연구만으로는 살아갈 수 없지만 반대로 연구를 하지 않고서도 살아갈 수 없었기에 좌우간 열심히 했습니다. 여러 가지 일에 관여하느라 졸업논문 주제를 잡는 것도 힘들어하다가 겨우 지금의 연구 주제에 도달했습니다. 그런데 12월에 학위 논문을 제출해야 하는데 11월까지 결과가 나오지 않았습니다. 그야말로 죽기 살기였고 이 당시 두 달 정도는 어떻게 살았는지 기억도 없습니다. 일기장에 '내가 오늘 밥을 먹었나?'라는 메모를 남겼을 정도로요. 결론적으로 무사히 학위를 따서 다행이기는 한데 정말로 두 번 다시 경험하고 싶지 않은 생활을 했던 것 같습니다.

그래도 대학원생일 때 과감하게 여러 가지 일에 도전한 결과, 지금까지 이어지는 좋은 인연도 많이 맺었습니다. 대학원 동아리에서 고등학생 수업도 하며 친구가 많아졌고 앞에서 이야기한 NPO 단체 이사도 여기서 제안을 받았습니다. 최근에는 전통 의상(기모노)에 푹 **빠졌고**, 서른이 넘으면서 배가 나오기 시작해서 운동 삼아 살사도 시작했습니다. 참 신기하게도 물리만 공부하던 때에 비해 제가 지향하는 것에 한결 가까워졌다는 느낌이 듭니다. 30대가 되어서야 '내가 하고 싶었던 일은 이런 거였구나, 내가 가려워하던 곳은 이곳이었구나'를 깨달으며 목표 지점에 서서히 손이 닿으려 한다는 느낌을 받습니다.

사회에 도움이 되라는 말의 의미

저는 '사회에 도움이 되는 일을 하라'는 말 때문에 고민을 많이 했습니다. "연구자나 인재는 사회에 도움이 되어야 합니다. 그러니 여러분도 사회에 도움이 되는 일을 하세요."라는 말을 자주 들었기 때문입니다. 그런데 여러분 가운데 사회란 무엇인지에 대해 A4 용지 네 장 정도의 분량으로 쓸 수 있는 사람이 있나요?

제가 생각하는 사회란, 사회의 정의는……. 저는 못 쓸 것 같습니다. 여러 책을 읽고 사회 공헌에 관해 공부를 했지만, 아직 그 감조차 전혀 와닿지 않습니다. 제가 말할 수 있는 것이라고는 사회는 개인의 집합이라는 것 정도뿐입니다. 지금 내 옆에 있는 사람조차 만족시키지 못한다면 사회를 만족시킬 수 없을 거라는 생각입니다. 그래서 사회라는 막연한 개념을 일단 버리고, 친구나 가족 같은 주위 사람에게 먼저 관심을 가지기로 했습니다.

솔직히 사회에 공헌하는 직업이 무엇인지는 이미 존재하는 직업 안에서만 알 수 있습니다. 아직 세상에 존재하지 않는 직업은 앞으로 사회에 공헌하게 될지 공헌하지 못하게 될지 뚜껑을 열어보기 전까지는 모르기 때문이죠. 그런 것에 사로잡혀서 자기 자신을 잃을 바에야 우선 여러분이 하는 일을 친구들이 재미있다고 생각하는지 혹은 지도 교수님이 인정해 주는지, 주위 사람들이 어떻게 받아들일지부터 생각해보면 어떨까요. 그리고 나에게 가장 가까운 사람은 바로 '나 자신'입니다. 자신이 만족하지 못하는 일은 남도 만족시키지 못합니다. 이것을 반드시 명심하기 바랍니다. 그 일이 사회에 공헌하게 될지는 그 일을 해본 후에야 비로소 알게 되리라 생각합니다.

문과와 이과 양쪽 모두의 소양이 필요한 시대

이와 비슷한 맥락에서 학생들에게 "대학에서 공부한 내용이 도움이 되나요?"라는 질문을 자주 받습니다. 네, 여러 가지로 도움이 됩니다만 학문은 활용할 때 의미가 있다는 것을 우선 말하고 싶습니다. 교과서에 쓰여 있는 것을 암기하는 일은 만족감을 줄 뿐이고 그곳에 나와 있는 것은 도구에 지나지 않습니다. 조합해서 무언가를 만들기 위한 재료인 셈이지요. 여러분은 앞으로 사회에서 다양한 과제에 직면하게 될 텐데 교과서에는 그런 일에 대한 해답은 나와 있지 않습니다. 다만 그것을 풀기 위한 수단 혹은 선배들이 이루어낸 비슷한 문제에 관한 생각이 체계화되어 질서정연하게 소개되어 있을 뿐입니다.

또 알지 못하면 그곳에 문제가 존재하는지조차 깨달을 수 없습니다. 이는 상당히 중요한 사항인데, 어떤 데이터를 봤을 때 숫자가 이상한지 이상하지 않은지는 지식이 없으면 알 수 없습니다. 예를 들어 일본에서 월급 난에 '매달 100'이라고 쓰여 있으면 모두가 이상하다고 생각할 겁니다. 100엔으로는 살아갈 수 없다는 것을 다들 알고 있기 때문이죠. 하지만 그것이 다른 나라였다면 어떨까요? 그 나라에 대한 지식이 없으면 잘못 쓰인 것인지 아닌지 판단할 수 없습니다.

문과와 이과 양쪽의 소양이 모두 요구되는 경우도 많습니다. 예를 들어 과학기술이나 지적 재산권을 다루는 변호사는 자신이 다루는 사례의 실태를 모른 채 법률 공부만 해서는 검사와 맞서 싸울 수 없습니다. 인재 부족 문제가 있어 많은 문과 출신들이 시스템 엔지니어로 일하고 있고 과학 저널리스트로도 활동하고 있는데 아직 일본에서는 극히 소수입니다. 저널리스트는 대부분 문과 출신인데, 과학기술에 밝지 못한 경우가 많기 때문입니다.

미래에는 문과와 이과의 소양 두 가지를 합치는 능력이 더 필요하므로 여러 분야의 소양을 두루 갖추는 일은 더욱 중요해지겠지요. 대학 생활은 생각보다 깁니다. 그러니 다양한 경험을 하며 많은 생각을 해보기를 바랍니다. 지금 결정한 것으로 인생이 결정되지는 않습니다. 취직에 대해서 지금 결단을 내린다 한들 10년 뒤의 인생이 어떻게 될지는 모르는 거니까요.

고민될 때는 다른 사람에게 의지하자

마지막으로 꼭 당부하고 싶은 것은 고민이 될 때는 다른 사람에게 의지하라는 것입니다. 이걸 어려워하는 사람이 많다는 사실을 알기 때문이죠. 결국, 전문가에게는 당해낼 수 없습니다. 병에 걸리면 의사에게 의지하고, 시스템이 고장 나면 시스템 엔지니어에 의지해야 합니다. 그것이 효율적으로 일을 진행하기 위한 스킬이자 자신의 정신을 더 건강한 상태로 유지하는 비결입니다. 살다 보면 잘하는 사람에게 잘하는 일을 맡기고, 반드시 자신이 해야 하는 일은 스스로 하는 요령을 자연스럽게 익히게 될 겁니다. 그러니 이제부터는 부탁할 수 있는 것은 다른 사람에게 당당하게 부탁하세요.

'자신이 좋아하는 것을 쌓아나가는 사람이야말로 인생을 자유롭게 사는 방법을 아는 사람'이라고 생각합니다. 여러분도 좋아하는 일을 발견해서 인생을 즐기기를 바랍니다. (2015년 9월 30일 강연)

덧붙임: 2018년 현재, 저는 도쿄대에서 다시 한번 쓰쿠바시에 있는 산업기술종합연구소로 이동해 연구원으로 일하고 있습니다. 현재의 일자리는 종신 고용이어서 연구자로서는 한 단계 올라간 셈입니다. 연구를 장기적인 시점으로 생각할 수도 있고 성과로 이어질지 불투명한 연구 주제에 대해서도 리스크를 두려워하지 않고 뛰어들 수 있게 되었습니다. 현재 저는 인공지능 기술을 어떤 식으로 전문적인 연구·개발에 연결해 연구 활동을 효율화할지, 그리고 그것을 어떻게 교육과 연결해 갈지 등의 주제를 중심으로 연구하고 있습니다.

시대의 변화와 함께 연구자의 커리어 모델 또한 급변하고 있습니다. 따라서 현재 안정된 자리에 앉았다고는 하지만 솔직히 저의 미래도 어떻게 될지 아직 모르겠습니다. 하지만 저는 '이게 좋다'라는 제 마음의 움직임을 소중히 여기며 연구를 해나가고 있습니다. 저도 아직 길 중간쯤에 서 있는 것 같습니다.

하고 싶은 일을 하는 회사가 없다면 직접 만든다!

마루 유키히로

주식회사 리버네스[10] 대표이사 CEO

PROFILE

2002년 6월 도쿄대 대학원 재학 중에 이공계 대학생과 대학원생을 모아 주식회사 리버네스를 설립하여 일본 최초로 '최첨단 배달 실험 교실'을 사업화했다. 대학과 지역에 잠재해 있는 경영 자원과 기술을 조합해 신사업 아이디어로 만들어내는 '지식 제조업'을 운영하고, 세계의 지식을 모으는 인프라 '지식 플랫폼'을 통해 200개 이상의 프로젝트를 진행하고 있다. 주식회사 유글레나의 기술고문이기도 하며, 다수의 벤처기업 설립에 참여하고 있는 대표적인 혁신가이다.

10. 리버네스(Leave a Nest Co., Ltd.) : 초중고생을 대상으로 하는 교육 서비스 회사.

틀에 박힌 커리어는 생각하지 않는다

여러분, 커리어에 관심이 많으시죠? 그런데 저는 사실 '커리어' 라는 말이 무슨 뜻인지 잘 모르겠습니다. 제가 걸어온 길에 관해 이야기해달라고 해서 이 자리에 왔는데, 오히려 저는 이 자리에서 오늘 저와 함께할 동료를 찾고 싶습니다. 앞으로도 더 많은 다양한 사업을 만들어 보고 싶기 때문입니다. 저는 구직 활동을 한 적이 없습니다. 저처럼 커리어에 대해 전혀 생각하지 않는 사람도 세상에 있다는 것을 여러분이 알아주셨으면 좋겠네요.

저는 제 장래에 대해서는 전혀 관심이 없고 그저 '어떻게 하면 세상이 재미있어질까, 어떻게 하면 세상을 바꿀 수 있을까'만 생각하는 사람입니다. 그래서 함께할 동료가 필요합니다. 오늘 이 자리에 있는 100명 가운데 단 한 사람만이라도 수업이 끝나고 저를 찾아와 "마루 씨, 같이 뭔가 해봐요."라고 말해줬으면 좋겠습니다. 참고로 저는 박사 학위를 가지고 있고, 이과 출신입니다. 그렇다면 이과생은 커리어를 어떤 식으로 생각해야 할까요? 제가 대학생이고 대학원생일 때는 다들 정장을 입고 '어디에 취직할까'를 얘기하곤 했습니다.

오늘 이 자리에 온 이과생 여러분은 어떤 일을 하고 싶나요? 앞으로 매일 실험을 하거나 대학교수가 되거나 연구소에서 일하게 될 것 같다는 생각을 많이 하겠지만 요즘에는 문과 · 이과 상관없이 직업 상담을 받는 사람도 많다고 들었습니다. 그렇다면 여러분이 앞으로 갖게 될 직업은 언제까지 존재할까요? 저는 결론부터 말씀드리면 머지않아 의사와 변호사는 없어질 거로 생각합니다. 회계사도 아마 필요 없어질 겁니다. 지금도 인간이 하는 일을 인공지능이 조금씩 대체하고 있습니다. 그만큼 시대가 변하고 있다는 뜻이겠지요. 여러분이 지금 목표로 하는 직업은 10년 뒤에도 남아있을까요? 예를 들어 치과 기공사는 어떨까요? 인공 치아는 이미 3D 프린터로 만들 수 있습니다. 그 안에 센서를 넣으면 자신의 컨디션도 확인할 수 있게 될 겁니다. 그런 세상이 곧 올 겁니다. 치과 기공사뿐 아니라 3D 프린터도 진화해서 아주 간단히 손으로 스케치한 것도 출력할 수 있고 계측한 데이터만 넣어도 원하는 물건이 만들어지는 시대가 올 것이기 때문에 3D 프린터 기술자조차 필요 없어질지 모릅니다.

그렇다면 10년 뒤, 우리에게는 어떤 직업이 남아있을까요? 이렇게 '직업'이라는 측면으로만 생각하면 무엇이 남아있고 무엇이 없을지 예측할 수 없습니다. 그보다는 '이런 일을 하고 싶다. 이런 세상을 만들고 싶다'라고 생각하는 편이 더 나을 것입니다. 21세기에는 직업이라는 어떤 정해진 '형태'가 없어질 겁니다. 경제 성장기에는 정해진 형태가 있었습니다. '엔지니어가 100명 필요하다. 치과 기공사가 몇 명 필요하다. 컨설턴트가 얼마만큼 필요하다'처럼 말이죠. 하지만 지금은 경제 성숙기를 지나 정체기가 찾아왔기 때문에 미래에는 커리어에 관한 생각 자체가 달라질 겁니다.

자신이 어떤 세상을 만들고 싶은지 명확하게 꿈꿀 수 있는 사람이 재미있는 세계로 나아갈 수 있고, 자신이 좋아하는 일을 할 수 있는 미래를 보장받을 수 있지 않을까요? 저는 제가 하고 싶은 일을 하는 회사가 어디에도 없었기 때문에 직접 회사를 만들었습니다. 원래 이과 출신이라 연구를 좋아해서 연구와 비즈니스를 같이 했습니다.

세상에 없는 것을 만들고 싶다

저는 올해 서른일곱이 되었습니다 (강연 당시). 여러분은 10년 후에 서른 정도가 될 테고, 저는 지금보다 더 나이를 먹겠죠. 하지만 저도 여러분 나이를 지나왔습니다. 저는 도쿄 약과대학 생명과학부를 졸업한 뒤 도쿄대에서 석사 과정을 밟았습니다. 현재는 연두벌레를 대량으로 배양하는 기술을 가진 유글레나(Euglena), 일본 최초로 대규모로 개인 유전자 분석 서비스를 제공하는 제네퀘스트(Genequest), 분신 로봇을 개발하는 오리연구소(Orylab), 장내 환경을 디자인해서 질병 없는 사회를 실현하고자 하는 메타젠(Metagen) 등 30여 개 정도 회사를 만들어 고문과 임원으로 일하고 있습니다.

모두 테크놀로지 계열인데 아직 산업화되지 않은 일을 하고 있습니다. 메타젠은 장내 세균을 과학적으로 연구하는 회사인데, 이것을 앞으로 어떻게 비즈니스화할지 저도 아직 모르겠습니다. 하지만 인간의 면역 기능이나 건강을 장내 세균으로 통제할 수 있을 거라는 논문을 발표하기도 해서 미래가 기대됩니다. 저는 이처럼 아직 세상에 없는 산업을 만들고 싶어 하는 사람입니다.

취미는 여행입니다. 하치오지에서 니가타까지 약 275㎞를 걸은 적도 있습니다. 그 정도 걸으면 운동화가 적어도 한 켤레는 망가집니다. 열흘 정도 걸렸습니다. 산을 세 개 넘었습니다. 재미있는 것은, 이렇게 걸으며 이동하다 보면 지역에 따라 사람들의 정이 다르다는 것을 느낄 수 있습니다. 예를 들어 편의점에서 자고 있으면 하치오지 부근에서는 나가라고 안 좋은 소리를 듣지만, 시골에 가면 "무슨 일이야?"라고 걱정스럽게 묻습니다.

"어디에서 왔어?"

"도쿄에서요."

"어디로 가는데?"

"니가타까지요."

이렇게 대답하면 대개는 거짓말하지 말라고 합니다. 진짜라고 말하면 "왜 걸어? 더울 텐데." 하며 쓱 하고 사라졌다가 얼음과 소금으로 문지른 오이를 가져다줍니다. "이걸로 몸 좀 식히고 힘내." 하면서 말이지요. 이것이 여행의 묘미입니다. 인터넷에서 찾아봤을 때는 그런 아주머니가 있다는 말이 어디에도 없습니다. 이처럼 다양한 감성과 만날 수 있어서 저는 지금도 여행을 즐기는데, 여행을 다니고 싶어서 한 회사에 정착해 일하지 못하는 타입이기도 합니다.

교과서에 있는 내용을 옮겨 적는 걸 거부한 초등학생

"너 좀 특이하다." 제가 자주 듣는 말입니다. 물론 이 말에 동의하지 않지만 왜 그런 소리를 듣는지 기억을 더듬어 보니 유치원 시절을 싱가포르에서 보낸 영향이 있지 않을까 싶습니다. 싱가포르에는 초등학교 3학년 때까지 있었는데 그곳은 다민족 국가로 주로 중국인, 말레이시아인, 인도인, 영국인, 싱가포르인, 그리고 일본인이 살고 있었습니다. 여러 민족이 공존하는 가운데 자신을 드러내야 하는 환경이었습니다.

그곳의 학교 수업은 재미있었습니다. 그래서인지 일본에 돌아온 뒤 학교생활에 잘 적응하지 못했습니다. 일본에서 선생님에 대한 기억이라고는 엉덩이를 본 것밖에 없습니다. 선생님은 계속해서 칠판에 판서하고 계셔서 엉덩이밖에 안 보였으니까요. 어느 날 선생님이 다 옮겨 적었냐고 물으셨습니다. 교과서에 다 나와 있어 옮겨 적고 싶지 않다고 했더니 "엉뚱한 소리 하지 말고 빨리 써!"라고 혼이 났습니다. 저는 의미 없는 일은 하고 싶지 않았던 것뿐인데 말이죠. 싱가포르에서는 그런 수업이 없었습니다. 그곳에서는 선생님이 "내일 이런 걸 할 테니 다들 생각해 와요."라고 말하고 다음 날 수업이 시작되면 "다들 생각해 왔어요? 그럼 발표해 볼까요?" 하는 식으로 수업이 진행됩니다. 학교에 가면 선생님이 마술을 보여주기도 하고 아이들끼리 토론을 하기도 합니다. 그런데 일본에서는 끼익끼익 하는 분필 소리만 들립니다. 소리만 들어도 소름이 끼쳤습니다.

저는 끝내 노트 필기를 하지 않았지만 그래도 성적이 좋으니 문제 삼지 않고 넘어갔는데, 이런 일본 학교가 참 이상하다는 생각이 들었습니다. 마음에 드는 부분은 급식이 아주 잘 나온다는 것이었습니다. 게다가 잘 먹으면 여자아이들이 좋아합니다. 우유를 못 먹는 친구가 있으면 대신 먹어주겠다고 하고, 파슬리 같은 걸 먹어주면 인기가 좋았습니다.

어중간하게 하는 건 절대 안 된다

중학교와 고등학교 때는 농구를 했습니다. 그때 스포츠 공학을 배우고, 오토바이 개조도 했습니다. 기계공학적 지식을 이용했다고 하면 "훌륭하네요."라는 말을 듣는데, 저는 그저 개조만 했을 뿐입니다. 저는 '지바제트'라는 프로 농구팀을 소유하고 있는데, 그 창설 멤버이기도 합니다. 제가 지바 출신이기 때문입니다. 도쿄 약과 대학에 입학한 뒤에는 밴드를 했습니다. 비록 정식 데뷔는 하지 못했지만, 그 직전 단계라고 할 수 있는 인디밴드 데뷔는 했습니다. 지금은 친구와 만든 레코드 회사가 있고 롯폰기에 라이브 하우스도 있습니다.

그래서 무슨 말을 하고 싶으냐 하면, 놀이 하나를 해도 목표를 세워 철저하게 하자는 겁니다. 굉장히 중요한 이야기입니다. 저는 '시작한 이상 최선을 다하자. 아무도 하지 않은 일을 하자'는 마음으로 곡도 처음부터 끝까지 만들고 CD도 제작했습니다. 각종 콘테스트에도 나갔습니다. 오토바이 개조도 엄청나게 많이 했습니다. 여행도 그렇습니다. 아무도 안 하는 일이기에 하치오지에서 니가타까지 걸었습니다.

커리어를 생각하기 전에 오늘 하루, 지금 가장 흥미가 있는 일에 정말로 온 힘을 쏟고 있느냐를 묻고 싶습니다. 좋아하는 여자가 있으면 최선을 다해 어필하면 되고, 지금 하는 동아리가 있다면 동아리 활동을 열심히 하면 됩니다. 하지만 어중간하게 하는 것은 절대로 안 됩니다. 목표를 정하고 반드시 그 목표를 뛰어넘겠다는 각오로 임하기를 바랍니다. 중간에 관심이 다른 곳으로 옮겨갔다면 그것에 전력을 다하면 됩니다. 저는 전력을 다해 농구를 하고, 다음에는 전력을 다해 밴드를 하고 CD까지 냈지만, 정식 데뷔는 하지 못했습니다. 그렇다면 그다음으로 전환하면 됩니다. 모든 것에 성공할 수는 없습니다. 하지만 자신에게 맞는 무언가를 찾으려면 반드시 온 힘을 다해서 해보지 않으면 안 됩니다. 그런 노력이 충분하지 못하면 '커리어'라는 말에 막연하게 불안감만 느끼게 됩니다.

지금 하고 싶은 일에 온 힘을 다해보기를 바랍니다. 게임을 좋아하면 게임을 있는 힘껏 하면 됩니다. 그 대신 '여기까지 가보고 싶다'라는 목표를 반드시 세우고 하기 바랍니다.

취업을 고민하다 우연히 연구의 길로 들어서다

이렇게 저는 대학교 시절에 최선을 다해 놀았고 밴드 활동도 해서 솔직히 인기가 많았습니다. 하지만 돈은 없었기 때문에 당시 사귀던 여자 친구가 기타를 사줬습니다. 거기까지는 좋았는데 2, 3학년이 되자 록 스피릿으로 살겠다던 밴드 멤버들이 어느 날 정장을 입고 와서는 "너는 언제까지 이러고 있을래?"라며 저를 한심한 듯

처다봤습니다. 시작된 것입니다. 구직 활동이 말이죠. 믿을 수가 없었습니다. 그렇게 뜨거웠던 녀석들을 '구직 활동'에 빼앗기고 만 것입니다. 갑자기 가본 적도 없는 대기업을 찾아가는 겁니다. 다들 똑같은 양복을 입고 말이죠.

"왜 거기에 가는 건데?"

"유명하니까."

"그런 알지도 못하는 곳에 가려고 하는 거야? 록 스피릿은 어쩌고? 새로운 일을 하자며. 남들과 다른 일을 하는 데 목숨 건 거 아니었어?"

"너는 언제까지 바보 같은 짓만 하고 있을래?"

되받아치는 친구의 말에 맥이 빠지고 말았습니다. 이대로는 안 되겠다 싶어서 교수님께 상담하러 갔습니다.

"저는 밴드와 오토바이, 농구, 여행을 좋아합니다. 딱히 일하고 싶지도 않고 회사에 다니고 싶은 생각도 없고, 구직 활동을 왜 하는지 도저히 이해할 수가 없지만 제 나름대로 최선을 다해 살고 있습니다."라고 말했더니 교수님께서 "참 재밌는 녀석이네."라고 하셨습니다. 이 반응이 꽤 신선했습니다. 보통은 화를 낼 타이밍인데 말이죠. 솔직히 멍청한 소리 하지 말고 빨리 양복이나 입고 기업 설명회에 가보라고 말씀하실 줄 알았거든요. 그런데 "너 참 마음에 든다. 어쩌면 연구자가 잘 맞을지도 모르겠네."라고 하시는 겁니다.

"연구자가 뭔데요?"

"아무도 하지 않은 일을 하는 사람이지."

"와, 재밌겠네요. 아무도 하지 않은 일을 하는 게 직업이 될 수 있나요?"

"아무도 하지 않은 일이 아니면 논문을 쓸 수도 없지. 아무도 모르는 걸 발견하는 게 연구자의 일이야."

"왠지 끓어오르는데요? 그런 일을 하는 걸 뭐라고 하죠?"

"연구 즉, 학문이야."

이게 제가 공부와 학문의 차이를 알게 되고 연구와 만난 계기입니다. 그때 모두 구직 활동을 하는 모습을 보고 저는 어떤 위화감을 느꼈습니다. 그들을 나쁘게 생각하지는 않았습니다. 좋은 대학을 나와 좋은 회사에 들어가는 것뿐이니까요. 하지만 저와는 맞지 않는다고 생각했기 때문에 상담했고, 어쩌다 보니 그 상담 상대가 좋은 선생님이었던 덕에 제 인생이 바뀌었습니다. 운이 좋았습니다. 덕분에 저는 연구와 만났고 대학원에 진학했습니다.

학문은 질문을 통해 배우는 것이다

여러분, 조류(藻類)에 대해 아십니까? 세상에는 유글레나, 클라미도모나스, 남조세균 등 다양한 조류가 있고, 이 분야의 연구에는 무한한 가능성이 있습니다. 저는 벤처기업(유글레나)을 만들었는데 공부할 당시에는 제가 회사를 만들 거라고는 상상도 하지 못했습니다. 어쨌든, 그때는 "자네는 연구가 잘 맞을지도 몰라."라는 교수님 말씀에 깜빡 넘어갔습니다. 어떤 의미로는 말이지요. 은사님과 만나 "교수님, 저한테 왜 그런 말씀을 하셨어요?"라고 물으면 "내가 그런 말을 했던가?"하며 시치미를 떼십니다.

어쨌든 저는 학문의 길로 향했습니다. 교수님은 "학문은 공부와 다르니 공부는 못 해도 괜찮아. 공부(勉強)라는 말에는 '억지로 한다'라는 뜻이 있잖아. 그런 건 학문에는 맞지 않아."라고 말씀하셨습니다. 물론 억지로 하는 것은 비즈니스의 세계에서도 통하지 않습니다.

"공부만으로는 어떤 것도 해결할 수 없어. 하지만 학문으로는 많은 걸 해결할 수 있지. 학문이란 물음을 배워가는 자세거든. 최근에 세상에 대해 어떤 의문을 가진 적이 있나?"

"교수님, 있습니다. 왜 사막에 점점 나무가 사라져 가는지 의문입니다. 사막을 녹화시키고 싶어요."

"좋아, 사막에 다녀오게나."

이런 느낌의 교수님이었습니다. 즉, 저에게 '물음을 가지고 그것을 배워가는 것은 재미있는 일이며 이를 꾸준히 계속해 나가는 사람이 연구자다. 학문이 가장 재미있다'는 걸 가르쳐주셨지요.

물음을 가지고 새로운 의문을 품는다. 의문이 생기면 여러 사람에게 질문한다. 질문력을 키우라고 하면 무슨 말이냐고 할지 모르지만, 요컨대 의문을 가지라는 말입니다. 의문이 없는 사람은 질문할 수 없습니다. 질문하지 못하는 사람은 세계로 나아갈 수 없습니다. 모든 것에 '왜 그럴까?'라는 물음을 가지고 그것을 스스로 조사하거나 공부해야 합니다. 여기서부터 진정한 의미에서의 공부가 시작되는 것입니다. 자신의 물음을 풀기 위해 수식이 필요하면 수식을 공부합니다. 시험에 합격하기 위해 공부하는 게 아닙니다.

저는 대학 시절에 '학문을 더 실컷 하고 싶다. 박사 학위를 따서 교수가 되어야겠다'고 생각했습니다. 캘빈벤슨회로의 벤슨[11] 교수님을 아나요? 광합성의 탄소환원회로에 대한 중요한 발견을 한 분입니다. 이분을 대학 강연회에서 만난 적이 있는데 "나는 매일 아침 눈을 뜨는 게 설렌다네. 왜냐하면, 내일 내가 엄청난 발견을 하게 될지도 모른다는 생각에 참을 수 없을 만큼 두근거리거든." 하고 말씀하시더군요. 정말 멋진 어르신입니다. 그때 저는 '여든이 넘어서도 내일 일어날 일이 참을 수 없을 만큼 두근거린다는 걸 보니 학문은 평생 즐길 수 있는 거구나', '나도 좋은 연구자가 되어야겠다'고 다짐했습니다.

저는 이렇게 학부 3학년 때 밴드부 친구들에게 배신당하고, 교수님과 만나 학문을 알게 되면서 연구자가 되기로 마음먹었습니다. '연구자가 되려면 박사 학위가 필요하고, 교수가 되려면 도쿄대에서 학위를 따는 게 좋다고 한다. 그럼 도쿄대에서 연구하자' 저는 이렇게 도쿄대 대학원에 들어갔습니다.

취업 문제를 해결하기 위해 벤처기업을 찾아가 배우다

하지만 대학원에서 또 다른 문제에 직면하게 되었습니다. 취업

---

11. 앤드류 벤슨(1917~2015): 미국의 생물학자. 멜빈 캘빈, 제임스 배스햄과 함께 식물의 탄소고정 경로를 해명하는 '캘빈벤슨회로'로 이름을 널리 알렸다. 1961년 노벨 화학상을 비롯해 수많은 상을 받았다.

빙하기와 함께 연구자가 일할 곳이 없다는 문제였죠. 박사 학위를 따도 대학에 자리가 없고, 달리 취직할 곳도 없다는 커다란 문제가 2000년대부터 사회적 이슈가 되었습니다. 사회가 잘못되어 있다고 생각했지만, 그걸 알아도 어쩔 수 없다며 그대로 연구를 계속하는 사람이 대부분이었습니다. 하지만 저는 다르게 고민했습니다.

이 문제를 해결할 방법이 뭘까? 굉장히 화려한 세계인 줄 알았더니 실제로는 연구자가 일거리를 찾지 못하고, 박사 학위를 딴 선배가 연구실에 그대로 남아있는 게 현실이었습니다. "어떻게 된 일이에요?"라고 묻자 "실은 대학에 자리가 점점 줄어들고 있거든. 대학 자체가 줄다 보니 연구실 숫자도 줄고 있어."라고 대답하는 겁니다. 큰일이라는 생각이 들었습니다. 이대로 가다가는 저도 박사연구원 문제에 부딪히게 될 것 같았습니다.

'그렇다면 차라리 세상을 바꾸자'

저는 우리 힘으로 이런 과제를 해결할 연구실을 만들 방법을 고민하기 시작했습니다. 처음부터 회사를 차릴 생각은 아니었습니다. 연구자로 일하고 싶었기 때문에 박사 학위를 딴 연구자가 활약할 수 있는 공간을 만들고 싶다고 생각한 것뿐입니다. 연구하는 동료들이 줄어드는 것은 아니므로 같이 연구할 수 있는 공간을 만들기로 마음먹었습니다.

그래서 조사를 많이 했습니다. NPO 조직이나 주식회사, NGO 등을 알아봤습니다. 다양한 조직을 만들어서 짜 맞춰보려고 했는데 이때 알게 된 것이 '벤처'라는 단어입니다. 새로운 구조를 만들면 일이 없는 박사들을 모아 연구실을 만들 수 있지 않을까 하는 생각에 회사를 만드는 방법을 공부하는데 온 에너지를 쏟았습니다.

또 전력투구입니다. 이번에는 조직 만들기에 도전했습니다. 무작정 IT 벤처기업의 사장님을 찾아가기도 했습니다. 저는 바이오 쪽으로 공부를 했는데 당시에는 바이오 회사가 없었습니다. 그래서 IT 벤처기업 사장님을 찾아가서 "저는 도쿄대 학생인데 바이오 연구를 하고 있습니다. IT에 대해서는 잘 모르지만 여기서 일하게 해주십시오."라고 말했더니 어처구니없다는 표정이었습니다. 그래서 "돈은 안 주셔도 됩니다. 시스템을 잘 모르니까 영업을 시켜주세요. 대신 한 달에 한 번, 딱 한 시간 동안 사장님과 대화할 기회를 주십시오. 그게 제가 바라는 보수입니다."라고 교섭을 시도했습니다. 그랬더니 사장님이 재미있다며 와서 한번 일해보라고 하셨습니다. 이렇게 IT에는 문외한인 바이오 계열 전공자가 IT 회사에서 일하게 되었습니다.

제가 거기에 간 이유는 스스로 회사를 세운 사람과 대화를 나눠보기를 원해서였습니다. 그래서 '회사란 무엇인가? 어떻게 회사를 만들었나? 어떻게 하면 세상을 변화시킬 수 있나?' 하는 식의 질문을 차례로 해나갔습니다. 회사를 어떻게 만드느냐가 저의 주요한 궁금증이었습니다. 그래서 회사의 제일 윗사람에게 직접 물어보고 싶었고 한 달에 한 번 사장님과 한 시간 동안 함께 식사하며 이야기를 들었습니다.

여러분도 아르바이트할 때 당장 눈앞에 보이는 돈이 아니라 경험을 손에 넣기 위한 일을 하면 더 좋을 것 같습니다. 또 자신이 원하는 경험은 돈을 내더라도 하는 편이 좋습니다. 대학도 학비를 내고 다니는 만큼 가능한 많은 다양한 경험을 시도해 보기를 바랍니다.

학생들끼리 회사를 설립하다

그 뒤 저는 '연구자가 마음껏 연구할 수 있는 세상을 만들자'라는 생각을 하는 동료들을 모아 리버네스라는 회사를 만들었습니다. 리버네스는 영어로 'Leave a Nest(보금자리를 떠나라)'라는 의미입니다. 연구자와 기술이 모여 사회로 날아갈 수 있게 하는 '보금자리'가 리버네스입니다. 이 회사는 무려 서른 개 이상의 회사를 낳았습니다. 리버네스에서 맨 처음 만든 것은 연구자가 활약할 수 있는 장소 즉, 과학 교육과 이과 인재 육성을 연구하는 플랫폼입니다. 이과 학생 15명이 만든 회사로 학생이 아닌 사람은 한 사람도 없었습니다. 우리는 우리 스스로 공부하고 우리끼리 등기 수속을 밟고, 우리끼리 돈을 모아 회사를 만들었습니다.

앞에서 서른 개 회사를 만들었다고 했는데 사실은 상당수의 회사가 망했습니다. 처음으로 만든 것은 13년 전으로 당시 세계 최초의 유전자 검사 회사였습니다. 투자가에게 2000만 엔의 투자를 받았지만 실패하고 말았습니다. 그리고 10년 뒤에 다시 한번 도쿄대 후배와 함께 제네퀘스트라는 유전자 검사 회사를 만들었는데 이 회사는 지금까지 순조롭게 운영되고 있습니다.

이제부터는 비즈니스도 사이언스의 시대

지금까지의 제 인생을 돌아보면 참 다양한 일을 했습니다. 대학원생 시절에 분자생물학을 공부하고, 회사를 만들 때는 비즈니스를 배울 목적으로 학생 단체인 'Business Laboratory for Student'를 만들었습니다. 지적재산 관리를 배우기 위해 특허청에서 아르바이트도 했습니다. 이 일도 상당히 힘들었는데 2만 엔밖에 받지 못하면서 논문 수십 편을 읽어야 했습니다. 그리고 해외 유학을 하고, 그 사이에 앞에서 말한 IT 벤처기업에서 인턴을 하고, 유전자를 해석하는 벤처기업을 세웠다가 망하면서 리버네스를 창업했습니다.

박사 과정 1년 차부터 3년 차까지는 세 가지 일을 한꺼번에 하느라 눈코 뜰 새 없이 바빴습니다. 대학원과 지적재산권에 관한 공부, 회사 인턴이라는 세 가지 일을 병행하면서 박사 학위를 연달아 따고, 대학원을 졸업한 뒤에는 회사에만 전념했습니다. 저는 기본적으로 하겠다고 결심하면 목표를 제대로 설정하고 전력을 다합니다. 그것뿐입니다. 실패하면 실패를 인정하고 다음으로 나아갑니다. 이런 맺고 끊음이 중요한 것 같습니다.

앞으로 비즈니스도 사이언스의 세계가 되리라 생각합니다. 자연과학뿐 아니라 인문·사회과학을 포함한 사이언스의 시대가 될 겁니다. 인간은 지적 호기심을 채우는 일에 흥미를 느끼기 시작했습니다. 좋은 차를 사고, 큰 집에 산다고 해서 만족할 수 있습니까? 그런 시대는 이제 끝났습니다.

비즈니스 방식, 삶의 방식 그리고 사고방식도 점점 변화하고 있습니다. 일하는 방식도 변합니다. 20세기는 '어떤 일을 완수하는 것'이 '일'이었습니다. 그래서 누가 시킨 일을 120% 해내는 도쿄대생이 제일 잘 나갔습니다. 하지만 이제는 그것만으로는 안 됩니다. '어떤 일을 만드는 일'을 해야 합니다. 지금 새로운 일을 만들고 있습니까? 온 힘을 쏟고 있습니까? 누군가가 시킨 일을 하는 게 아니라 스스로 생각한 것을 행동으로 옮기고 있습니까? 이제는 그런 일을 해야 할 때입니다. 생각한 일을 하지 않고 그저 주어진 작업만 하고 살 수는 없습니다. 20세기는 경제가 상승 가도를 달렸습니다. 주어진 시간 안에 자동차를 100대 만들어야 하는데 더 열심히 120대를 만들면 보너스가 20% 인상되었습니다. 급여가 20% 올라가니까 힘내자며 서로를 다독이던 것이 경제 성장기의 사회 모습이었습니다. 하지만 우리는 더는 거기서 행복감을 느낄 수 없습니다. 새로운 일을 만들고, 그 일을 하며 모두 함께 웃으며 즐기는 시대로 바뀌었습니다.

개인의 감성이나 사고방식을 서로 엮어 새로운 것을 만들어내는 것이 앞으로 비즈니스의 기본이자 모든 직업의 근본이 될 겁니다. 참고로 20세기의 일 가운데 앞으로 '사라질 일'은 아마 거의 없을 겁니다. 그것들은 분명 아프리카나 인도, 인도네시아 쪽으로 '이동'할 겁니다. 또, 어떤 부분은 로봇이 대체하겠지요. 지금 아마존의 창고에는 상당수의 일을 로봇이 하고 있습니다. 두뇌를 사용하는 일을 제외한 다른 대부분의 일거리는 없어질 거라고들 말합니다. 인간으로서는 좋은 거죠. 중노동이 줄어들 테니까요. 그렇다면 인간은 무엇을 할까요? 제 생각에는 새로운 지식을 만드는 '지식 제조업'을 하지 않을까 싶습니다. 우리에게 정답이 없는 세계가 다가오고 있습니다. 이 21세기에 우리 인간은 다른 국면을 맞이하게 될 겁니다.

눈앞의 일에 최선을 다한다

다가올 시대를 잘 살아가려면 무엇을 해야 할까요? 간단합니다. 최선을 다해 눈앞에 놓인 일을 하면 됩니다. 정열을 쏟아부을 만한 과제를 발견한다면 그것은 즐거운 일이 생길 조짐을 보이는 것입니다. 여러분이 사는 지금 이 시대는 지나치다 싶을 만큼 급격하게 변하고 있습니다. 어쩌면 전쟁이 일어났던 시대에 버금갈 만큼 격렬할지도 모릅니다. 상상하기 힘든 상황입니다. 대량 생산과 대량 소비는 끝나고 세계 경제는 이제 정점에 이르러 경제 성장의 기세가 한풀 꺾일지도 모릅니다. 사실 선진국들은 최근 20년 동안 거의 성장하지 않았습니다.

또 인터넷이 이 정도로 우리 삶에 깊숙이 들어온 만큼 그에 따라 우리의 사고방식도 바뀌지 않으면 안 됩니다. 예를 들어 인터넷이 이렇게 잘 연결되어 있는데 왜 여러 학교가 함께 수업하지 않을까요? 싱가포르와 일본이 동시에 수업해도 될 텐데 말이지요. 저는 왜 수업이 연결되지 않는지 의문입니다.

사람들이 안고 있는 문제나 과제도 이미 국경을 뛰어넘었습니다. 선진국에서는 인구가 줄어들고 있지만, 전 세계적으로는 현재

73억 명의 인구가 있고, 2050년에는 90억 명 이상에 달할 것으로 예상합니다. 가장 큰 문제는 식량과 물, 그리고 에너지입니다. 이는 전 세계적인 과제입니다. 이를 해결하지 못하면 아마 엄청난 전쟁이 일어날지도 모릅니다.

따라서 다만 몇몇 사람만 글로벌 인재가 되면 된다거나 모두가 다 이노베이터가 되지 않아도 된다고 생각하면 안 됩니다. 꼭 기억해두기 바랍니다. 여러분이 살아갈 세계는 제가 살아온 세계와는 완전 다릅니다. 그래서 제가 여러분께 할 수 있는 말은 '눈앞의 일에 최선을 다하라'는 것뿐입니다. 그 말 외 어떤 구체적인 조언도 먹히지 않을 겁니다. 저는 여러분의 10년 뒤를 알 수 없으니까요.

여러분 앞에 길이 저절로 나타나는 일은 일어나지 않습니다. 용기를 내어 앞을 향해 걸어가다 어느 날 뒤돌아보면 걸어온 자리에 길이 나 있을 겁니다. 그것이 '커리어'입니다. 그저 묵묵히 앞으로 걸어 나가기 바랍니다. 그리고 가끔 돌아보며 '여기까지 왔구나' 하고 알 수 있는 것이 여러분 시대의 커리어가 아닐까요. 인생은 미리 설계하며 사는 것이 아닙니다. 매 순간 최선을 다해 살 뿐입니다. (2015년 10월 14일 강연)

연구와 교육,
두 가지를 모두 실현한
나의 선택은?

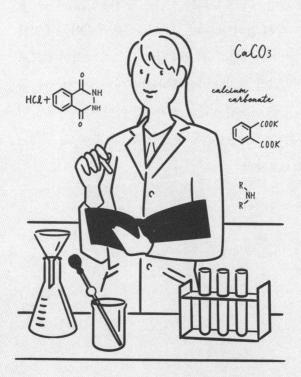

나카무라 유키

도쿄대 교양학부 부속 교양교육
고도화기구 자연과학교육 고도화 부문
특임 조교

PROFILE

중학교 1학년 때 캘리포니아주로 이민. 2006년 12월 UC 버클리대학 화학과를 성적
우수자로 3년 반 만에 졸업. 도쿄대 대학원 이학계 연구과에 진학해 투과형 전자현미
경을 이용한 단일 유기분자의 구조 해석과 탄소 물질 풀레린의 화학수식법을 개발하
고, 촉매반응 개발을 연구하여 2012년 3월 박사 과정을 마쳤다. 박사연구원으로서 하
버드대에서 천연물 할리콘드린류의 신규 합성 루트 개발에 힘썼다. 2013년 11월부터
PEAK(Programs in English at Komaba)의 화학 실습과 유기화학, 일반 학생을 위한 자
유 세미나 등의 수업을 담당하는 한편, 고체 촉매 연구를 진행하고 있다.

무관심에서는 아무것도 나오지 않는다

저는 가나가와현 출신으로 초등학교 2학년 때 아버지 일 때문에 뉴욕에서 1년을 살았습니다. 그 이후 지금까지 일본과 미국을 네 번 오가며 12년 반 정도를 미국에서 지냈습니다. 하지만 미국 안에서도 동쪽과 서쪽의 제한된 지역에서만 살았기 때문에 그 외의 지역에 대해서는 잘 모릅니다.

지금부터 제가 미국과 일본에서의 체험을 통해 얻은 생각을 이야기하려고 합니다. 이는 어디까지나 제 개인적인 의견이고 아무래도 제 전공인 이과 계열의 이야기가 주를 이루겠지만, 문과 계열인 분들도 '나라면 어떤 생각을 했을까?' 하며 자신을 대입하여 듣다 보면 무언가 얻어 가는 게 있을 겁니다. 1986년에 노벨 평화상을 수상한 작가 엘리 비젤[12]이 이런 말을 했습니다. '애정의 반대말은 증오가 아니라 무관심이다. 예술의 반대말은 추함이 아니라 무관심이다. 신앙의 반대말은 이단이 아니라 무관심이다. 삶의 반대말은 죽음이 아니라 무관심이다'라고요. 무관심에서는 아무것도 나오지 않습니다. 여러분, 관심을 가지고 제 이야기를 들어주세요.

의사 결정을 할 수 있는 환경으로 가자

이 수업을 듣는다는 건 커리어에 대해 고민하거나 어떤 직업을 선택할지 망설이고 있다는 뜻일 겁니다. 여러분은 어떤 사람이 되고 싶으신가요? 저는 늘 학생들에게 앞으로 국가의 미래를 짊어질 수 있는 사람이 되어달라는 부탁을 드립니다. 일반적으로는 개인의 행복을 추구하기 마련이지요. 물론 그것도 중요하지만 어떻게 하면 자기 나라를 좋은 나라로 만들 수 있을지를 생각하는 사람이 되었으면 하는 바람 때문입니다.

그렇다면 그런 사람은 어떤 일을 할까요? 스스로 의사 결정을 하고, 자신의 아이디어를 인풋(input)할 수 있는 일을 할 거로 생각합니다. 작은 것이라도 좋으니 스스로 어떤 변화를 일으킬 수 있는 환경에 있어야 자기 나라를 지금보다 좋은 방향으로 개선해나갈 수 있지 않을까요? 쉽게 말하자면 수동적인 자세를 취해야 하는 곳이 아니라 자신이 주체가 될 수 있는 환경을 찾는 일이 중요하다는 것입니다.

그리고 좋아하는 일이나 잘하는 일을 직업으로 삼는 것 또한 중요한 요소 중 하나인 것 같습니다. 좋아하는 일이란 내적 요인이 중요한데 장시간 그 일을 해도 고생스럽다고 느끼지 않는 일입니다. 즐거움이나 만족감을 느끼는 순간이 있거나 일을 하면서 성취감을 느끼는 일이지요. 잘하는 일이란 반대로 외적 요인이 크게 작용하는데, 주위 사람들이 좋은 평가를 해주는 일, 그 분야라면 다른 사람보다 더 뛰어난 결과를 낼 수 있는 일입니다.

이상적으로 보면 좋아하는 일과 잘하는 일이 일치하는 것일 텐

---

12. 엘리 비젤(1928~2016): 미국의 유대인 작가. 헝가리 출신으로 자신의 홀로코스트 경험을 자전적으로 기술했다. 주요 저서로 《나이트》 등이 있다. 1986년 노벨 평화상을 비롯해 여러 상을 받았다. 본문에 있는 문장은 US News&World Report(1986. 10. 27.)에서 발췌했다.

데 그런 일을 어떻게 찾을까요? 저는 다행히 좋아하는 일을 직업으로 삼을 수 있었는데 제가 지금의 커리어에 도달하기까지 어떤 경험을 했는지를 말씀드리려고 합니다.

화학을 좋아하게 된 계기

중학교 1학년 때 두 번째로 미국에 갔는데 중학교 때까지는 사실 문과 과목을 더 잘했습니다. 미국에 있었으니 당연하지만 모든 수업을 영어로 했습니다. 그런데 수학은 수식만 이해할 수 있으면 영어를 잘하지 못해도 문제를 풀 수 있어 이과 과목도 나쁘지 않다고 생각했습니다. 그런 생각을 할 무렵에 '테크놀로지'라는 수업을 듣게 되었습니다. 이 수업에서는 전기회로를 용접해서 만들거나 그룹 워크로 소형 로봇을 만들어 날리는 등 실험을 많이 했는데, 수업이 재미있게 진행되어 저도 모르게 실험에 끌리기 시작했습니다.

그리고 고등학교에 진학해서 일반과학 수업 시간에 은사님인 헤퍼넌을 만났습니다. 이 선생님은 영어를 못 하는 유학생에게도 친절하고 알기 쉽게 과학을 가르쳐주셨는데 수업 외에도 부모님처럼 상담을 많이 해주시는 친절한 분이었습니다. 이 수업을 통해 저는 다양한 과학 분야 중에서도 화학이라는 과목이 제일 재미있다고 느끼게 되었습니다. 미국의 고등학교는 일본의 대학처럼 스스로 좋아하는 수업을 선택해서 시간표를 짤 수 있는데, 화학에 흥미를 느끼기 시작한 뒤로는 성적이 좋아야 이수할 수 있는 화학 수업을 여러 개 들으며 화학에 대한 사랑을 키워갔습니다.

화학 수업은 전임 여자 선생님이 따로 계셨는데, 이 선생님은 매우 엄격해서 질문하러 가도 스스로 생각하라는 차가운 말만 돌아올 뿐이었습니다. 이 선생님 덕에 화학 사랑이 한층 더 커지는 않았지만, 화학 실험을 할 때 정장 위로 가운을 휙 하고 걸치는 모습이 상당히 멋있어서 동경했던 기억이 납니다. 실험 시간에 약품을 섞어서 새로운 물질을 만들어 낸다는 것에 설렐 만큼 화학을 좋아했기 때문에 남들보다 더 열심히 공부했고, 그 결과 남들보다 더 잘하게 되었습니다. 또 잘하게 되니까 더 좋아져서 열심히 공부했고 대학에 진학한다면 반드시 화학을 해야겠다는 간절한 소망이 생겼습니다.

진로에 대해 마음껏 고민하다

그런데 대학 진학을 앞두고 '일본으로 돌아갈 것인가, 미국에 남을 것인가'로 상당히 고민했습니다. 일본 대학에서 화학을 전공하려면 이과 공부를 일본어로 다시 해야 해서 꽤 번거롭고 한 번으로 끝날 일을 두 번 하게 되니 시간도 아깝다는 생각이 들었습니다. 반면 미국 대학에 진학하면 바로 화학을 전공할 수 있다는 점에 매우 끌렸습니다. 그런데 주변의 일본인 친구 대부분이 유학을 마치고 일본으로 돌아갈 예정이라 미국 대학 시험을 치르는 사람이 거의 없다는 게 큰 부담이 되었습니다.

또 당시에는 인종차별 문제에 커다란 벽을 느끼고 있었습니다. 일본인 친구들과 점심을 먹고 있었는데 백인 남자아이들이 발밑에 침을 뱉었습니다. 그때 '나는 이 나라에 있는 이상 외국인이고 아무리 말을 유창하게 할 수 있게 되어도 어디까지나 한 사람의 아시아인일 뿐'이라는 걸 절감했기 때문에 몹시 고민이 되었습니다.

이렇게 고민하고 있을 때 학교 상담 선생님께서 성적도 좋은데 이대로 일본에 돌아가는 건 아깝다며 UC 계열[13]이라면 원서 하나로 여러 학교 시험을 치를 수 있으니 이것만이라도 시도해보지 않겠냐고 권하셨습니다. 그 말을 듣고 다시 헤퍼넌 선생님과 상담을 했는데 '만일 부모님이 일본으로 가시더라도 내가 미국에서의 후견인이 되어줄 테니 힘을 내라'며 따뜻하게 응원해 주셨습니다. 노력하면 피부색에 상관없이 나를 인정해 주는 사람이 있다는 생각에 용기를 얻고 저는 UC 계열 대학의 화학과에 지원하기로 마음먹었습니다.

공부만 하던 학부 시절

밑져야 본전이라는 생각으로 일단 UC 계열 대학만 지원했는데 다행히 여러 대학에 합격했습니다. 그리고 각 대학의 특색을 조사

---

13. 미국 캘리포니아주에 있는 주립 종합대학군(캘리포니아대학(University of California))으로 UCLA, UC 버클리, UC 샌디에이고, UC 샌프란시스코 등 10개의 캠퍼스가 있다.

해본 결과 UC 버클리가 미국의 공립대학 가운데 순위 1위, 특히 화학과는 사립 대학을 포함해서 미국 전체 1위라는 사실을 알게 되었습니다. 미국 대학이라고 하면 하버드, 스탠퍼드, 프린스턴 등 아이비리그 대학을 연상하는 분들이 많을 테고 저 역시 그랬는데 의외의 곳에서 엄청난 대학을 만난 것입니다. 그런 수준 높은 대학에서 잘 해낼 수 있을지 조금 불안하기는 했지만, 기왕이면 가장 좋은 환경으로 가자는 생각에 버클리 진학을 결정했습니다. 이곳은 화학과 학부생의 남녀 비율도 여성이 약간 많아서 일본 대학의 화학과와는 상당히 분위기가 다릅니다.

대학 커리큘럼도 굉장히 충실했는데 입학한 뒤로는 매일같이 공부만 했습니다. 기말시험 전부터 시험 기간까지는 학교 도서관이 24시간 문을 엽니다. 기말시험은 한 과목당 3시간인데 3시간이 주어져도 풀 수 없을 만큼 엄청난 양의 문제가 나옵니다. 그래서 시험을 대비하기 위해 밤을 새우면서 공부하는 학생들로 도서관 자리가 꽉 찰 정도였습니다. 다들 치열하게 공부하는 모습을 보고 저도 덩달아 열심히 공부했습니다.

입학 당시에는 동아리에도 들어가고 싶었는데 도저히 그럴 여유가 없었습니다. 일본인 클럽에 들어가기는 했지만 매 학기 참가할 수 있었던 활동이라고는 학기 초의 웰컴 파티와 기말시험이 끝난 뒤의 모임 정도였습니다. 이런 식으로 학기 중에는 동아리 활동에 거의 참여하지 않고 공부에만 빠져 지냈습니다.

연구실의 딘 교수님, 그리고 인명반응과의 만남

일본 대학의 이과계 학생은 일반적으로 4학년이 되면 졸업 요건으로 연구실에 자동으로 들어가게 되는데 버클리에서는 대학원에 진학하는 경우에만 연구실에 들어갑니다. 언제부터 연구를 시작할지도 학생의 자율에 맡깁니다. 그래서 정말 제각각인데 졸업을 앞둔 4학년부터 시작하는 사람이 있는가 하면 1학년 때부터 연구를 시작하는 사람도 있었습니다. 졸업 후 대학원에 진학할지 취업을 할지를 이른 단계에 스스로 선택하고 결단해야 합니다.

버클리는 진로나 연구 시점을 스스로 결정할 수 있으므로 자유롭지만, 자신이 한 선택에 책임을 져야 하고, 누가 발 벗고 나서서 가르쳐주는 시스템이나 제도가 없으므로 어떻게 보면 혹독한 환경입니다.

저는 수업 페이스를 따라갈 수 있게 된 2학년 때부터 연구를 시작했습니다. 화학 분야 가운데서도 가장 흥미가 생겼던 유기화학 수업 시간에 수업을 도와주던 대학원생 TA(Teaching Assistant) 크리스틴을 믿고 그녀가 일하는 딘 토스트[14] 선생님 밑에서 공부하게 되었습니다. 일주일에 5~6일, 때로는 토요일에도 연구실에 갔는데 수업이 없을 때나 방과 후에 연구를 했습니다.

그런 가운데 딘 교수님의 수업인 상급 유기화학(Advanced Organic

---

14. 딘 토스트(1971~): 캘리포니아대학 버클리 캠퍼스 교수. 유기합성화학, 유기금속화학 분야에서 활약하는 미국의 유기화학자로 균질계의 금촉매 등 유기금속 촉매를 이용한 반응개발 연구로 알려져 있다. 미국화학회상을 비롯해 다수의 상을 받았다.

Chemistry) 수업을 들었는데 거기서 '인명반응(人名反應)'이라는 단어를 알게 되었습니다. 유기화학에는 지금까지 존재하지 않았던 반응을 찾는 '반응 발견'이라는 연구 분야가 있습니다. 인명반응은 처음으로 반응을 발견한 사람의 이름이 붙은 유기화학 반응을 말하는데, 노벨 화학상을 받은 노요리 후세 수소화반응, 스즈키·미야우라 커플링, 네기시 커플링 등은 여러분도 들어본 적이 있을지 모릅니다. 수업을 통해 인명반응을 배워가는 가운데 일본인의 이름을 딴 인명반응도 많다는 것을 알고 일본인 화학자의 저력을 처음으로 알게 되었습니다.

생각이 떠올랐다면 행동해보자

이를 계기로 일본 화학계가 궁금해지기 시작했습니다. 그러던 어느 날 딘 교수님께 "반응개발 분야에서 재미있는 연구를 하는 일본인 교수님을 아세요?"라고 물었더니 도쿄대 이학부에 계신 나카무라 에이치[15] 선생님이 아주 훌륭한 연구를 하고 있다고 알려주셨습니다. 그리고 제가 연구를 시작한 지 얼마 되지 않아 맞은 여름방학에 기막힌 타이밍이 생겼습니다. 딘 교수님께서 나카무라 교수님이 진행하는 강연회에서 강연하게 되었으니 함께 가자고 권하

---

15. 나카무라 에이치(1951~): 도쿄대 총괄 프로젝트 기구·대학원 이학계 연구과의 특임 교수 및 명예교수. 유기반응 개발부터 나노 사이언스에 이르기까지 폭넓게 활약하고 있는 유기화학자. 2009년 자수포장을 비롯해 각종 상을 받았다.

신 것입니다. 덕분에 저는 일본에서 나카무라 선생님과 직접 대화를 나눌 기회를 얻게 되었습니다.

일본에서는 연구자가 어떤 연구 생활을 하는지 실제로 알고 싶어서 나카무라 선생님께 "내년 여름에 인턴으로 와도 될까요?"라고 물었더니 꼭 오라고 하셨습니다. 그렇게 저는 다음 해 여름 나카무라 선생님의 연구실에서 인턴으로 일하게 되었습니다. 두 달이라는 짧은 기간이었지만, 일본에서 반응개발 연구를 접할 수 있어서 매우 만족스러운 시간이었습니다.

버클리에 돌아와서는 또다시 진로에 대해 생각했습니다. 연구에 종사하기로 마음을 굳혔기 때문에 대학원에 진학해야 하는데 미국에 남을지 일본으로 돌아갈지가 고민되었습니다. 여러 가지 측면에서 두루 생각해본 결과 일본인 과학자로서 일본을 위해 공헌하고 싶은 마음이 예전부터 강했기 때문에 인턴으로 인연을 맺은 나카무라 교수님의 연구실에 들어가기로 결정했습니다.

낯선 연구 환경에 컬처 쇼크를 받다

그렇게 일본으로 귀국한 제가 그곳 환경에 익숙해지기까지는 예상보다 더 많은 시간이 걸렸습니다. 여성이 더 많은 버클리와 비교해 연구원 약 40명 중 여성이라고는 저를 포함해 2명이 전부인 환경에서는 모든 것이 너무나 낯설었습니다. 그전까지는 당연했던 레이디 퍼스트 문화도 전혀 없었고요. 게다가 일본어 경어와 존경

어뿐 아니라 화학 용어도 몰랐던 저에게 컬처 쇼크가 또다시 찾아왔습니다.

연구 주제로는 반응개발을 희망했지만, 관심의 폭이 좁으면 연구자로서 성장할 수 없다는 생각에 이전까지 제가 전혀 건드리지 않았던 분야를 담당하게 되었습니다. 어떤 일을 했는지 간단히 이야기하자면, 유기분자의 움직임이나 구조를 보는 것인데 당시 나카무라 교수님이 그 기법을 세계 최초로 확립한 지 얼마 안 된 그야말로 핫한 연구였습니다. 이전까지 몇천억 개, 몇천조 개의 유기분자의 평균적인 동작을 측정하는 방법은 있었지만, 단 하나의 유기분자를 관측하는 일은 상당히 까다로운 일이었습니다. 이를 투과형 전자현미경이라는 측정 기기와 유기합성 지식을 잘 조합하여 단일 유기분자의 움직임과 구조를 알아내는 것이었습니다. 해상도는 낮았지만, 분자가 움직이고 있는 영상을 봤을 때 분명 역사적으로도 엄청난 일이라는 생각에 감동했습니다.

지금 유기화학에서 일상적으로 사용되고 있는 해석법도 처음 발견했을 때는 해상도나 퀄리티가 낮았지만 테크놀로지가 발전해감에 따라서 사용하기 쉬워졌고, 선명하게 분석할 수 있게 되었습니다. 앞으로 이 새로운 기법을 사용하면 어떤 형태의 분자가 생기는지 눈으로 보고 알 수 있게 될지도 모릅니다. 그런 의미에서 이 분야의 연구에 보람도 느끼고 중요성도 알고 있었습니다. 그러나 당시 저는 반응개발을 해보고 싶은 마음이 더 강했기 때문에 아무래도 100% 흥미를 갖지는 못했던 것 같습니다. 그래도 연구는 해야만 했습니다. 지금 내가 보고 있는 것이 내가 찾으려고 했던 유기

분자인지 아닌지 확실한 증거를 발견하지 못하고 뒤숭숭한 기분이
들 때도 있었지만 연구가 한창 재미있을 때는 구조 해석 시뮬레이
션에 몰두했고 덕분에 논문 발표까지 하게 되었습니다.

존경하는 사람의 목소리에 귀를 기울이자

이런저런 일을 하며 석사 과정 1년이 끝나갈 무렵에 친한 동기
들이 구직 활동을 시작했습니다. 일본으로 돌아올 때는 반드시 박
사 과정까지 가기로 마음먹었는데 하고 싶은 연구를 할 수 없다면
차라리 취직해서 세상에 도움이 되는 제품을 만드는 연구를 하는
편이 더 좋을지도 모른다는 생각이 들었습니다.

구직 활동도 경험이니 한번 해보자는 생각에 조용히 시작했는데
교수님께서 왜 박사 과정에 가지 않느냐고 물으시며 저에게 대국
적인 시야가 부족하다는 걸 깨우쳐 주었습니다. 또 나카무라 연구
실에서 인턴을 하면서 신세를 졌던 반응개발 그룹의 요시카이 나
오히코[16] 교수님도 지금 회사에 들어가기에는 아깝다고 하셨는데
그 말씀이 마음에 박혔습니다. 당시에는 취직할지 박사 과정에 진
학할지는 개인의 자유이니 스스로 선택하고 싶은 마음이 강했지
만, 지금 돌이켜보면 연구를 시작한 지 고작 1~2년밖에 되지 않은

---

16. 요시카이 나오히코(1978~): 천이금속촉매를 이용한 유기반응 연구로 알려진 유기화학자. 싱가포
르의 난양이공대학 화학·생물과학과의 준 교수로 해외에서 활약하고 있다. 일본 화학회 진보상
등을 수상했다.

CHAPTER 1

시기에 자신의 주관만으로 미래를 판단하는 것은 어려운 일이라는 생각이 듭니다. 때로는 존경할 만한 그 분야 전문가의 말에 귀 기울이는 것도 중요한 것 같고요. 그 당시 여러 교수님께서 제 적성에 대해 제삼자의 관점에서 냉정한 조언을 해주신 것에 정말 감사한 마음입니다.

힘들 때는 초심으로 돌아가자

박사 과정에 진학하면 무슨 일이 있어도 반응개발을 하고 싶다고 나카무라 교수님께 말씀드렸더니 '지금 하는 연구를 논문으로 정리하면 박사 과정 때는 연구 주제를 바꿔도 된다'라고 허락해주셨습니다. 그렇게 저는 논문을 쓰고 염원하던 반응개발을 시작할 수 있었습니다.

그런데 뜻밖에도 거기서부터 괴로운 날들이 시작되었습니다. 성과가 좀처럼 나오지 않아서 자신감을 잃고 만 것입니다. 연구는 99%가 실패로 끝나고 단 1%만 성공한다는 말을 자주 듣는데 저도 예외 없이 생각만큼의 성과가 나오지 않는 시기가 이어졌습니다. 반응개발을 하고 싶다고 해놓고는 그럴듯한 결과가 전혀 나오지 않아 실망하기도 하고 조급한 마음도 들다 보니 자신감을 잃고만 것입니다. 하지만 아무리 괴로워도 반응을 얻기 위해 설치를 하고 있을 때만은 즐거웠기에 어떻게든 이어나가고 있었습니다.

박사 과정을 마칠 무렵에 졸업 후의 진로로 또다시 고민했습니다. '이대로 연구자로 사는 삶을 이어갈 수 있을까? 애초에 나는 연구를 계속하고 싶었던 걸까?' 졸업을 반년 정도 앞뒀을 때부터 스스로 이런 질문을 던졌습니다. 이렇게 고민하며 깊이 생각했는데 학문의 길로 가든 회사에 취직하든 연구에 미련이 남을 것 같았습니다. 그렇다면 차라리 지금 환경을 완전히 바꿔서 연구자로서 소질이 있는지 없는지를 확인해보자는 생각에 저는 미국에 가기로 결심했습니다. 그리고 원점으로 돌아가는 것은 아니지만 처음 일본인 화학자의 저력을 느끼게 했던 인명반응을 연구해 보기로 했습니다. 기왕 가는 김에 엄격하게 지도해 줄 것 같은 교수님이 계신 곳에서 내 능력을 시험해보고 싶다는 생각에 노자키·히야마·기시 커플링 반응으로도 유명한 유기화학계의 거장 하버드대의 기시 요시토 교수님의 연구실을 골라 온종일 면접을 본 뒤 박사연구원으로 가게 되었습니다.

미국에서는 환경을 바꾸는 것을 매우 바람직한 선택으로 여깁니다. 환경을 바꿔 네트워킹을 통해 인맥의 테두리를 넓히거나 지금까지와 다른 장소에서 경험을 쌓고 180도 다른 시각을 받아들이는 일이 커리어 향상의 측면에서 중요하다고 생각하는 것이지요. 그래서 미국 안에서도 고등학교나 대학을 서쪽에서 다녔다면 대학이나 대학원은 문화가 전혀 다른 동쪽으로 가는 등 환경을 바꾸도록 장려합니다. 그런 관점에서 저는 박사연구원으로 일할 곳을 찾을 때 이전에 살던 서쪽이 아니라 동쪽에 있는 연구실을 중심으로 찾았습니다.

여성 과학자가 아닌 한 사람의 과학자로서

박사연구원으로 일하게 된 연구실의 기시 교수님은 하버드대에서 명예교수까지 올라간 분으로 여든이 된 지금도 현역으로 활약하고 계십니다. 제가 일하던 당시에는 76세였는데 월요일부터 토요일까지 매일 아침 8시부터 저녁 8시까지 연구실에 상주하시면서 연구원 한 사람 한 사람과 토론하셨습니다. 연구하는 하나하나의 주제에 대해 철학을 갖고 깊이 파고드는 교수님에게 직접 지도를 받으며 상당한 자극을 받았습니다.

엄격하기로도 유명해서 연구실에 처음 들어갔을 때 "울 만큼 힘들지도 모르니까 티슈를 한두 상자 준비하는 편이 좋을지 모르네."라는 교수님의 농담 섞인 말씀에 지레 겁을 먹었던 기억이 납니다. 실제로도 힘들기는 했지만 저는 지향해야 하는 목표가 명확해야 그곳을 바라보며 노력할 수 있는 스타일이라서 목표를 이루기 위한 혹독한 과정이라 생각하며 즐기다 보니 잃어버렸던 자신감도 서서히 회복할 수 있었습니다.

그리고 "자네는 여성 과학자가 아닌 한 사람의 과학자라네. 연구에 성별은 관계없지."라는 교수님의 말씀이 아직도 제 마음속 든든한 버팀목이 되어주고 있습니다. 일본에 있을 때는 여성이라는 이유로 좋든 싫든 특이한 경우로 바라보는 사람들이 있어서 항상 '나는 여성 과학자로서 무엇을 할 수 있을까'를 생각하는 버릇이 생겼는데 한 사람의 연구자로 인정을 받았다는 것에 감격했습니다. 그리고 내가 무엇을 할 수 있을지를 생각할 때 성별을 이유로 스스로 선택의 폭을 좁혀서는 안 된다는 것도 깨달았습니다.

어디에서 무엇을 하고 싶은가?

박사연구원이 끝나면 취직이 기다리고 있습니다. 박사연구원이 되고 1년이 지났을 무렵, 앞으로 '어떤 일을 어디서' 하고 싶은지를 생각했습니다. 처음에는 자원이 부족한 국가를 위해 과학자로서 공헌하고 싶다는 생각이 들었습니다. 이는 학부 시절 가졌던 목표였는데 국가에 도움이 되는 새로운 일을 국내에서 찾고 싶다는 생각에는 변함이 없었습니다. 또 하나는 일본의 과학 교육을 더 좋은 방향으로 이끌고 싶다는 생각이 있었습니다. 저는 석사 과정 1년 차가 되었을 때 나카무라 교수님의 추천으로 미국의 교육 시스템에 관해 기사[17]를 쓴 적이 있습니다. 그때부터 싹튼 마음인지는 모르지만 오랜 미국 생활 경험을 살려 미국과 일본의 좋은 부분을 결합해 글로벌하게 활약할 수 있는 인재를 육성하는 일을 하고 싶었습니다.

이 두 가지를 이루기 위해 국내 교육기관에서 연구하면서 가능하다면 영어로 가르치는 일을 하고 싶다는 결론에 이르렀습니다. 이런 생각을 하고 있을 때 마침 도쿄대에서 사람을 모집한다는 이

---

17. 〈미국의 화학교육 시스템-고등학교부터 UC버클리 화학과까지의 체험을 바탕으로〉 (현대화학, 2008)

야기를 들었습니다. 대학원을 다닐 때 국제 학회에서 미국의 교육에 대해 프레젠테이션한 적이 있는데, 도쿄대 종합문화연구과의 오나카 마코토[18] 교수님께서 제 발표를 들으러 와주셨고 그때부터 여러모로 저에게 신경을 써주고 계셨습니다. 어느 날 오나카 교수님이 해외에서 수업을 받고 온 학생들을 영어로 교육하는 'PEAK(Programs in English at Komaba)'에서 화학 실습을 담당할 사람을 찾고 있다며 "도쿄대에 이런 자리가 났는데 응모해볼래요?"라고 물으셨습니다. 게다가 교수님의 연구실 공간까지 빌려주시겠다는 겁니다.

오나카 교수님의 연구실에서는 제올라이트라는 규칙적인 세공, 이른바 구멍을 가진 재료를 이용해서 반응개발을 하고 있습니다. 제올라이트의 구멍 안에 작은 분자를 가둬두고 반응시키면 액체 안에서 반응할 때와는 다른 반응이나 특성이 나옵니다. 그런 오나카 교수님 곁에서 반응개발 연구를 하면서 영어로 화학을 가르칠 수 있다니 그야말로 제가 하고 싶었던 일 두 가지를 동시에 이룰수 있을 것 같아 응모해 보기로 했습니다. 그리고 그것이 지금 제가 하는 일입니다.

저는 이런 식으로 커리어를 밟아왔는데 돌아보면 환경을 바꿈으로써 다양한 발견을 할 수 있었고, 그것이 성장으로 이어졌다는 사실을 절감하게 됩니다. 또, 가장 힘들었던 시기였지만 내 손을 움직

---

18. 오나카 마코토(1952~): 촉매화학, 유기합성화학 분야에서 활약하는 유기화학자. 도쿄농업대학 생명과학부 분자생명화학과 교수로 제올라이트 등의 다공질물질을 반응장으로 이용한 촉매반응 개발을 연구하고 있다.

여서 실험할 때 즐거움을 느꼈기에 연구는 제가 좋아하는 일이고, 잘하는 일인지는 아직 모르겠지만 앞으로 잘하는 일이 되도록 열심히 해나가고 싶습니다. 미국에서의 경험을 살려 교육하는 일은 저만이 할 수 있는 일이자 잘하는 일인 것 같습니다. 게다가 아이디어를 인풋할 수 있는 환경이기도 하고요. 이렇게 생각할 수 있는 이유는 고민이 들 때마다 깊이 생각해서 스스로 납득할 수 있는 답을 찾아온 덕분인 것 같습니다.

유학을 통해 얻을 수 있는 것

여러분이 앞으로 사회에 나가게 되었을 때는 외국과 전혀 관계없이 일하기는 어려울 겁니다. 국내 기업에 취직하더라도 외국 회사나 제휴처의 동향을 주시해야 하고, 국제화가 더욱 진전되어 국내에서만 끝나는 일을 고르기는 어려울 테니까요.

그렇다면 유학을 통해 무엇을 얻을 수 있을까요? 우선 외국에 나가면 세계 속에서 일본을 보게 됩니다. 제삼자의 시점에서 일본을 봄으로써 새로운 사실을 알게 되고, 국내에서 당연하게 인식되는 상식이 외국에서는 전혀 먹히지 않는다는 것을 피부로 느낄 수 있습니다. 또 다양한 사람들과 함께 있는 환경에서 자신의 특성을 찾아내 무엇을 인풋할 수 있을지를 생각할 소중한 기회를 얻을 수 있습니다.

하지만 단순히 해외 생활을 했다고 해서 그것이 곧바로 배움으로 이어지는 것은 아닙니다. 해외에서 생활하고 왔다는 것은 여행의 연장선에 있는 것에 지나지 않습니다. 그렇다면 유학을 통해 배움을 얻기 위해서는 어떻게 하면 좋을까요? 지금까지와는 전혀 다른 장소에서 어떠한 형태로든 자신이 평가받을 수 있는 환경에 있어야 합니다. 그리고 목적을 가지고 배우고자 하는 것에 도전해야 합니다. 평가를 받지 않으면 성장으로 이어지지 않습니다. 개인적으로 어학연수는 유학의 원동력이 되기에는 약하다고 생각합니다. 단순히 외국어를 배우기 위해서가 아니라 외국의 연구실에서 공부하고 싶다거나 새로운 기술을 익히고 싶다거나 어떤 분야에서 유명한 선생님 밑에서 배우고 싶다는 등 뚜렷한 동기와 목적을 갖고 떠나야 의미 있는 유학을 할 수 있습니다.

그렇지만 외국에 가서 생활하는 것은 그리 쉬운 일이 아닙니다. 시간과 노력뿐 아니라 비용도 상당히 많이 드니까요. 국내에서도 외국 문화를 접할 수는 있습니다. 도쿄대 PEAK 수업은 유학생뿐 아니라 도쿄대생이라면 누구나 이수할 수 있습니다. 외국인 선생님을 중심으로 다양한 과목을 영어로 가르치고 있으며 아시아, 오스트레일리아, 유럽, 미국 등 여러 나라에서 온 학생들과 다양한 사고방식을 접할 수 있습니다. 이렇게 굳이 고생스럽게 외국에 나가지 않아도 국내에서 유학을 체험할 기회를 찾아 자신과 시야를 넓히는 기회를 갖기를 바랍니다.

커리어는 스스로 선택한 결과의 축적

커리어란 직업만이 아니라 그 사람의 삶의 모습과 방식 그 자체입니다. 저는 연애나 결혼 등 사적인 부분도 커리어라고 생각합니다. 커리어를 쌓아간다는 것은 <u>스스로 선택한 결과의 축적</u>입니다. 따라서 어떤 조건을 우선으로 삼을지를 <u>스스로 묻고 답하는 일</u>이 중요합니다.

설령 고생해서 좋은 직업을 가졌다 하더라도 남녀를 불문하고 어떤 배우자를 만나느냐에 따라 계속 그 일을 하기 어려워질 수도 있습니다. 그런 의미에서 사적인 부분까지 생각하고 선택해 나가는 것이 매우 중요합니다. 저의 배우자 선택의 조건은 '내 일을 이해해 주고 서포트 해주며 일에 관한 이야기를 공유할 수 있고 나를 가장 소중히 대해주는 사람'입니다. 어떤 조건을 우선으로 삼을지는 나이를 먹으면 달라지겠지만, 여러분은 자신에게 어떤 상대가 정말 잘 맞는지를 파악하며 자신만의 커리어를 쌓아가기를 바랍니다.

지금까지 제 경험을 중심으로 이야기했는데 여러분도 사소한 것이라도 좋으니 자신의 아이디어를 인풋함으로써 세상에 변화를 가져올 수 있는 환경을 찾기를 바랍니다. 그러기 위해서라도 유학을 하거나 지금 있는 환경을 바꿔보면서 자신의 특성을 파악하고 자신만의 스킬을 갈고 닦았으면 좋겠습니다. 그리고 국내에 있을 거라면 외국 문화를 접할 기회를 잘 활용하기를 권하고 싶습니다.

마지막으로 깊이 있게 생각하는 습관을 들이기를 바랍니다. 저는 무언가를 생각하고 싶을 때는 걷거나 혼자 여유롭게 욕조에 몸을 담급니다. 여러분도 생각하는 일에 몰두할 수 있는 자신만의 장소나 방법을 찾아보면 어떨까요? 커리어에 대한 중요한 선택을 앞뒀을 때는 깊이 생각해서 스스로 납득할 수 있는 답을 찾으면 좋겠습니다. (2017년 12월 8일 강연)

커리어 학습 게임 '잡스타'

후쿠야마 유키

PROFILE

와세다대 대학원 인간과학연구과 박사 과정 졸업. 인간과학 박사. 교육공학을 전공으로 하고 있으며, 주로 게임을 이용한 교육, 학습 교재 개발과 평가를 하고 있다. 주요 저서로는 《게임과 교육·학습》, 《직장 학습의 탐구》 등이 있다. 〈커리어 교실〉을 담당했던 당시에는 도쿄대 대학원 종합문화연구과·교육학부 부속 교양교육 고도화기구 액티브러닝 부문 특임 조교였으며, 이후 메이세이대 메이세이교육센터 특임 준교수로 일하고 있다.

테크놀로지의 진화, 글로벌화의 진전, 인구 구조의 변화 등 사회가 급격하게 변화하고 있는 요즘 일이나 삶의 방식에 관한 생각도 계속해서 변화하고 있습니다. 여러분이 30, 40대가 될 무렵에는 사라질 직업도 있을 것이고, 반대로 새롭게 생겨날 직업도 있을 겁니다. 인공지능의 발전으로 화이트칼라의 일을 AI가 대체할 거로 예상하는 의견도 많습니다. 앞으로 여러분이 살아갈 환경은 바로 그런 미래 사회입니다. 그렇다면 미래에는 어떤 직업이 필요해질까요?

〈커리어 교실〉에서는 자유연상법을 이용해 미래의 직업을 생각함으로써 자신의 직업관을 재인식하는 커리어 학습 게임 '잡스타'를 이용한 워크숍을 하고 있습니다. 본 칼럼에서는 해당 게임의 개발자이자 워크숍의 진행을 맡은 후쿠야마 유키 씨가 잡스타를 활용한 워크숍에 관해 설명합니다.

잡스타가 뭐지?

잡스타는 간략하게 설명하자면 미래의 사회 상황(이벤트 카드), 주요 산업(인더스트리 카드), 기본적인 직업(직업 카드)을 나타낸 세 종류의 카드를 사용해서 '미래의 직업'을 창조해내는 게임입니다.

이벤트 카드
! 로봇의 보급

자동화가 진행되어 대부분의 단순노동은 로봇이 맡게 되어 생산이 편리해졌다. 한편으로 직업을 잃는 노동자가 많아졌다.

인더스트리 카드
농업·임업·어업

농지·산림·바다의 자연과 생물을 이용해 먹거리와 자재를 제조하는 산업이다.

직업 카드
디자이너·아티스트

주어진 주제나 과제를 예술과 디자인의 힘으로 완성하는 일. 추상적인 감각을 이해해서 구체적인 형태로 만드는 감각과 기술이 요구된다.

이벤트 카드
'로봇의 보급'과 '저출산·고령화 사회' 등 가까운 미래에 일어날(이미 일어나고 있는) 일이 사회에 어떤 영향을 주는지를 기술한 카드이다.

인더스트리 카드
'농업·임업·어업'이나 '정보통신업' 등 산업 분야를 표시한 카드로, 플레이어는 이 카드에 표시된 산업 분야에서 새로운 직업을 창조한다.

직업 카드
'디자이너·아티스트', '엔지니어' 등 새로운 직업을 생각하기 위한 기본이 되는 직업을 기술한 카드이다.

게임은 3~5명이 한 조가 되어 진행합니다. 우선 한 사람당 다섯 장씩 직업 카드를 나눠줍니다. 그리고 이벤트와 인터스트리가 제시되고 그 상황에서 활약할 수 있는 새로운 직업을 각자 가지고 있는 직업 카드 중에서 골라 자유롭게 생각합니다. 예를 들어 이벤트로 '로봇의 보급', 인더스트리로 '농업·임업·어업'이 제시된 경우, 플레이어는 '로봇의 보급이 진행되고 있는 사회 안에서 농업·임업·어업 분야에서 활약할 수 있는 미래의 직업'을 처음에 나눠준 다섯 장의 직업 카드 가운데 하나를 골라 새롭게 만들어야 합니다.

새로운 직업을 만든 뒤에는 서로 자신이 생각한 직업의 매력을 짧게 설명합니다. 그 가운데 각자가 가장 마음에 든 직업에 투표하고, 정해진 라운드가 종료되었을 때 가장 많은 포인트를 받은 플레이어가 승자가 됩니다.

이 게임에 참여하면 목표를 설정하거나 자신의 강점을 이해하는 데 도움이 된다는 사실이 실증연구를 통해 밝혀졌습니다.[19] 〈커리어 교실〉에서는 두 번째 수업부터 다양한 게스트의 강의를 듣는데, 강의를 듣기에 앞서 현시점에서 자신의 관심의 폭을 의식하게 하고, 흥미의 폭을 넓히기 위한 지도로써 첫 번째 수업 시간에 이 워크숍을 실시합니다.

학생들이 실제 수업에서 만들어낸 직업 예

| 직업1 | '남녀노소 중개인'(직업 카드: 선생님·일러스트레이터)
(이벤트: 저출산·고령화 / 인더스트리: 지정 없음)

기술의 발달이 급속도로 진행되면서 지금의 스마트폰처럼 할머니 할

---

19. Toru Fujimoto, Yuki Fukuyama, Satoko Azami(2015) Game-Based Learning for Youth Career Education with the Card Game "JobStar". Proceedings of The 9th European Conference on Games-Based Learning, pp. 203~209.

아버지는 사용법을 모를 만한 기술이 앞으로 더욱 늘어날 것이다. 그런 기술의 사용법을 알려주는 대신 반대로 어르신들이 젊은이들에게 제기차기 같은 전통놀이나 옛 문화를 전수해주면 어떨까? 저출산 · 고령화 사회에서 젊은이와 어르신을 중개해주는 역할을 하는 직업이 있으면 좋겠다.

| 직업2 | '엑시던트 드라이버'(직업 카드: 드라이버)
(이벤트: 로봇의 보급 / 인더스트리: 관광 · 요식)

로봇이 보급된 사회에서 여행이나 관광을 상상해보면, 교통 사고율이 감소하고 정시 운행률이 높아져 조금도 차질없이 일정대로만 진행될 것 같다. 그런데 그렇게 되면 엑시던트(예상치 못한 일)가 완전히 사라져서 오히려 재미가 없지 않을까. '엑시던트 드라이버'는 어쩌면 엑시던트를 일으킬지도 모르는 드라이버이다. 비행기 조종사라면 이상한 곳에 불시착하거나 엉뚱한 공항으로 갈지도 모른다. 드라이버라면 목적지와 전혀 다른 낯선 곳으로 드라이브를 해줄지도 모른다. 예상치 못한 상황을 제공함으로써 여행의 두근거림을 느끼게 해주는 직업이다.

| 직업3 | '관광 교육 어시스턴트'(직업 카드: 엔지니어)
(이벤트: 관광 개발 / 인더스트리: 교육 · 보육)

이 직업은 주로 학교용 시스템을 개발하는 엔지니어이다. 관광 산업을 중요시하는 일본에서는 초등학생이라도 일본의 관광지에 대해 자세히 알아둘 필요가 있을 것이다. 이 엔지니어는 관광지 사이트에 나와 있는 정보뿐 아니라 관광지의 역사나 관광지 주변 안내 그리고 어떤 사람들이 살고 있는지 등을 자세히 알 수 있는 시스템을 제공해 준다. 이런 직업이 새롭게 탄생하면 좋지 않을까 싶다.

학생들의 반응(2015년도 상세 리포트에서 발췌)

- 잡스타를 통해 현재 나의 시야가 매우 좁고 특정 직업밖에 모른다는 것을 알게 되었다.
- 지금까지 없었던 '새로운 일'을 하는 사람이 왜 그 일을 선택하게 되었는지 수업에서 듣고 싶어졌다.

이처럼 잡스타에서는 몇 가지 조건을 설정함으로써 '미래의 직업'을 창조할 수 있습니다. 독자 여러분은 어쩌면 여기서 만들어진 직업을 보면서 '어떻게 돈을 벌겠다는 거야?' 혹은 '이미 있는 직업이잖아'라고 생각할지도 모릅니다. 하지만 잡스타의 목적은 실용적이고 참신한 미래의 직업을 만드는 것이 아니라 평소에 생각하는 것과는 다른 방식으로 생각해봄으로써 '직업에 대한 가치관'을 재정비하는 것입니다.

자신의 관심을 확인하는 '돌아보기 활동'

게임이 단순히 노는 데서 끝나면 즐거웠다는 인상만 남기고 쉽게 잊게 됩니다. 그래서 수업 시간을 할애해 앞에서 이야기한 것처럼 게임을 한 뒤 자신에게 적용하기 위한 '돌아보기 활동'도 하고 있습니다.

돌아보기 활동의 목적 중 하나는 자신의 흥미를 확인하는 것입니다. 게임에는 다양한 카드가 등장합니다. 생각하기 쉬웠던 카드나 느낌이 오지 않았던 카드 혹은 잘 이해되지 않는 카드가 있었는지를 스스로 돌아보게 합니다. 그런 뒤에 어떤 카드가 본인의 흥미와 관심을 끌었는지와 어떤 카드는 생각하기 쉬웠던데 반해 어떤 카드는 생각하기 어려웠는지 그 이유를 돌아보게 합니다.

이런 과정을 통해 이 산업과 직업에 대해 거의 몰랐다거나 이 직업에는 흥미가 없었지만 쉽게 아이디어가 떠오르는 걸 보니 의외로 잘 맞을지도 모른다든지 등 새로운 발견을 할 수 있습니다.

그 외에 각 그룹이 게임을 통해 창출한 수많은 새로운 직업 가운데 '가장 하고 싶은 일, 가장 하고 싶지 않은 일은 각각 무엇인가? 또 그 이유는 무엇인가?'를 돌아보게 합니다. 이렇게 하면 어떤 직업에 대해 '하고 싶다, 하고 싶지 않다, 하고 싶지만 할 수 없다' 등 다양한 감상이 나옵니다. 때로는 '이런 일은 하고 싶지 않다'라는 생각이 인생을 결정하기도 합니다. 반대로 지금은 할 수 없는 상황이지만 할 수만 있다면, 한 번 해보고 싶은 일에는 도전해볼 여지가 있다고 생각합니다.

지금까지 잡스타와 첫 번째 수업에서 진행한 워크숍을 간단하게 소개했습니다. 잡스타를 체험한 학생들이 아직 보지 못한 직업을 만들어 낼 날이 오기를 기대합니다.

CHAPTER
2

사람들과의
관계 속에서
행복 찾기

어떤 공원에서 상반신을 탈의한 남자가 춤을 추고 있습니다. 단순히 좀 이상한 사람이 춤을 추고 있는 것처럼 보이는데 두 번째 사람이 들어와서 왠지 즐거운 분위기가 되었습니다. 그들은 부끄럽지만 계속 춤을 추고 있고 주위 사람들은 모두 냉랭한 시선으로 그 모습을 바라봅니다. 그런데 이 모습이 재밌어 보였는지 또 한 사람이 함께 춤을 추기 시작합니다. 세 명을 넘어서자 이제 춤에 참가할 수밖에 없는 분위기가 되어서 점점 더 많은 사람이 들어오고 결국에는 커다란 원을 이뤘습니다.

— 데릭 시버스, 〈어떻게 움직이게 할 것인가?〉, 테드 톡스^{Ted Talks} 중에서

2장에서는 사회의 기반을 만드는 일에서 활약하고 있는 선배들의 이야기를 모았습니다. 이들은 대기업과 공공기관, 국제기관에서 인프라를 형성하면서 세계 속에서 활약하고 있는데 어떻게 각자 자신이 처한 환경을 개선해 나가며 자신이 하고 싶은 일을 실현해 나가는지 보여줍니다.

미쓰비시 중공업 그룹의 야기타 히로유키 씨는 세계 각국의 화력발전소를 관리하고 있습니다. 그의 눈에 비친 '대기업'의 사내 풍토와 세계를 무대로 일을 하면서 다양한 가치관을 접한 이야기는 '스스로 보고 듣는 일'의 중요성을 인식하게 합니다.

OECD의 무라카미 유미코 씨는 주로 금융 분야에서 공적 사업과 민간사업 부문을 오가며 일하고 있습니다. 우리가 생각하는 커리어와 외국에서 생각하는 커리어 인식에 어떤 차이가 있는지를 생각해보게 하는 강의였습니다. 커리어를 쌓아간다는 것의 의미와 그 책임에 대해 생각해보면 좋겠습니다.

공정거래위원회의 간다 데쓰야 씨는 경쟁이라는 규칙을

바탕으로 한 사회 기반 만들기의 가치와 공익 즉 '모두를 위한 일'을 하는 국가 공무원이라는 직업을 선택한 이유에 관해 이야기합니다. 자신의 역할과 행복을 느끼는 과정 그리고 경쟁을 통해 자신의 강점을 알아가는 과정의 중요성에 대해서도 말합니다.

일본국제협력기구JICA의 오가와 료 씨는 주로 개발 도상국에 대한 정부개발원조 사업에 종사하고 있습니다. 투자와 융자라는 형태로 세계적인 인프라 형성과 인재 양성을 지원하는 일을 어떻게 선택하게 되었는지, 자신을 돌아보고 즐거웠던 일을 기반으로 미래를 그리는 방법을 제시해 줍니다.

이 장을 통해 사람은 개인으로서만이 아니라 커뮤니티와 주변 사람들과의 관계 속에서 살아간다는 것을 이야기하고자 합니다. 커리어를 쌓을 때 '나의 역할은 무엇인가, 어디에 중심을 둘 것인가'를 스스로 물어보기를 바랍니다.

— 오카모토 요시코

세계를 돌며 일하는
국경 없는 엔지니어

야기타 히로유키

미쓰비시 중공업 그룹 그룹장 대리
(소속은 강연 당시 기준)

PROFILE

1979년생. 2000년 구 도쿄도립 항공전문기계공학과를 졸업하고 같은 해에 미쓰비시 중공업에 입사했다. 쓰레기 소각 공장 설계, 화력발전소 애프터서비스를 위해 세계를 돌며 사업 전략 안건 및 신사업 창출 프로젝트 리더로 일하고 있다. 2014년 1월부터 현직에서 일하며 중동 각국을 대상으로 한 정부의 에너지 정책 과제의 일본 대표 기술단으로 3회 임명되었다. 게이오기주쿠대 대학원 시스템디자인·매니지먼트연구과 석사 과정을 졸업(시스템 엔지니어링 전공)했으며 동 대학원에서 2012~2014년까지 비상근 강사로 일했다. 도쿄대 대학원 공학계 연구과 기술경영전략학 전공 박사 과정 수료. PMP(Project Management Professional). NPO 국경 없는 기사단 정회원.

사회 인프라를 지탱하는 대기업

오늘 커리어 교실의 키워드는 '대기업'입니다. 제 이야기를 통해 제가 다니고 있는 미쓰비시 중공업 그룹과 같은 오랜 역사를 가진 대기업의 분위기를 느끼고, 커리어를 생각할 때 참고했으면 하는 바람입니다. 미쓰비시 중공업 그룹의 매출은 약 4조 엔(2016년 기준)으로 매출의 절반 정도는 해외 매출이 차지합니다. 취급하고 있는 제품은 약 500개(2018년 기준)입니다. 화력발전과 천연 에너지 발전, 항공기의 주 날개, H Ⅱ A/B 로봇, 배, 유리카모메 등의 전자동 무인 운송 차량, 지게차 등 기업이나 정부를 상대로 하는 제품부터 에어컨처럼 일반 소비자들이 사용하는 제품까지 사회 인프라와 관련된 제품을 다양하게 만들고 있습니다.

애니메이션 〈바람이 분다〉[20]의 항공 기술자인 호리코시 지로는 미쓰비시 중공업의 엔지니어였습니다. 항공기 사업은 이 영화에 나오는 시대부터 현대에 이르기까지 이어지고 있는 저희 회사의 역사가 담긴 사업입니다. 소설이 원작으로 드라마로 제작된 〈변두리 로켓〉[21]에서 나온 '제국 중공업'이라는 기업은 실제로 미쓰비시 중공업을 모델로 한 게 아니냐는 이야기도 있습니다. 영화 〈신 고질라〉[22]에 나오는 전차는 미쓰비시 중공업에서 특수차량이라는 제품으로 취급하고 있습니다. 그리고 여러분도 잘 아실 도쿄 스카이

---

20. 미야자키 하야오 감독(2013)
21. 이케이도 준 지음(2010), 2011년 WOWWOW에서, 2015년 TBS에서 드라마로 제작했다.
22. 안노 히데아키 총감독(2016)

트리(도쿄도 스미다 구에 세워진 634m의 전파 탑)에 탑재된 지상 600m
에서 돌풍이나 강풍에 의해 흔들림을 제어하는 진동 제어 장치, 시
속 200km 이상으로 주행하는 신칸센의 공기식 브레이크와 자동차
의 터보차저(과급기)도 만들고 있습니다. 최초의 국산 민간 제트 여
객기 MRJ(미쓰비시 리저널 제트)와 고강도 노동에 사용되는 파워 어시
스트 슈트 등도 최근 개발했습니다. 이 중에는 미쓰비시에서 만드
는 것인지 몰랐던 것도 있을 겁니다. 사회 인프라는 생활을 지탱하
는 기반이며 이처럼 생활에 녹아들어 있으므로 이를 다루는 미쓰
비시 중공업이 겉으로 드러나지 않는 것도 이상한 일은 아닙니다.

국경 없는 엔지니어로 세계를 돌다

저는 지금까지 이른바 '국경 없는 엔지니어'로 35개국을 돌아다
니며 전 세계를 누볐습니다. 총 이동 거리로는 약 135만km, 지구
를 34바퀴 정도 돈 꼴입니다. 방문한 나라는 북미, 중남미, 아시
아, 중동, 동유럽, 서유럽, 아프리카, 거의 전 세계 모든 나라입니다.
인프라와 관련된 일을 하면 전 세계 곳곳에 할 일이 있어서 좋습니
다. 여러분 가운데 개발 도상국, 앞으로 공업화가 진행될 나라에서
일하고 싶은 사람은 인프라 계열 회사에 들어가면 틀림없이 그 나
라에 갈 기회가 있을 겁니다.

그렇다면 '국경 없는 엔지니어'는 구체적으로 어떤 일을 할까요?
저의 경우 세계 여러 나라에 있는 화력발전소의 기계를 관리하는

일을 합니다. 비유하자면 여러 발전소를 순회하는 '의사'의 역할을 한다고 말할 수 있겠네요. 화력발전소는 전기를 만드는 데 필요합니다. 조명을 켜고, 전철을 움직이고, 생활에 필요한 드라이어나 텔레비전, 스마트폰 등을 이용하려면 반드시 전기가 필요합니다. 즉, 온갖 기계에 전기가 필요하므로 인프라와 관련된 일을 하면 활동 반경이 전 세계로 확대될 수 있습니다.

30~40년 전에 일본의 화력발전소가 활발하게 수출되었는데, 그 발전소들이 아직도 세계 각지에서 가동 중이며 그 사회를 지탱하고 있습니다. 대략 이야기하자면 하나의 발전소를 약 100만kW라고 가정하면, 1세대당 전력 3kW로 계산했을 때 약 30만 세대에 전기를 배급하게 되는데, 이런 발전소를 오랫동안 가동했기 때문에 현재는 대규모 관리와 보수가 필요한 시기가 된 것입니다. 발전소 안에는 보일러, 증기 터빈, 가스 터빈, 발전기 등 다양한 기계가 들어있습니다. 기계는 사용하다 보면 서서히 기능이 떨어지기 때문에 관리를 잘해야 합니다. 갑자기 화력발전소 한 군데가 멈춰버리면 블랙아웃(정전)이 일어나 30만 세대가 일제히 정전 사태를 맞게 됩니다. 예를 들어 병원에서 정전이 일어났다고 해봅시다. 환자들을 위해 사용되는 병원 안의 많은 기계는 정전이 일어나면 비상용 전원으로 대체되지만, 이 비상용 전원도 사용할 수 있는 시간이 제한되어 있습니다. 그러므로 이런 비상사태가 발생하지 않도록 화력발전소가 항상 안정된 상태로 가동되게 하는 일은 사람의 생명을 유지하는 일로 이어지고, 그래서 저는 이 일에 보람을 느끼고 있습니다.

이런 일을 하므로 많은 나라를 돌아다니지 않으면 안 되는데, 한 달에 최대 약 15개국을 도는 일정을 소화할 때도 있었습니다. 이 틀에 한 번꼴로 출국과 입국을 반복하는 정신없는 일정이기 때문에 힘에 부칠 때도 있습니다. 그럴 때는 서쪽으로 돌거나 동쪽으로 도는 세계 일주 항공권을 이용해서 가능한 한 저렴하게 이동할 궁리도 합니다. 인상 깊었던 도시를 이야기하자면 처음으로 해외 출장을 간 두바이입니다. 이 아라비아반도의 끝에 저와 같은 나이인 1979년에 도입된 화력발전소가 있습니다. 참고로 지금도 활발하게 가동 중입니다. 이 발전소가 앞으로도 오랫동안 운전될 수 있게 관리해달라는 요청을 받고, 저는 이곳에 여러 번 다녀왔습니다.

현지에 가면 발전소에 들어가 기계를 만지고 소리를 듣는 등 의사처럼 기계의 현재 상태를 진단합니다. 인간과 마찬가지로 기계도 보이지 않는 부분이 있으므로 엑스레이와 같은 기술을 사용해서 내부 상태를 확인합니다. 경년열화(세월이 지남에 따라 기계적 성질이 약화하는 현상)에 의해 흠집이 발생하지 않았는지 등을 조사하는 것은 중요한 임무 중 하나입니다. 그리고 소리를 잘 들어야 합니다. 어떤 기계가 내는 소리가 평상시와 조금 다르다며 확인해달라는 요청을 받고 수리를 하러 갈 때도 있습니다. 사람이 몸 상태가 안 좋을 때 의사 선생님이 청진기를 가슴에 대고 소리를 듣는 것과 마찬가지로 기계도 이상이 있으면 어떠한 형태로든 변화의 조짐을 보이기 시작합니다.

이러한 정기적인 관리를 인간에 비유하자면 기본 건강검진이나 정밀 건강검진이라고 할 수 있습니다. 여러분은 아직 정밀 건강검진을 받을 나이는 아니겠지만 기본 건강검진은 받을 겁니다. 화력발전소도 기본 건강검진이나 정밀 건강검진을 제대로 받지 않으면 갑자기 고장이 나고 맙니다. 발전소는 한번 만들면 50년 넘게 사용해야 해서 안정적으로 가동하기 위해서는 정기적으로 필요한 관리를 꼭 해야 합니다.

대기업의 실무자가 하는 일

저 혼자 세계 여러 나라를 돌기는 하지만 이 일에 관여하고 있는 사람은 상당히 많습니다. 문과 계열에서는 홍보, 법무, 영업, 재무 등의 일을 하고, 이과 계열에서는 기계, 화학, 전기, 건축, IT 등의 분야에서 일하며 하나의 프로젝트에 수백 명이 매달려 일하는 때도 많습니다. 저는 그 사람들을 대표해서, 또 당연한 일이지만 회사를 대표해서 외근 다니며 고객의 불편을 해결합니다. 의사로 치면 종합병원의 의사라고 할 수 있을 겁니다.

현지의 발전소를 방문하는 것 외에 또 어떤 일을 하느냐 하면 회사 내에서 다양한 부서 사람들과 회의를 하거나 젊은 사원을 대상으로 스터디 모임을 열기도 합니다. 또 부품 제조회사의 공장에 가서 제품 제작 스케줄을 확인하거나 기계 보수 방법을 상담하고, 고객과 파트너사 사람들 앞에서 프레젠테이션해서 상품이나 서비스를 판매하기도 합니다. 사무실에서 시뮬레이터를 사용해 대강의 3D 모델을 돌려 보며 검토하는 작업을 할 때도 있습니다. 일하면서 가장 화려한 순간은 준공식을 할 때입니다. 프로젝트 마지막에 고객과 파트너사, 사내 관계자들이 모두 모여 준공(프로젝트 종료)을 축하하며 기념사진을 찍습니다. 현재 국가 정책의 하나로 해외에 인프라를 계속해서 수출하자는 이야기가 있어서 정부나 관공서와 함께 일할 기회는 앞으로 더 늘어날 것 같습니다. 이처럼 많은 사람과 함께 세계를 지탱하는 거대한 인프라 사업에 관여할 수 있는 것이 대기업의 매력 중 하나입니다.

기업에 취직하기 전에 반드시 체크해야 할 일

커리어에 관해 본격적으로 말하기 전에 제가 어떤 학생이었는지를 이야기해 볼까요? 저는 중학교를 졸업한 뒤 고등전문학교(중학교 졸업자가 들어가는 5년제 직업 전문학교)에 들어가서 그곳에서 5년을 보냈습니다. 고등전문학교에서는 솔직히 공부보다 테니스에 푹 빠져 지냈습니다. 구직 활동을 시작해야 할 열아홉 살이 되어서도 동네 친구들과 매일 밤 어울려 다니는 소위 불량 청소년이었습니다. 테니스는 착실하게 쳤지만 노는 게 너무 좋아서 한때는 놀러만 다녔습니다. 결과적으로 성적이 바닥을 치는 바람에 부모님이 속상해하시는 모습을 보고 반성하고 다시 열심히 공부했습니다.

미쓰비시 중공업을 선택한 이유는 두 가지 명확한 목표가 있었기 때문인데 하나는 '사회에 도움이 되고 싶다', 다른 하나는 '안정적인 회사에 들어가고 싶다'라는 것이었습니다. 그리고 또 하나의 이유는 추상적으로 들릴지 모르지만 '역사에 남을 만한 일을 해보고 싶다'라는 생각이 있었습니다. 이런 생각으로 구직 활동을 하던 중에 믿을 만한 선배가 "거기 좋은 회사야."라고 추천해서 입사하기로 마음먹었습니다.

참고하라는 의미에서 말하면, 회사 차원에서는 좋은 학생을 채용하기 위해 자기 회사의 긍정적이고 좋은 부분만을 어필할 겁니다. 그러니 구직 활동을 할 때 여러분 스스로 신뢰할 수 있는 정보망을 가지고 진위를 확인하는 작업을 반드시 하기 바랍니다. 회사에서 하는 말이 정말 옳은지는 내부 사람에게 듣지 않는 이상 절대로 알 수가 없습니다. 이 작업을 하지 않으면 취직한 후에 이상과 현실의 차이에 괴로워하는 일이 생길 수도 있습니다. 취직한 뒤 3년 안에 그만두는 사람이 많은 것은 아마 이런 이유도 있을 겁니다. 그러니 회사에 들어가기 전에 미리 확실한 정보를 챙겨보는 편이 좋습니다. 최근에는 인턴 제도를 시행하는 기업이 늘고 있는데 이것도 잘 활용해 보면 좋겠습니다. 입사하고 난 뒤에 이상과 현실의 차이에 고통받는 것은 정말 안타까운 일이 아닐 수 없으니까요. 저는 가능하면 취직하기 전에 실제로 일해보기를 추천하고 싶습니다.

취직한 뒤에도 배움은 계속된다

입사 1년 차에는 도시 쓰레기 소각 공장을 설계하는 일을 했습니다. 미야자키현에 세워진 쓰레기 소각 공장인 '에코클린플라자 미야자키'는 제가 전체를 계획했습니다. 이 공장이 완성되고 지도에 실린 것을 보았을 때는 인프라 회사의 묘미를 알게 되었고 매우 기뻤습니다. 그런데 입사 8년 차가 되었을 때 소속 부문이 자회사화되면서 조직이 정리, 통합되어 그때까지 전혀 몰랐던 부서로 이동하게 되었는데, 그곳이 바로 화력발전소의 애프터서비스를 진행하는 현재의 부서입니다. 쓰레기 소각 공장은 관청이나 시청, 구청 등을 상대로 하는 일이었는데 화력발전소는 민간을 상대로 하는 일이기 때문에 분위기가 전혀 달랐습니다. 사업에 관련된 지식과 자격증도 없는 와중에 모르는 사람들만 있는 부서에 가서 주위 사람들에게 신뢰를 얻기까지는 오랜 시간이 걸렸고, 혹독한 경험도 많이 했습니다.

이때 자신의 능력을 짧은 시간에 객관적으로 증명하려면 자격증을 따는 것이 효과적이라는 걸 알았습니다. '자격증 마니아'라고 비아냥거리는 소리를 들을 수도 있겠지만 노력을 인정하는 사람은 이런 자격증을 긍정적으로 보기 때문에 여러분도 스스로 공부한 것을 자격증이라는 눈에 보이는 형태로 만들어 놓으면 좋겠습니다. 현재의 부서로 이동하기 전까지 저는 자격증이 없었기 때문에 이동 후에 업무와 관련된 다양한 자격증을 땄습니다. 참고로 특히 해외에서는 객관적인 능력을 인정해 주는 자격증이 필요합니다.

부서를 이동하고 1년이 지났을 때 갑자기 두바이에 가라는 지시를 받았는데 이것이 제 커리어 전환의 계기가 되었습니다. 당시 스물여덟이었던 저는 토익 점수 405점에 영어 회화도 못 했고, 해외에 나가본 적이 단 한 번도 없었습니다. 정말 큰일 났다는 생각에, 보너스와 월급을 다 투자해 수업료가 아주 비싼 영어 회화 개인 레슨을 받기 시작했습니다. 프레젠테이션의 하나하나를 선생님의 지도를 받은 덕분에 두바이에서의 프레젠테이션을 무사히 넘길 수 있었습니다. 그 뒤 영어의 필요성을 통감하고 영어 회화 수업을 받으며 스스로 공부하기 시작했습니다. 좋아하는 해외 드라마를 교재로 삼은 덕에 지속해서 할 수 있었는데 처음에는 영어 음성에 일본어 자막으로 보고, 두 번째는 영어 음성에 영어 자막으로 봤습니다. 그리고 마지막에는 영어 음성만 들으며 보는 방법으로 즐겁게 영어를 체득할 수 있었습니다. 요즘에는 인터넷 영상 서비스를 이용하면 영어 자막을 선택할 수 있습니다. 참 좋은 시대입니다. 아무튼, 영어는 꼭 필요합니다. 물론 급하게 준비해도 통하는 경우가 있겠지만 미리 준비해두는 것만큼 든든한 것은 없습니다.

그리고 1년 뒤, 10년 차가 되었을 때 신규 사업을 기획하라는 지시를 받았습니다. 하지만 어떻게 새로운 일을 만들면 좋을지 지금까지 생각해본 적이 없었기 때문에 솔직히 막막했습니다. 이전까지는 "이 상태대로라면 앞으로 몇 년 안에는 대규모의 수리가 필요합니다."라고 진단하는 일을 해왔는데, 갑자기 신규 사업을 생각하라는 말을 들으니 뭘 해야 좋을지 감을 잡지 못했던 것입니다. 생각만큼 결과가 나오지 않아서 초조했습니다. 그리고 그 초조함을 덜기 위해 대학원에 다니기 시작했습니다. 사회인을 위한 대학원이었기 때문에 평일 야간과 주말에 수업이 있었습니다. 동료 학생들도 의욕이 넘쳤기에 서로를 격려하며 새로운 지식을 넓혀나갔습니다. 신사업을 기획하는 연습도 할 겸 출전한 '학생 사업가 선수권 대회'에서 우수상을 받기도 했습니다.

여러분이 사회인이 되었을 때도 세상은 빠르게 변화해 나갈 겁니다. 그러므로 지속해서 꾸준히 공부하는 것이 상당히 중요합니다. 이러한 변화에 대응하고, 유연하게 커리어를 만들어 가기 위해 사회에 나온 뒤 석사 과정이나 박사 과정을 공부하는 일은 앞으로 더욱더 많아질 겁니다. 저는 사회인이 된 지 약 10년이 지난 뒤에 석사 과정을 밟았는데, 학위는 이렇게 일을 하면서 딸 수도 있습니다. 사회에서 실제로 일하다 보면 어떤 공부가 필요한지 매우 명확해져서 그 명확해진 생각을 바탕으로 배우면 아주 효율적으로 공부할 수 있습니다. 이제는 자신에게 부족한 부분을 일을 시작한 뒤에 보충할 수 있는 시대입니다. 필요에 따라 사회에서 대학으로 돌아가는 유연성은 변화의 시대를 살아가는 데 있어서 중요한 사항 중 하나가 될 겁니다.

대기업은 어떤 곳일까?

최근 '대기업에서 일하고 싶지 않다'는 학생이 늘고 있다는 말을 들었습니다. 대기업은 도대체 어떤 곳일까요? 대기업을 하나로 묶어서 말하는 경우가 많지만 사실 그 실태는 아주 다양합니다. 과연 인터넷에서 보는 정보와 실제 상황이 같을까요? 제가 알고 있는 범위 내에서 실제 대기업에 대한 이야기를 해보겠습니다. 여러분도 어떤 정보를 모을 때는 인터넷에 나와 있는 정보를 그대로 믿을 것이 아니라 그 정보에 대해 잘 아는 사람에게 직접 물어보는 것이 좋습니다.

우선 대기업은 월급이 적을까요? 월급은 외국계 회사에 비하면 상대적으로 적을지 모르지만, 실수령액으로 생각하면 각종 수당도 있어서 나름대로 잘 받는다고 할 수 있습니다. 대기업은 사택을 소유하고 있는 경우도 많아서 일반적인 월세 시세에 비해 싼 가격으로 사택을 이용할 수 있습니다. 또 최근 바뀌는 분위기이기는 하지만, 아직은 일본의 대기업에는 종신 고용을 전제로 한 연공서열이 남아있는 경우가 많아서 젊을 때는 외국계 회사만큼 많은 월급을 받지 못합니다. 그러나 20년, 30년의 세월과 함께 서서히 월급이 올라갑니다.

다음으로 노동시간입니다. 요즘 같은 시대에는 악덕 기업이 살아남을 수가 없습니다. 세상은 법령을 준수하라고 하지만 아직 이를 무시하는 악덕 기업이 존재한다는 뉴스를 때때로 접하게 됩니다. 대기업에서는 그런 비합리적인 상황은 없어진 것 같습니다. 저희 회사는 주 2회 정시에 퇴근하는 날이 정해져 있습니다. 정시라는 것은 아침 8시 30분부터 오후 5시 30분까지인데, 이날에는 다들 대체로 일찍 퇴근하기 때문에 개인적인 저녁 시간을 보낼 수 있습니다. 그렇다면 남은 3일은 어떨까요? 저는 주 1~2회는 밤 10시 무렵까지 야근할 때가 많습니다. 하지만 학생 때 생각하던 야근의 이미지와 회사에 들어온 뒤의 야근 실태는 상당히 달랐습니다. 저 같은 경우는 정해진 날까지 일을 끝내야 한다는 전제가 있기는 하지만 기본적으로는 일이 재미있어서 즐기면서 하는 편입니다. 일하다 보면 실력이 쌓이는 느낌을 받을 수 있어서 오히려 일을 더 하고 싶다는 직원도 있습니다.

제대로 된 여가도 있고, 유급휴가도 있습니다. 유급휴가를 합쳐 저는 입사 이후 열흘 연속 휴가를 일 년에 3회 정도 낼 수 있었습니다. 제조사처럼 공장을 가진 기업에서는 여름철에 계획적으로 공장을 정지시키기 때문에 비교적 휴가가 깁니다. 당연히 점심시간도 정해져 있어서 점심 식사 후에 달리기하거나 산책을 하는 등 각자 다양한 일을 합니다. 인간다운 생활을 할 수 있다는 것이 제가 느끼는 대기업의 장점 중 하나입니다.

출세 경쟁이 있는 건 사실입니다. 출세 경쟁에서 살아남으려면 운도 필요하고 인간관계도 중요한 요소로 작용합니다. 예를 들어 '누가 다음에 높은 자리에 오를 것인가'를 생각해서 부하직원으로서 그 사람의 성과를 더욱 빛나도록 지원을 해야 합니다. 그러면 자신의 승진 가능성도 함께 올라가는 식입니다. 아마 많은 대기업이 그럴 겁니다. 이런 말을 들으면 출세하는 것은 왠지 귀찮고 자존심 상한다고 생각하는 사람도 있을지 모르지만 위로 올라가면 자신이 결단을 내릴 수 있는 범위도 넓어지고, 이전까지 상사가 권한을 가지고 있어서 하지 못했던 일도 할 수 있게 됩니다.

대기업은 일반적으로 보수적이라는 말을 듣습니다. 맞습니다. 모난 돌이 정 맞는 일이 없다고는 할 수 없습니다. 또한, 규모가 큰 만큼 조직이 수직적인 위계질서에 의해 돌아가는 경우도 많습니다. 이는 좋든 싫든 대기업의 특징 중 하나입니다. 구직 활동을 할 때 도전과 안정 중 어느 쪽을 택했냐고 묻는다면 저는 안정을 택해서 대기업에 들어갔습니다. 그런데 요즘 학생들에게 물어보면 "도전과 안정, 양쪽 모두를 원합니다."라고 답하는 경우도 많습니다. 그런 각각의 희망에 맞춰서 안정을 추구하면 대기업에 들어가고, 도전을 추구한다면 벤처기업에 들어가거나 창업에 도전해보고, 혹은 안정과 도전 양쪽 모두를 원한다면 대형 벤처기업 등을 선택하면 좋을 것 같습니다.

또 대기업은 단기적인 성과를 중시하는 경향이 있습니다. 장기적인 목표로 결과를 예상하기 어려운 새로운 사업에 씨를 뿌리는 시도는 평가받기 어려울 때가 있습니다. 그런데 그런 제약 조건을 알고 있으면서도 이런 위험한 도전을 시도하여 자신이 목표한 바를 실현해 내는 대단한 사람도 있습니다. 그런 사람이 자연스럽게 다음 리더로서 조직의 상부로 올라가는 것이겠지요.

대부분 대기업에는 많은 돈을 벌어들이는 주력 사업이 있습니다. 그런 주력 사업 부문은 효율적으로 분업하는 구조로 되어있는 경우가 많습니다. 그래서 그 구조 안에서 일단 자신이 해야 할 역할을 천천히 배울 수 있고, 또 목표를 초과 달성한다면 자유롭게 도전할 기회도 얻을 수 있습니다. 예를 들어 100이라는 매출 목표를 줬는데 120을 달성하면 '할 일을 했으니 이제 하고 싶은 일을 해도 되지 않느냐?'라고 말할 수 있는 발언권이 생기는 것입니다.

같은 기업 안에서도 부서에 따라 분위기가 완전히 다릅니다. 입사했을 때 부서가 여러분이 하고 싶은 일이나 희망한 직장 분위기와 맞는지 아닌지에 따라 일을 하는 즐거움이 달라질 수 있습니다. 예를 들어 관청을 상대로 일하는 부서는 사무실 분위기가 조금 딱딱한 경향이 있습니다. 반면에 민간을 상대로 하는 부서는 "고객님, 요즘 좀 어떠세요?"라고 수화기를 들고 웃으며 대화하는 것처럼 비교적 평등하고 편안한 분위기로 일할 수 있습니다. 그리고 젊어서는 다들 가고 싶어 하는 주력 사업 부문은 사내의 주목도가 높고 관계자도 많아서 상대적으로 자유롭지 못하고 개인의 의사를 반영하기 어려운 경우가 많습니다. 반대로 매출 규모가 작아서 주목도가 낮은 부서는 관계자가 적은 만큼 상대적으로 자유로운 분위기입니다.

부서에 따라서는 접대도 있습니다. 사람을 상대로 하는 일이기 때문에 어쩔 수가 없습니다. 접대라고 하면 케케묵은 이미지가 있을지 모르지만 저는 접대가 귀찮다고 생각하지 않습니다. 오히려 직장을 다니면서 인생을 풍요롭게 하는 시간이라고 생각합니다. 거래처 사람과 사무적인 관계로만 지내면 돈을 위해서 기계적으로 일하는 느낌이 되기 쉬운데, 함께 식사하거나 스포츠를 즐기다 보면 상대방과의 거리가 좁혀지고 일도 하기 쉬워집니다.

해외에서 일하면서 느낀 것은 일은 일일 뿐이라고 딱 잘라 나누는 인생은 재미없다는 것입니다. 우선 자기 인생을 즐기고 인간미 있는 사람이 되어야 합니다. 그런 사람이 아니면 해외에서는 좀처럼 상대방의 신뢰를 얻지 못합니다.

세계를 무대로 일하며 얻은 깨달음

세계를 돌면서 얻은 깨달음이 있습니다. 먼저 '인생은 짧으니 즐겨라(Life is short, enjoy your life)'라는 것입니다. 갔던 곳 중에 터키와

요르단이 인상 깊었는데 현지 사람들과 함께 있으면 "당신은 일만 하던데 인생을 즐기고 있나요?"라는 질문을 자주 받습니다. 외국에서는 함께 일하고 싶은 상대로 인생을 즐기는 사람, 활기차 보이는 사람을 꼽습니다. 일만 하는 인간미 없는 사람을 보면 '저 사람을 위해서 애쓰고 싶다'는 생각이 들지 않는다고 합니다. 처음에는 그들이 무슨 말을 하는지 가치관의 차이 때문에 잘 이해하지 못했는데 외국 생활을 하는 동안 점차 내 인생의 풍요로움도 중요하다고 생각하게 되었습니다. 지금 여러분에게 이 말이 과연 와닿을지는 모르겠지만, '여러분 인생은 여러분만의 인생'임을 강조하고 싶습니다.

그리고 중동 등 이슬람 문화권에서는 가치관과 사고방식이 우리와 전혀 다릅니다. 그곳에서 배운 것은 '나의 상식이 타인에게는 비상식'이 될 수도 있다는 점입니다. 거기서 저는 전혀 다른 가치관이 동시에 존재할 수 있음을 실감했습니다. 외국에 나가면 종교 이야기를 많이 하게 되는데 특히 '어떤 종교를 믿느냐'는 질문을 자주 받습니다. 일본인 가운데는 '종교가 없다'고 대답하는 사람이 많을 텐데 그렇게 대답하면 이상한 눈으로 쳐다봅니다. 인도나 파키스탄에서 사우디아라비아로 돈을 벌러 온 사람들이 있습니다. 그들은 적은 월급에 중노동을 하며 휴일도 거의 없이 일하면서도 이슬람교의 성지인 메카 가까이에서 일할 수 있다는 것만으로도 정말 행복해합니다. 이처럼 전혀 다른 가치관을 가진 사람들과 만나게 되는 건 정말 의미 있는 경험입니다.

외국에는 꼭 가봐야 할 장소, 실제로 보면 마음이 떨리는 체험을 할 수 있는 장소도 많이 있습니다. 이런 곳에 가면 순수하게 감동하게 되고 인생에 대해 다시 생각하게 됩니다. 대기업에서 인프라 관련 일을 하면 세계 여러 나라에 출장을 갈 기회가 많은데, 돈을 받고 이런 자극을 받을 수 있다니 참 괜찮은 것 같습니다.

학위에 대해서

세계를 돌면서 의식하게 된 것 중 하나가 학위(학사 · 석사 · 박사)입니다. 학위는 어떻게 사회에 도움이 될까요? 일단 대학에서 공부와 연구를 해둬서 손해 볼 것은 없습니다. 실제로 회사에 들어간 뒤에 '공부를 더 해둘걸' 하고 후회하는 사람도 적지 않습니다. 일하다 보면 본인에게 부족한 지식이 무엇인지 명확하게 드러나기 때문입니다. 대부분이 그렇게 느끼게 마련이지요. 그래서인지 기업에서는 신입 사원을 뽑을 때 일단 기초가 되어있느냐를 봅니다. 일하다 보면 응용문제를 많이 풀어야 하는데 기초가 잡혀있지 않으면 기업 쪽에서도 가르치기 힘들기 때문입니다.

일본에서는 취득 학위에 따라 업무 내용이 달라지는 일은 거의 없습니다. 다만 일본 대기업에서는 급여나 승진 속도가 다릅니다. 물론 일을 얼마나 잘하느냐도 중요하겠지만요. 예를 들어 이과계 학사 졸업자와 석사 졸업자를 놓고 보면, 석사 졸업자는 석사 과정을 밟은 만큼 급여가 높게 책정되는 경우가 많습니다. 그리고 제가 느끼기에 논리적인 사고력이나 영어 실력도 솔직히 박사, 석사, 학사 사이에 어느 정도 차이가 있는 것 같습니다.

박사 학위에 대해서는 국내에서만 경쟁하는 기업에서는 그다지 특별한 우대가 없을지도 모릅니다. 그런데 제가 박사 과정에 도전한 이유는 해외에서는 박사 학위를 가지고 있는 사람에 대한 평가가 다릅니다. '저 사람은 박사 학위를 가지고 있으니까 그의 발언은 신뢰할 수 있다'고 생각하는 경향이 있기 때문입니다. 해외와 관련된 일을 하며 활약하고 싶은 사람은 박사 학위를 따두면 틀림없이 본인의 무기로 활용할 수 있을 겁니다.

하고 싶은 일도 해보지 않으면 모른다

제 이야기를 듣고 여러분이 기억했으면 하는 두 가지가 있습니다. 첫째, 취업할 곳이나 커리어를 선택할 때 '그 일을 정말 하고 싶은가', 즉 동기를 중요하게 생각했으면 합니다. 뭐든지 그렇지만 동기부여가 되느냐 되지 않느냐에 따라서 일의 성과뿐 아니라 인생도 크게 바뀝니다. 동기부여 할 수 있는 일을 먼저 찾아보면 좋겠습니다.

저는 서른세 살 되던 해, 사회인이 된 지 14년 차에 안면신경마비가 와서 오른쪽 얼굴을 움직일 수 없게 되었습니다. 일주일 동안 입원해서 링거를 맞고, 한 달 반 동안 재활을 하며 회복했는데 원인은 스트레스였습니다. 이 무렵 신규 사업 추진을 위해 흉내 나는 일을 하면서 상당히 힘든 시간을 보냈습니다. 열심히 하는데도 불구하고 일이 잘 풀리지 않는 바람에 엄청 스트레스를 받았는데, 결국에는 몸이 참지 못하고 비명을 지른 것 같습니다. 그때 '사람은 자기가 좋아하는 일이 아니면 계속하기 힘들구나'를 절실히 느꼈습니다. 짧은 시간이라면 참을 수 있지만, 인생은 깁니다. 역시 하고 싶은 일을 해야 꾸준히 할 수 있고 성과도 얻을 수 있습니다. 여러분 세대는 평균 수명이 100살 정도가 될 거라고 합니다. 따라서 한 사람이 평생 일할 기업이 하나가 아니라 두 개 이상이 될지 모릅니다. 그렇게 되면 더욱 하고 싶은 일을 찾는 것이 중요해지겠죠.

또 한 가지 말하고 싶은 것은 실행의 중요성, '그런데도 해보지 않으면 모른다'는 것입니다. 하고 싶은 일도 해봐야 비로소 이해할 수 있습니다. 어쩌면 상상했던 것과 전혀 다를지도 모르니까요. 참고로 이 강의를 위해 저는 실제 현장 분위기를 느껴보고 싶어서 지난 수업을 견학하였습니다. 여러분의 니즈와 분위기를 파악하고 '어떻게 이야기를 풀어나갈까, 아무도 웃지 않으면 어떻게 하지' 하며 여러 생각을 했는데, 결국 해 보지 않으면 불안은 불식시킬 수 없는 것 같습니다.

동기부여와 실행의 중요성에 대해 다시금 강조하며 이상으로 오늘 강연을 마칩니다. (2017년 1월 6일 강연)

덧붙임: 필자는 강연 후 미쓰비시 중공업 마케팅&이노베이션 본부로 이동했다.

여성이 국제기관에서
일하고 싶다면

무라카미 유미코

OECD(경제협력개발기구) 도쿄센터 소장

PROFILE

조치대 외국어학부 졸업, 스탠퍼드대 대학원 석사 과정(MA), 하버드대 대학원 경영학 석사 과정(MBA) 졸업. 그 후 약 20년 동안 주로 뉴욕의 투자은행에서 일했다. 골드만삭스 및 크레디트스위스의 매니저, 디렉터를 거쳐 2013년 OECD 도쿄센터의 소장으로 취임했다. OECD의 일본, 아시아 지역 관리 책임자로 정부, 민간 기업, 연구기관 및 미디어에 OECD의 조사와 연구 및 경제 정책을 제언한다. 저서로《무기가 되는 인구 감소 사회》(2016)가 있다.

여성이 일하기 힘든 국내 환경을 벗어나 해외로

저는 1980년대 후반에 대학을 졸업했습니다. 여러분이 사는 이 시대에는 상상하기 힘든 일이겠지만, 1986년 고용 평등법 시행 이후에도 실제로는 여성이 남성과 동등하게 일할 수 있는 분위기가 아니었습니다. 그런 이유도 있어서 저는 대학을 졸업한 뒤에 취직하지 않고 일본을 떠나 미국 캘리포니아에 있는 스탠퍼드대에서 2년 동안 국제관계학 석사 과정을 밟은 뒤 석사 학위를 땄습니다.

그 뒤 일본에 돌아오고 싶은 생각도 조금 있었지만, 여전히 여성이 프로페셔널하게 일하기 어려운 환경이었고, 지금도 힘들기는 하지만 그 당시는 정말로 취직하기가 어려웠습니다. 반면에 해외에 나가면 다양한 자극을 받으며 배울 수 있는 것이 많아서 외국에서 좀 더 지내보기로 하고 UN(국제연합)에 들어갔습니다.

스스로 자기 길을 개척해 나가야 하는 환경

여러분 가운데 장래에 UN 같은 국제기관에서 일하기를 원하는 사람도 있을 텐데, 이런 조직에서 일하는 일본인은 많지 않습니다. UN도 그렇고 OECD(경제협력개발기구)도 그렇고, 일본 정부가 분담금이라는 형태로 상당한 금액을 내고 있으므로 본래대로라면 분담금에 비례하는 숫자의 직원이 있어야 하는데 일본인은 그 비율이 반에도 미치지 못합니다. 일본인이 적기 때문에 사실 조건이나 자격을 충족하기만 하면 비교적 들어가기 쉽습니다.

물론 들어가더라도 힘든 부분이 없는 건 아니겠지요. 일본에서 대학을 졸업하고 취직하면 회사에서 비교적 앞길을 쫙 깔아줍니다. 연수도 시켜주고 인사이동으로 2, 3년마다 한 번씩 부서 배치까지 회사가 알아서 해주는 경우가 대부분일 겁니다. 하지만 UN이나 미국 회사는 그렇지 않아서 스스로 자기 길을 개척해야 하는 식입니다. 이 부분이 힘들기는 하지만 그 대신 우수한 사람은 계속해서 일을 받을 수 있고 금방 승진할 수 있는 시스템입니다.

국제기관에서 일하려면 전공보다 '전문성'이 중요하다

국제기관에서 일하려면 전문성이 필요합니다. "대학에서 어떤 전공을 해두면 좋을까요?"라거나 "어떤 전문 분야를 가진 사람을 선호하는지 알려주세요."라고 묻는다면 저는 "대학 때 전공은 뭐든 상관없습니다."라고 대답할 수 있겠네요. 국제기관에 취직하기 유리한 전공은 따로 없습니다. 다만 어떤 국제기관이든 대부분 적어도 석사 학위가 있어야 응모할 수 있습니다. 응모할 때 최소한 석사 과정을 수료하고 직무 경험도 있어야 기본 자격 조건이 됩니다.

즉, 대학 시절의 전공이 아니라 응모를 하는 단계에서 어떤 전문성을 스스로 어필할 수 있느냐가 중요합니다. 학생 때는 다양한 곳에 발을 담그고 자신의 가능성을 넓히는 것이 좋습니다. 다양한 활동을 하고 자신이 무엇에 호기심을 느끼는지를 알게 되었을 때 대학원에서 그 분야로 나아가 전문성을 갖추는 것도 괜찮은 방법입니다.

UN에서 해외 금융의 세계로, 그리고 다시 국제기관으로

UN에서 3년 정도 일한 뒤에 하버드대 대학원의 비즈니스 스쿨에 들어갔습니다. 여러 나라에서 실제로 개발이 진행될 때 가장 중요한 것은 정부로부터의 자금이 아니라 민간에서 그 나라의 경제를 만들어 가는 일입니다. UN에서 이를 피부로 느꼈는데 잘 생각해보니 저는 투자에 관해서 잘 몰랐습니다. 문득 돈이 어떻게 흘러갈까 하는 궁금증이 생겨서 이것을 공부하기 위해 비즈니스 스쿨에 들어갔습니다. 그리고 골드만삭스라는 미국의 투자은행에 들어가 투자의 세계에서 약 20년 동안 일했습니다. 회사에 다니며 뉴욕에서 십수 년, 런던에서 3년 정도 생활했습니다.

20년 가까이 금융의 세계에서 재미있는 일을 하다 보니 나중에는 금융 경험을 살려 다시 한번 공적인 일을 할 수 있으면 좋겠다는 생각이 들었습니다. 구체적으로 반드시 OECD에 들어가겠다고 생각한 것은 아니지만 어느 날 OECD의 모집 공고가 눈에 띄기에 재미있을 것 같았습니다. 지원한 결과 채용이 되었고 이곳에서 지금까지 일하고 있습니다.

다양한 커리어를 갖는 게 당연한 시대

저는 커리어를 공적인 일로 시작해서 중간에 20년 가까이 민간 기업에서 일하다가 다시 공적인 국제기관으로 돌아왔습니다. OECD에 들어갔을 때 저 같은 직무 경력은 일본인으로서는 매우 보기 드물다는 말을 들었습니다. 해외에서는 흔히 있는 커리어인데 일본의 경우에 아직 거의 없는 것이 현실입니다.

뉴욕에서 근무했을 때는 다양한 커리어를 가진 상사와 동료들이 많았습니다. 어떤 사람은 10~15년 정도 월스트리트에서 일하다가 워싱턴으로 가서 정부 관련 일을 했고, 지사 선거에 나가서 지사가 된 사람도 있습니다. 저는 늘 그들의 뒷모습을 보면서 일해 왔기 때문에 아주 자연스럽게 '그것도 가능하지'라고 생각했는데, 이런 이야기를 일본에서 하면 한결같이 "그럴 수가 있어?"라는 반응입니다.

그렇지만 아마 여러분 세대에는 다양한 커리어를 갖는 게 당연한 일이 될지도 모릅니다. 처음 들어간 직장에서 정년까지 계속 일하는 것이 저희 세대와 부모님 세대의 일반적인 커리어였지만 산업 전체에서 노동시장의 유동성은 점점 커집니다. 이제는 '이 직장이 평생직장'이라는 생각은 통하지 않는 시대입니다. 이것이 여러분이 앞으로 경험하게 될 노동 환경입니다.

OECD는 무슨 일을 하고 있을까?

일반인들은 OECD가 경제 전문가를 대상으로 경제 통계를 내는 기관이라는 이미지를 가지고 있을 겁니다. 경제 통계라고 하면 어렵게 들리겠지만 사실 OECD는 매우 다양한 통계를 모으고 있습니다. 언론에서도 다룰 법한 거시 경제 지표 외에도 예를 들어 수면 시간이나 근무 시간 비교, 그 외에 행복지수 등 상당히 미시적인 항목에 대한 통계도 냅니다. 경제에 관련된 것은 물론이고 환경, 교육, 조세 등 다양한 분야에서 국제 비교가 가능한 통계를 집계하고 분석하여 정책을 제언합니다. 이것이 OECD의 주요 업무입니다.

OECD는 파리에 본부가 있고, 36개국에 가맹국이 있습니다. 36개국 밖에 없는 이유는 가맹이 어렵기 때문입니다. 가맹 조건은 일단 탄탄한 국가 구조입니다. OECD는 통계에 기반하여 분석하므로 통계를 낼 수 있을 만큼의 신빙성이 있는 국가와만 일합니다. 그래서 경제적으로 상당히 발전해서 선진국이라 불리는 나라만이 가맹국으로 들어올 수 있습니다.

그리고 영어로는 '라이크마인드니스(likemindness)'라고 하는데 철학적으로 가맹국의 방침이 같은 방향을 향하고 있어야만 합니다. 요컨대 자유민주주의적 자본주의입니다. OECD는 자본주의 자유 시장이 경제 발전의 기본이라는 사상을 공유하는 것을 조건으로 삼고 있어서 계획 경제를 표방하는 사회주의국가는 들어올 수 없습니다. 따라서 중국과 러시아는 가맹국이 아닙니다. 단, 36개국의 가맹국 외의 나라도 조사 대상으로 삼을 수는 있습니다. 일본은 36개국 가운데 두 번째로 분담금이 많습니다. 다른 국제기관들도 대부분 미국이 첫 번째, 일본이 두 번째인 구도입니다. 그에 비해 안타깝게도 일본인 직원이 적어서 더 채용하고 싶지만 쉽지 않습니다. 뒤에서 이야기하겠지만 채용 조건에 부합하는 사람을 찾기 어렵기 때문입니다.

왜 국제기관에 일본인이 적을까?

OECD뿐 아니라 국제기관에 일본인이 적은 이유가 몇 가지 있습니다. 첫째로 일본인 응모자가 많지 않습니다. 노동시장의 유동성이 없기 때문일 겁니다. 제가 일본을 떠났을 때와 별반 다르지 않은 상황인데 일본의 경우 아직 종신 고용이라는 세계적으로 특수한 시스템이 남아있기 때문에 유동성이 낮습니다.

반면에 국제기관은 유동성이 상당히 큽니다. 말하자면 직장이나 업종을 옮겨가면서 커리어를 높이는 것을 당연하게 받아들이는 사고방식이 주류를 이루고 있는 것이지요. 일본에서는 인사과에서 레일을 깔아주면 그 레일 위에서 20년, 30년 계속해서 달리는 사람들이 상당히 많습니다.

스스로 커리어를 쌓아가려면 인사과에서 허락해 준 포지션의 일만 열심히 한다고 되지 않습니다. UN이나 OECD 직원들은 다들 스스로 자신의 다음 포지션을 직접 찾습니다. 그런데 '스스로 찾는다'라는 것은 자신이 잘하는 일을 어필해야 하며 로비 활동도 해야 하는 등 스스로 커리어를 관리하고 책임져야 하는 부분이 매우 크기 때문에 쉬운 일이 아닙니다. 일본처럼 노동시장에 유동성이 없는 경우. 다들 한 회사에서 평생을 보내기 때문에 자기 자리를 스스로 찾아야 한다는 생각 자체를 하지 못할 겁니다. 그래서 일본인 응모자가 적은 것이겠지요.

중요한 것은 커뮤니케이션 능력

물론 일본인 응모자도 있기는 합니다. 하지만 일본인에게는 언어의 장벽이 매우 높습니다. 언어의 장벽 때문에 윗선으로 올라가지 못하는 일본인, 채용되지 못하는 일본인이 많은 것이 현실입니다.

단순히 영어 능력의 문제일 때도 있지만, 그 이상의 커뮤니케이션 능력이 문제일 때도 있습니다. 저는 지금 세계 여러 나라에서 온 사람들과 함께 일하고 있습니다. 그들 가운데는 알아듣기 힘든 악센트를 가진 사람도 있습니다. 물론 미국인이나 영국인처럼 유창하게 말할 수 있으면 좋겠지만, 유창한 발음이 필수적인 것은 아닙니다. 설령 일본식 영어를 구사하더라도 자신이 전달하고 싶은 말을 제대로 전달할 수 있느냐가 중요합니다.

따라서 학생들을 가르칠 때 염두에 두어야 할 것은 '대화'입니다. 일본의 전형적인 수업방식은 쌍방향이 아닌 일방형 강의입니다. 선생님이나 강사가 앞에서 강의하고 칠판에 쓰면 학생들이 이를 받아 씁니다. 그것도 나름대로 좋은 면이 있겠지만 이렇게 교육 받은 학생들은 다이얼로그, 대화에 약합니다.

저는 아이가 3명 있고 미국 초등학교에 다니고 있는데 때때로 수업 중에 선생님께 "선생님, 그거 틀린 거 아니에요?"라고 질문할 때도 있다는 말을 듣고 깜짝 놀랐습니다. 저는 옛날 사람이라 그런지 그 말을 듣기만 해도 등에서 식은땀이 나고 선생님께 그런 말을 하면 안 되는 거 아닌가 싶은데, 미국 학교에서는 이를 오히려 격려하고 그래도 된다는 분위기를 조성합니다.

미국식 교육은 좋은 점도 있고 나쁜 점도 있습니다. 따라서 미국의 교육 시스템을 무조건 도입하자는 것은 아니지만 배울 점은 배워야 한다는 생각입니다. 미국 교육의 훌륭한 점은 '자신과 다른 의견을 가진 상대를 존중하기 위한 훈련을 한다'라는 것입니다. 디스어그리(disagree, 의견이 다른 것)하는 것에 어그리(agree, 동의)하는 것이지요. 아이들은 이를 위한 토론 능력을 초등학교 1학년 때부터 기르기 시작합니다. 그래서 영어 능력은 물론이고 전혀 다른 의견을 가진 사람들과 건설적으로 토론하고, 어그리하거나 디스어그리할 수 있는 커뮤니케이션 능력을 기를 수 있습니다.

OECD나 UN, 세계은행도 지금은 토론 면접으로 채용을 결정합니다. 영어 필기시험에 합격했다는 전제하에 이야기하면 면접에는 4, 5명의 면접관이 참석합니다. 면접관 5명이 각자 다른 각도의 질문을 하고, 답변에 대한 반대 의견을 제시하는 식입니다. 탁구공을 주고받듯 다이얼로그 식으로 토론이 진행됩니다. 여기서는 디스어그리를 건설적으로 할 수 있는지와 상대방에게 자기 의견의 요점을 얼마나 효과적으로 전달할 수 있는지를 봅니다. 그런데 일본인

가운데는 이를 제대로 하지 못하는 사람이 많습니다. 참 안타까운 일입니다.

OECD는 전문성이 높은 사람을 채용합니다. 그런데 일본이라는 환경 안에서는 일을 잘할 것 같은 사람이 토론식 채용 시험에서 실력을 발휘하지 못해 고배를 마시는 경우가 적지 않습니다.

국제기관에서 일한다는 것의 의미

일본인이지만 OECD 사람이지 외무성 사람은 아니어서 저는 정치적으로는 중립적인 입장을 취합니다. 하지만 현실적으로 어떤 나라의 직원이 많아지면 그 나라에 유리해지는 면도 있습니다. 무슨 말일까요? 앞에서도 이야기했듯이 국제기관은 유동성이 있어서 사람들이 빈번하게 이동합니다. 국제기관에 들어가는 일본인 숫자가 많아지면 국제기관끼리 혹은 다국적기업이나 국제 업무를 하는 일본 기업끼리 정보 네트워크가 넓어집니다.

그러면 정치적으로나 경제적으로나 일본에 유리해집니다. 예를 들어 어떤 국제 협정을 새로 만들려고 하면 정식으로 논의되기 전에 수면 아래에서 많은 거래와 조정이 이루어지는데, 거기에 관여하는 일본인이 많으면 많을수록 유리해집니다. 하지만 현재로서는 그런 일을 할 일본인 수가 매우 적어, 정보 네트워크가 부족한 형편입니다. 국제기관이나 다국적기업에서 일하고 있는 사람의 네트워크가 없으면 제대로 교섭할 수 없는 때도 있습니다.

이런 규칙을 정할 때 일본인의 입장을 취할지 국제기관 직원으로서 중립적인 입장을 취할지 고민이 되기도 하지만, 실제로 사람이 하는 일이기에 어느 쪽이든 선택할 수 있습니다.

OECD에 들어갈 때, 혹은 UN에 들어갈 때는 국제공무원으로서 중립적인 입장을 지키겠다고 맹세해야 합니다. 하지만 언젠가는 다른 업계로 돌아갈 가능성도 있으므로 사람들과 네트워크도 신경 쓰지 않을 수 없습니다. 그리고 저는 지금 일본 정부 사람은 아니지만 실제로는 일본 정부가 OECD에서 활약할 수 있도록 간접적으로 다양한 지원을 하기도 합니다. 그런 이유로 국제기관에 일본인 숫자가 적다는 것은 외교상 매우 불리한 상황이라고 생각합니다.

제가 UN에 들어갔다가 비즈니스 스쿨에 가서 공부하고 금융계에서 20년 동안 일한 뒤, OECD로 돌아왔을 때 20년 전보다 상황이 조금 나아졌으리라 생각했는데 그다지 개선되지 않은 것 같습니다. 오히려 나빠졌다고 할 만큼 일본의 영향력이 낮고 일본인 숫자는 다소 늘었을지 모르지만, 간부가 적습니다. 국제기관에서 리더십을 발휘할 수 있는 시니어의 위치에서 활약하는 사람이 거의 없습니다. 이런 부분을 여러분 세대가 바꿔주면 좋겠습니다.

인구 감소 사회의 과제를 먼저 풀 기회

그러면 여기서 OECD의 통계를 통해 세계 다른 나라와 비교했을 때 일본이 어떤 위치에 있는지를 생각해 볼까요. 세계 여러 통계 중 일본에서 큰 문제인 인구에 대한 통계도 상당히 많습니다. 인구 문제라고 하면 부정적인 부분에만 주목하기 쉽지만 저는 일본의 저출산과 고령화의 위기가 곧 기회가 될 거로 생각합니다.

거시 경제 통계에서는 15~64세를 '노동인구'라고 부르고 일을 할 수 있는 나이로 취급하는데, 일본에서는 이 층이 줄어들고 있습니다. 고령화가 진행되고 아이도 태어나지 않아 젊은이와 아이들이 점점 줄고 있어 일본이 이대로 침몰하지 않을까 걱정하는 시선도 있습니다. 하지만 이는 세계적인 추세입니다. 한국과 중국도 그렇고 미국처럼 출산율이 높은 나라에서도 베이비 붐 세대라 불리는 지금의 50대, 60대가 앞으로 10년 내에는 대거 은퇴하게 됩니다. 그러면 아무리 아기가 많이 태어나도 통계상 노년층에 비해 노동인구 비율이 떨어지는 것은 피할 수 없습니다.

인구 문제는 일본뿐 아니라 전 세계의 문제이기 때문에 뒤집어 생각하면 일본은 과제 선진국으로 우위에 있는 셈입니다. 지금 일본이 이 문제를 해결할 방법을 찾아낼 수 있다면 앞으로 엄청난 기세로 성장할 수 있는 실버 이코노미 산업을 통해 세계 무대에 한발 앞서나갈 수 있습니다.

테크놀로지에 의한 4차 산업혁명이 일어나고 글로벌화도 가속화되고 있습니다. OECD의 통계에 따르면, 지금 일본에 존재하는 일의 7%가 자동화될 것이고, 이외에도 22%에 달하는 일에서 그 사람이 하는 일의 내용이 크게 바뀔 거라고 예측합니다.[23] 이는 중요한 사항입니다. 이렇게 엄청난 속도로 사람들의 생활 기반과 사회 시스템이 테크놀로지에 의해 바뀌고 있는 시점에 일본이 저출산·고령화로 노동력이 부족한 상황을 먼저 맞고 있는 것은 어떻게 보면 매우 운 좋은 일이라고 생각합니다. 왜냐하면, 일본 사회는 지금 실업률 3.1%, '완전고용'이라고 불리는 상태로 기본적으로 일손이 부족해 자동화로 구조 개혁을 진행할 수 있는 순풍이 불고 있습니다. 이는 실업률이 높은 나라에서는 상상할 수 없는 일입니다. 실업률이 높은데 자동화를 진행하려고 하면 상당히 큰 저항에 부딪힐 수 있으니까요. 일본은 그에 비하면 IT 혁명을 진행하는 데 이렇게 좋은 조건을 갖춘 나라는 없다고 할 만큼 유리한 상황에 있습니다.

중요한 것은 자신의 능력을 살리는 일

제가 가장 문제라고 느끼는 것은 일본은 대체로 학력 테스트 점수는 높지만, 자신감이 없거나 문제 해결 능력이 없어서 지식을 응용하지 못한다는 말을 듣는 것입니다. 2015년에 만 15세 학생들을 대상으로 한 국제적인 학력 테스트 PISA(학습 도달도 조사) 결과에 따르면 일본 학생들은 과학 활용 능력 점수가 높았는데, '과학 활용 능력이 있어도 특별히 장래에 도움이 될 거로 생각하지 않는다', '과학 활용 능력을 살려서 일하고 싶은 생각은 없다'고 응답했다고

---

23. OECD(2016) POLICY BRIEF ON THE FUTURE OF WORK – Automation and independent Work in a Digital Economy, Figure 2.

합니다. 매우 안타까운 일이 아닐 수 없습니다. 테크놀로지가 점점 발전해나갈 미래에 스스로 자신 있게 새로운 회사를 창업해보겠다거나 여러 가지 궁리를 했으면 하는데, 학생들은 그럴 생각이 별로 없어 보입니다.

그 외에도 각국의 자발적 실업자의 평균 학력을 보면 학력이 낮을수록 자발적 실업자가 될 확률이 높은데, 일본은 반대로 학력이 높은 쪽에서 자발적 실업자가 될 확률이 높다는 결과가 나왔습니다.[24] 이것은 사회적 시스템에 어떤 왜곡이 있음을 보여줍니다. 더욱이 자신이 하는 일에 대해 자기 학력 혹은 능력이 과잉이냐는 질문에 '그렇다'고 답한 사람의 비율 또한 31%로 가장 높았습니다.[25] 이 말은 자신이 가지고 있는 능력을 지금의 자리에서 충분히 살리지 못하고 있다고 느끼는 사람이 그만큼 많다는 뜻이기 때문에 상당히 큰 문제인 것 같습니다.

보물을 썩히는 경우가 많다

이 통계를 보면서 하버드 비즈니스 스쿨 시절에 해외 파견을 나온 일본인 친구들이 떠올랐습니다. 그들은 정말 뛰어난 인재들이었는데 일본 회사로 돌아가고 나서는 대부분 3년 안에 회사를 그만뒀습니다. 그 이유가 궁금해서 물어보니 하나같이 입을 모

---

24. OECD(2014) Education at a Glance 2014, Table C5.4.
25. OECD(2012) Survey of Adults Skills (PIAAC), Table A4.25.

아 '내 능력을 못 살리고 있다'고 느낀다고 말했습니다. 기회 손실 (opportunity loss)이 너무 많다는 것입니다. 일본에서는 연공서열 때문에 20대에 미국에서 MBA를 따고 돌아가도 실력을 발휘해볼 일을 맡을 수가 없습니다. 그래서 다른 회사나 외국계 기업으로 옮기거나 스스로 회사를 차리게 되는 것입니다. 이는 일본 기업 시스템의 한계라고 생각합니다.

그리고 일본의 여성 취업률은 예전보다 올라가긴 했지만, 대졸자만 놓고 보면 남성이 93%인데 반해 여성은 71%로 큰 차이가 있습니다.[26] 이것도 분명한 보물 썩히기입니다. OECD 경제학자가 계산한 것에 따르면, 단순 계산으로 여성이 남성과 같은 일을 하면 GDP의 잠재 성장률이 장기적으로 두 배 가까이 올라간다고 합니다. IMF와 세계은행, 일본 내각에서 한 계산에서도 비슷한 결과가 나왔습니다. 일본 여성이 남성과 동등하게 일하면 일본의 GDP 성장률이 두 배 가까이 올라간다는 엄청난 이야기인데 솔직히 실현되기는 어려울 것 같습니다.

일본에서 '인재'라고 하는 말은 소재도 훌륭하고 돈도 있다는 것을 의미합니다. 조미료를 잘 가미해서 맛있는 요리를 만들기 위해 우리는 노동시장 개혁과 규제 완화를 통해 사회 구조를 바꿀 필요가 있습니다. 일본 사회는 세컨드 찬스와 서드 찬스를 얻기 힘든 구조입니다. 한 번 실패하면 새로 시작하기가 상당히 어렵습니다. 이는 행정적으로 법 제도를 바꿔 가는 일 외, 민간 기업들이 직

---

26. OECD(2015) Education at a Glance 2015, Chart A10.5.

원들에게 얼마나 세컨드 찬스, 서드 찬스를 줄 것인가, 혹은 투자할 것인가에 달려있습니다. 이것 또한 행정 개혁만큼 중요합니다. 이는 개인의 멘탈 문제와도 관련이 있지만, 현재 일본 사회에 개인이 위험 부담을 감수할 수 없고, 감수하기를 꺼릴만한 요소가 있어서가 아닐까요.

물이 반이나 차 있다

여기에는 여러 가지 원인이 있겠지만 앞서 이야기했던 '학력은 높지만, 자신감이 없다'라는 이야기를 자세히 들여다볼 필요가 있습니다. 자신감을 가지고 문제 해결 능력을 길러서 자기 머리로 생각해야 합니다. 아이들이 자신에게 주어진 획일적인 커리어 코스를 벗어나서 다양한 일을 할 수 있다고 믿고 자신감 있게 행동할 수 있는 환경을 만들어야 합니다.

예를 들어 학생이 선생님께 "1 더하기 1은 반드시 2가 아니면 안 되는 건가요? 조금 다르게 생각하면 3이 될 가능성은 없는 건가요? 2.5가 될 방법은 없나요?"라는 식의 질문을 어린 시절부터 해도 되는 분위기를 만드는 겁니다. 물론 요즘에는 답이 하나밖에 없다는 지금까지의 교육 방식이 재검토되고 있기는 하지만 아직 턱없이 부족합니다. 저는 어린 시절의 획일적인 교육이 위험 부담을 감수하기를 꺼리는 사람을 만들고 있다고 생각합니다.

솔직히 말하면 사회 구조를 바꾸는 것이 간단한 일은 아니지만,

정부는 행정적으로 법률을 바꿔나갈 책임이 있습니다. 기업도 자신들의 고용 시스템을 바꿀 책임이 있습니다. 교육 시스템도 근본적으로 바뀌어야 합니다. 그리고 가정도 변해야 합니다. 여러분이 부모가 되면 아이들 교육에 대한 마음가짐을 달리해야 합니다. 어떻게 우리 아이들에게 도전 정신을 갖도록 할 것인가, 선입견으로 모든 걸 결정해버리는 인생은 재미없다고 생각하게 하려면 어떻게 해야 하는가 등 다양한 각도에서 할 일이 아주 많을 겁니다.

컵에 물이 반밖에 없다고 생각하느냐 반이나 있다고 생각하느냐에는 커다란 차이가 있습니다. 반밖에 없다고 말하는 사람은 항상 '불가능하다'라고 생각하기 마련입니다. 반밖에 없어서 안 된다고 말이지요. 반면, 반이나 들어있다고 생각하는 사람은 반이나 들어있으니 '가능하다'라고 생각합니다.

여러분, 컵에 물이 반이나 들어있습니다. 반이 아니라 반 이상이나 있으므로 저도 일을 할 수 있는 것입니다. 우리에게는 커다란 가능성이 있다는 걸 여러분이 아셨으면 합니다. 이것이 제가 여러분께 보내는 메시지입니다. (2016년 12월 9일 강연)

'모두를 위한 일'을 찾아
공무원이 되다

간다 데쓰야

공정거래위원회
사무총국 심사국 관리기획과 심사기획관

PROFILE

2000년 도쿄대 법학부 제2류(공법 코스) 졸업 후 2006년 미국 미시간대 공공정책 대학원을 수료했다. 2000년 4월 공정거래위원회 사무총국에 들어가 경쟁 정책, 중소기업 정책에 관한 두 번의 법 개정과 가이드라인 작성을 담당했다. 유럽위원회 경쟁총국에서 국제 카르텔 사건을 심사하는 일을 했고 OECD에서도 근무했다. 2013년부터 2년간은 인사과에서 신규 졸업생의 채용과 임용, 업무 방식 개혁을 맡았다. 2016년부터 관방 총무과에서 조직 방침 책정과 국회 업무를 담당하다가 2017년 7월에 현직에 올랐다.

직업을 고르는 것만이 커리어가 아니다

 '공정거래위원회' 줄여서 '공정위'라고 하는 행정기관을 아십니까? 공정거래위원회는 기업 간의 공정한 경쟁 기회를 확보해 주기 위한 기관입니다. 국가 공무원이라고 하면 재무성이나 외무성 등의 행정기관이 먼저 떠오를 테지만 공정위 같은 행정기관에서 일하는 사람도 국가 공무원입니다. 오늘은 제가 국가 공무원을 직업으로 선택한 경험을 바탕으로 이야기를 하려고 합니다.

 여러분은 앞으로 어떤 커리어를 만들어 갈 것인지를 생각해야 합니다. 단순히 직업을 고르는 것 외에도 인생에는 다양한 요소가 있으니까요. 우리는 일에 많은 시간을 소비하기 때문에 일이 당연히 중요하겠지만 일 외에도 가족이나 자신의 생활 등 인생에는 다양한 요소가 있습니다. 여러분 각자가 언제, 어떤 이유로 행복하다거나 기분 좋다고 느끼는지를 생각해 보기 바랍니다. 본인이 느끼는 행복은 직업뿐 아니라 가족, 친구, 취미 등 다양한 변수로 이루어진 방정식으로 나타나는 게 아닐까요? 개인마다 각 변수의 영향의 크고 작음, 즉 계수의 크기가 다를 겁니다.

 지금부터 제가 걸어온 커리어와 이에 관한 생각을 이야기하려고 합니다. 이는 어디까지나 제 생각일 뿐이고 여러분에게는 여러분 나름의 행복의 방정식, 규칙이 있으리라 생각합니다. 그것을 떠올리면서 들어주세요.

경쟁을 통해 자신의 필드를 발견하자

어느 미국 재단이 세계인을 대상으로 설문 조사한 결과를 소개하겠습니다. 그들은 세계 각국의 사람들에게 '빈부 격차가 생길지도 모르지만 자유로운 시장경제(기업이 경쟁하는 일)로 여러분의 생활이 좋아질 거로 생각합니까?'라고 물었습니다. 일본은 '그렇게 생각한다'라고 대답한 사람의 비율이 최하위에 가까워서 경쟁에 대한 긍정적인 의식이 별로 높지 않은 나라로 밝혀졌습니다.[27]

즉, 많은 사람이 경쟁이라는 것은 세상에 도움이 되지 않는다고 여긴다는 뜻인데. 그 이유를 제 나름대로 생각해봤습니다. 보통 시장 경쟁에서 살아남으려면 물건을 싸게 팔거나 좋은 물건을 파는 것 중 하나를 택해야 합니다. 그런데 여러분이 태어나기 전부터 시작된 일본의 저성장 경제 상황에서는 가격을 점점 내리는 일을 계속했습니다. 그래서 물가도 계속해서 내려갔지요. 결과적으로 기업 근로자들의 월급도 깎아야 하는 상황까지 이르게 되었습니다. 그렇게 되면 경쟁 때문에 자신의 생활이 소비자로서는 좋아질지 모르지만 한 사람의 노동자로서는 힘든 상황이 된다는 걸 많은 국민이 체감한 것이 아닐까 하는 게 저의 분석입니다.

앞으로 여러분 가운데 많은 사람이 기업이나 조직을 위해 일하게 될 겁니다. 민간 기업에 취직해도 그럴 것이고 창업을 해서 스스로 회사를 경영하게 될 사람 역시 대부분은 싸고 좋은 물건을 만

---

27. Pew Research Center, <Spring 2015 Attitudes Survey>

들어 팔거나 서비스를 제공하는 직업을 가지게 될 겁니다. 그런 현장 즉 '시장' 안으로 들어가게 된다는 것이죠.

시장에 들어간다는 말은 혹독한 경쟁에 내몰리게 될 거라는 뜻입니다. 그렇다면 시장에서 일정한 이익률을 높이려면 어떻게 해야 할까요? 오해받을 걸 두려워하지 않고 솔직히 말한다면, 여러분이 기업에 들어가 이익률을 높이려면 가능한 한 독점하는 게 좋습니다. '경쟁을 시키는 것이 공정거래위원회의 일이라고 하지 않았느냐?'고 따지고 싶을지도 모르지만, 독점 자체가 반드시 나쁜 것은 아닙니다. 기업끼리 모의해서 다 같이 담합하고 독점하는 행동은 해서는 안 되지만, 좋은 상품이나 저렴한 가격으로 시장을 독점하는 일은 말리지 않습니다.

이익률을 높이기 위해서 독점이 좋다는 말이 무슨 뜻일까요? 여러분이 완전 경쟁을 하고 있으면 이익을 내기 어렵지만, 좋은 독점을 하면 이익이 많이 나온다는 뜻입니다. 그렇다면 좋은 독점이란 무엇일까요? 기업의 전략 가운데 '차별화 전략'이라는 것이 있습니다. 휴대전화를 예로 들면 휴대전화는 스마트폰을 포함해 다양한 종류가 있습니다. 그중에서도 지금은 아이폰을 사용하는 사람이 많을 것 같은데, 아이폰은 비슷한 상품들과 비교했을 때 비싼 편입니다. 하지만 아이폰이라는 이유만으로 사고 싶어 하는 사람이 많습니다. 그러므로 아이폰은 스마트폰 시장이라는 거대한 시장이 아닌 '아이폰 시장'이라는 작은 시장에서 승부가 나는 것입니다. 그러면 가격이 조금 비싸도 많은 사람이 구매합니다.

이제 이 이야기를 여러분들의 이야기로 바꿔볼까요? 여러분이 처음 취직했을 때는 동기들과 똑같은 위치에서 시작할 겁니다. 하지만 언젠가는 회사에서 '저 사람은 ○○랑 똑같아'가 아니라 '이 일은 저 사람만 할 수 있어'라는 평가를 받지 않으면 안 됩니다. 다른 사람도 할 수 있는 일만 해서는 얼마 안 가서 돈을 벌 수 없게 될지도 모릅니다. 다른 사람들보다 뛰어난 점이 없으면 일정 수준 이상의 좋은 평가를 받을 수 없게 될 거라는 뜻입니다. 달리 이야기하자면, 경쟁을 통해 여러분 개개인에게 적합한 일이나 능력을 발휘하는 방법을 찾아야 한다는 뜻이기도 합니다.

작은 커뮤니티에서 자라며 생각한 것

그런데 이런 냉정한 이야기만 하고 있으면 꿈을 키우기 힘들겠지요. 화제를 바꿔 이제부터는 제가 어떤 이유로 국가 공무원이라는 일을 선택하게 됐는지를 이야기해 볼까요? 원래 저는 도쿄 출신이 아니라 아이치현의 서쪽 지방 출신입니다. 사회 수업에서 배운 적이 있을지 모르지만 노비 평야에 여러 하천이 흐르고 있어서 윤중(저습지의 촌락이나 농경지를 홍수로부터 보호하기 위해 제방으로 둘러싼 지역)이라고 불리는 취락을 볼 수 있는 지역입니다.

저는 열여덟 살 때까지 그곳에서 자랐습니다. 그야말로 깡촌입니다. 어느 정도 시골이냐 하면 저습 지대여서 연근이 자라는 연꽃밭이 주변에 있고, 연잎이 통학로 길가 손이 닿을 만한 위치에 잔뜩 나 있습니다. 꺾다가 들키면 마을 어르신들에게 혼이 나는데 비가 오면 초등학교 1학년생 정도 되는 아이들은 연잎을 꺾어 우산 대신 쓰고 다녔습니다. 또, 초등학교 옆에는 돼지 축사가 있었는데 어느 날 소란스러워서 밖에 나가 보니 돼지가 도망쳐 나와서 운동장을 뛰어다니고 있었습니다. 저는 그런 곳에서 자랐습니다.

이런 배경이 어떻게 저의 커리어로 연결되었을까요? 시골에서는 지역 커뮤니티가 상당히 강합니다. 저는 3대가 한집에서 살았고, 지역 주민들은 다들 저를 압니다. 이웃 사람들의 성이 거의 다 '간다'입니다. 그래서 '간다 씨'가 아니라 이름으로 부릅니다. "저쪽에 사시는 할아버님 손자구나."라고 다들 알 정도로 친밀한 커뮤니티가 형성된 지역이었습니다. 그런 환경에서 자라다 보면 아이라도 '나는 이 커뮤니티의 도움을 받으며 살고 있구나'라고 생각하게 됩니다. 나중에 이야기하겠지만 그런 마음이 공무원을 직업으로 선택하는 데 영향을 주었습니다. 그것과 동시에 어린 마음에 새로운 곳에 가고 싶다고 생각하면서 초등학교, 중학교 시절을 보냈습니다. 시골에 살면서도 저는 독서를 좋아해 책을 읽으면서 바깥세상으로 눈길을 돌렸고 '세상은 어떻게 이루어져 있을까?'를 궁금해하기 시작했습니다.

제가 사춘기를 맞이할 무렵에는 베를린 장벽이 붕괴하고(1990년), 소련도 붕괴(1991년)하였습니다. 사회주의라 불리던 경쟁 없는 사회가 사라졌습니다. 미국의 역사학자 가운데 이 상황을 보고 '역사가 끝났다'라고 말한 사람도 있습니다(프랜시스 후쿠야마[28]). 이처럼 세계가 계속해서 빠르게 움직이고 있다는 걸 깨달은 저는 고등학교 시절에는 외교관이 되고 싶었습니다. 그렇다면 외교관은 어떤 일을 할까? 무역 교섭 등을 하는 것처럼 외교에서도 경제 문제에 대해 많이 다룬다는 걸 알고 그때부터 경제에 관심을 가지기 시작했습니다.

이 당시는 버블경제 뒤 '잃어버린 10년, 20년'이라고 불리던 시대로 대형 은행과 증권사가 무너지는 등 일본 경제는 더는 회복이 불가능한 것이 아니냐는 목소리가 커지고 있었습니다. 한편으로 벤처기업들이 생기는 등 새로운 경제의 움직임도 나타나기 시작했습니다. 그런 경제 상황에서 어떤 형태로든 '공헌'하고 싶었고 대학교 3학년이 되면서 구직 활동을 시작하였습니다.

국가 공무원을 꿈꾼 이유

최종적으로는 국가 공무원이 되었지만 제가 공무원만 지망했던 것은 아닙니다. 국가의 긍지를 뒷받침하는 경제에 공헌할 수 있는 일이 없을까 찾다가 금융기관에도 지원했었습니다. 하지만 민간 기업, 특히 주식회사는 결국 누구의 것인지를 따져보면 이론적으로는 주주들의 것이고, 적어도 경영자는 주주의 존재를 무시할 수 없습니다. 주주에게 제대로 된 이익을 환원하는 일이 민간 기업의 역할이고, 이를 보좌하는 일은 저에게 맞지 않을 것 같았습니다. 그

---

28. 프랜시스 요시히로 후쿠야마(1952~): 미국의 정치학자. 아버지는 일본계 미국인 2세이며 어머니는 일본계 미국인 3세이다. 주요 저서로《역사의 종말》(1997) 등이 있다.

런 생각을 하면서 대학 2학년, 3학년을 보냈습니다.

앞에서 제가 어떻게 자랐는지 이야기했는데, 저는 제 능력을 하나의 회사를 위해서가 아니라 제가 자라온 커뮤니티에 돌려주고 싶은 마음이 강했습니다. 저를 길러준 마을과 그 기초가 된 사회, 환경에 어떤 형태로든 공헌하고 싶었습니다. 그 단위는 사람에 따라서 세계나 국가, 지방 자치단체가 될 수도 있겠지만 저는 개인적으로 국가에 보답하고 싶었기에 국가 공무원으로서 공익을 추구할 수 있기를 바랐습니다.

저는 법학부생이었기 때문에 공익을 추구하려면 변호사도 하나의 선택지가 될 수 있었습니다. 하지만 변호사의 이야기를 들어보니 기본적으로는 클라이언트인 고객에게 의뢰가 오고 이를 해결하는 것이 업무의 중심이어서 그것도 제가 하고 싶은 일과는 다르다고 느꼈습니다. 보다 근본적으로 규칙과 제도를 결정하는 일에 관여하고 싶었습니다. 그러면 사회 기업가를 하면 되지 않느냐고 말하는 사람도 있을 겁니다. 물론 그런 일이 적성에 맞는 사람도 있고 그런 능력을 갖춘 사람에게는 좋겠지만, 저는 제 능력을 보다 효율적으로 사회에 환원하려면 '조직'에서 일하는 국가 공무원이 좋을 것 같았습니다. 공공기관에는 다양한 인재와 예산이 있고 권한도 있어서 그런 곳에서 일하면 제 능력을 보다 효과적으로 사회에 환원할 수 있지 않을까 싶었습니다.

시대의 흐름을 읽는 것도 중요하다

그렇다면 왜 공정위를 선택했을까요? 몇 가지 이유가 있는데, 그 중 하나는 학술적인 전문성 때문입니다. 공정거래위원회에서는 법률과 경제 분야를 함께 다루고 있어서 '내 능력을 가능한 한 폭넓게 활용해서 일하고 싶다'는 생각과 맞아떨어지는 부분이 있었습니다. 이와 더불어 저는 성장해나갈 곳에서 일하고 싶었습니다. 국가 공무원이 되려고 한다면 재무성처럼 역사가 긴 부처에서 일하는 것도 좋겠지요. 하지만 저는 조직이나 업무 방식이 이미 확립된 큰 부처보다는 작은 부처에서 일하는 게 제 능력을 사회에 더 많이 환원할 수 있는 확실한 길이라고 생각해서 작지만 앞으로 성장할 것 같은 부처를 찾았습니다.

결과적으로 당시의 제 생각이 맞아서 공정위의 직원 수로 보면, 2000년에 제가 처음 관청에 들어왔을 때는 500명을 조금 넘는 규모였지만 지금은 800명 이상으로 성장했습니다. 국가의 중앙관청은 통상적으로 이것보다 조금 더 직원 수가 많아서 적어도 2,000~3,000명 정도 소속되어 있는데, 공정위는 작기는 하지만 전체적으로 국가 공무원의 숫자가 감소하고 있는 가운데 예외적으로 직원 수가 늘고 있는 관청입니다.

세상은 점점 변화해 갑니다. 이에 대응하며 미래의 커리어를 생각해 보기 바랍니다. 물론 완벽하게 적중하기는 어렵겠지만 '세상의 흐름이 어느 쪽을 향하고 있는가'를 끊임없이 묻고 '정확히는 모르지만, 왠지 이쪽을 향하고 있는 것 같다' 정도는 파악하는 습관을 들였으면 좋겠습니다.

특정인을 위해서가 아니라 모두를 위해 일한다

안타까운 일이지만 일본 기업은 독점법 위반으로 세계 각국에서 고발당하고 있습니다. 몇 년 전 EU에 파견 근무를 나갔는데, 그때 제 주변에는 스페인 사람과 독일 사람 등 유럽 국가에서 온 사람밖에 없고 일본어를 하는 사람은 저 혼자였습니다. 그때 EU가 일본의 한 중전기 제조회사를 적발해서 그 재판에 참여했습니다. 재판은 룩셈부르크에 있는 EU 재판소에서 진행되었습니다. 저는 경쟁을 장려하는 입장이어서 일본인이기는 하지만 EU 측으로 참여했습니다. 일본을 위해 일한다고 말하면서 실제로는 그렇지 않은 것이 아니냐고 할지 모르지만 저는 시장에서 경쟁을 기본 원칙에 두고 일합니다. 이것이 최종적으로는 일본을 위한 일이고, 특히 소비자를 위한 일이라고 생각합니다.

이처럼 경쟁법의 세계에서는 경쟁을 기본으로 하는 하나의 목표를 가지고 일하게 됩니다. 이는 제가 국가 공무원을 지망한 이유와도 관계되는데 조직의 방향성이 명확하다는 것이 관청을 선택한 중요한 기준 가운데 하나였습니다. 당시 저는 어느 특정 업체를 보호하는 일은 선택하고 싶지 않았습니다. 일의 보람이나 정신 건강이라는 측면에서 특정 인물을 위해 일하는 것이 아니라 당장 이익이 눈에 보이지 않지만, 경쟁이라는 하나의 가치, 기능을 위해 일하는 것이 적성에 맞는다고 생각해 공정위를 선택했습니다. 이는 제가 공정위에 들어갈 때 생각했던 기준인데 십수 년이 지난 지금도 이 마음은 그대로입니다.

자신에게 무엇이 행복한지 생각하자

지금까지는 제 개인적인 이야기를 했으니 이제 인사 담당자의 관점에서 이야기해 보겠습니다.

여러분, '관청 방문'이 뭔지 아시나요? 일본에서 관청 방문이라는 것은 민간 기업에서 말하는 취업 면접 같은 것입니다. 공무원이 되기 위한 시험에 합격하면 관청 방문이라고 해서 민간 기업에서 구직 활동을 하듯이 면접을 봅니다. 저는 인사 담당자로 수백 명의 학생을 만나 면접을 진행했습니다.

여러분에게 하고 싶은 말은 공무원을 지원하기에 앞서서 우선 자신이 어떤 사람인지에 대해 제대로 이해했으면 합니다. 예를 들어 '나는 국가 공무원에 흥미가 있다. 공정위에 흥미가 있다'는 걸 깨달았다면 그것이 정말로 자기 인생에 있어서 어느 정도로 중요한지를 잘 생각해보면 좋겠습니다.

한 가지 에피소드를 소개하겠습니다. 공정위는 작은 관청이기 때문에 저는 종합직[29]뿐만 아니라 일반직[30] 대졸자나 고졸자의 면

---

29. 기업에서 종합적인 직무를 맡는 직책으로 승진에 제한이 없다.
30. 종합직 직원을 서포트하는 업무를 주로 하며 종합직보다 급여가 낮고 승진에 제한이 있다.

접도 봅니다. 일반직 면접을 보고 채용이 예정된 학생에게 "공정위에 와줄 거죠?"라고 했더니 "네, 가겠습니다. 공정위에서 평생을 일하겠습니다."라고 대답하더군요. 그런데 3일 뒤에 "죄송합니다. 채용을 취소해 주세요."라는 전화가 걸려왔습니다. 이유를 물어보니 여자 친구가 반대한다는 겁니다. 반대하는 이유를 물었더니 공정위에서 일하면 도쿄 외의 지역으로 전근을 할 수도 있는데, 전근이 있는 회사는 안 된다고 했다는 겁니다. 황당하다고 생각하는 사람도 있겠지만 실제 예입니다. 그에게는 공정위에서 국가 공무원이 되는 것보다 여자 친구와의 생활이 적어도 그 순간에는 소중했던 것이겠지요. 이런 부분을 포함해서 여러분이 무엇을 소중하게 여기는지를 스스로 곰곰이 생각해보아야 합니다.

면접에서는 여러분이 어떤 사람인지를 이야기할 수 있었으면 좋겠습니다. 어떤 스토리가 있어서 그 자리에 왔는지 말이지요. 단순히 "저는 시골에서 살았기 때문에 자연을 좋아합니다."와 같은 표현이 아니라 어떤 가정에서 태어나 어떤 환경에서 자라왔고, 어떤 때 어떤 감정을 느끼는지까지 이야기할 수 있게 준비해두면 좋을 것 같습니다.

반대로 주의했으면 하는 점은 자기도 모르는 사이에 자신을 꾸미는 일입니다. 사실 구직 활동을 하다 보면 똑같은 질문을 끊임없이 받기 때문에 이런 일이 생기는 것 같기도 합니다. "어떤 일을 하고 싶습니까? 왜 그 일을 하고 싶습니까?"라는 질문을 하루에 수십 번 받고 대답하다 보면 자기가 이야기하는 내용이 조금 작위적으로 변해있어도 진짜처럼 들리기 시작합니다. 예를 들어 당장 은행에 취직하고 싶으니까 금융에 흥미가 생긴 이유를 어떻게든 생각해내게 됩니다. 거짓말이어도 크게 개의치 않고 말이지요. 그런데 충분히 고민하지 않고 취직에만 급급하다 보면 합격하고 나서야 '나는 사실 금융에 전혀 흥미가 없었다'는 걸 깨닫게 될지도 모릅니다.

구직 활동을 하다 보면 다들 합격하기 위해 필사적으로 되겠지만 자기가 하는 말이 정말 옳은지, 정말 자기 말인지를 진지하게 생각해보면 좋겠습니다.

사회에서 힘들 때 나를 지켜주는 힘, 자존감

다음으로 사회인이 된 후를 상정해서 이야기해 보겠습니다. 지금부터 하는 말은 제가 오늘 여러분께 전하고자 하는 것 가운데 가장 중요한 이야기인데 '자존감을 가져라' 즉, 자신을 존중하라는 말입니다. 스스로 어느 정도의 자신감을 가졌으면 합니다. 앞으로 여러분은 다양한 일을 하게 될 겁니다. 너무 힘들어서 도망가고 싶거나 당장 그만두고 싶을 때가 반드시 있을 텐데, 그럴 때 중요한 것은 바로 자존감입니다.

제가 말하는 자존감이란 무엇일까요? 하나는 유의미감(有意味感), 즉, 모든 일에는 어떤 의미가 있다고 생각하는 것입니다. 일하다 보면 재미없는 일이나 불합리한 일이 많겠지만, 거기서 어떤 의미를 찾아내는 힘을 길러야 합니다. 또 하나는 전체적으로 파악하는 힘입니다.[31] 예를 들어 공무원으로서 법 개정을 담당했다고 가정해 봅시다. 국회의원 A를 설득했다고 생각했는데 다음 날 전혀 다른 일로 국회의원 B가 또 실현 불가능한 요구를 해옵니다. '이제 이 법은 가능할 것 같지 않다'라고 전망이 불투명해질 때도 있을 겁니다. 그럴 때 먼저 국회의원 A와 B에게 설명을 다시 하고 이해시킬 수 있게 생각을 정리하는, 전체 대상을 파악하는 힘이 필요합니다. 그것이 없으면 구직 활동을 하거나 일을 할 때 자신이 터널의 어디쯤 와있는지를 모르게 되고 중간에서 길을 헤매게 됩니다. 그럴 일이 없도록 저는 채용 담당자로서 '나는 이 정도는 판단할 수 있다', '나는 이 정도면 충분히 해낼 수 있다'는 역량을 가진 사람을 뽑고 싶습니다.

그런 능력은 어떻게 하면 가질 수 있을까요? 취업 면접에서 일반적으로 듣는 질문이겠지만, 예를 들어 "학창 시절에 어떤 일을 했나요?"라는 질문에 "동아리에서 부장을 맡았습니다."라고 대답하고 싶을지 모릅니다. 하지만 면접관은 "동아리 부장은 스스로 나서서 한 건가요? 동아리를 하면서 어떤 어려움이 있었죠? 해결하기 위해 어떤 노력을 했나요? 성공했다면 왜 성공했다고 생각하나요? 실패했다면 왜 실패했다고 생각하나요? 그 후에 뭔가 개선한 점이 있나요?" 등의 이야기까지 듣고 싶어 합니다.

자신의 행동, 지금까지 살아온 일에 대해 나름대로 돌아보고, 그것이 성공이든 실패든 다음에는 조금이라도 향상되기를 바랍니다.

---

31. 마쓰자키 이치요,《Crusher 상사 - 아무렇지 않게 부하직원을 몰아붙이는 사람들》, 2017.

그런 일을 반복해서 하다 보면 '나는 여기까지는 할 수 있다. 하지만 여기서부터는 못 한다', '나는 못 하지만 친구가 도와줄 수 있을 것 같다' 혹은 '사회가 도와줄 수 있을 것이다' 하는 통찰력이 조금씩 길러집니다. 이것이 바로 인사 담당자로서 제가 중요하다고 생각하는 자존감입니다.

더불어 제가 인사과 시절에도 그랬고 관리직이 된 뒤에도 느끼는 것인데 '동기부여'도 매우 중요합니다. 능력이 있어도 잘 풀리지 않는 일은 반드시 존재합니다. 그럴 때 어떻게 스스로 동기부여를 할 것인지가 가장 중요합니다. 모두가 의욕을 잃을 만큼 험한 곳에 있어도, 스스로 의욕을 내고 나아가 주위 사람들까지 의욕이 나게 만드는 힘이 있어야 한다는 말이죠. 이는 결국 자신이 무엇을 위해 일하고 있는가를 알고, 그걸 위해서라면 이 정도는 할 수 있다는 감각을 가지며, 자기 나름대로 의욕을 낼 수 있는 사람만이 할 수 있습니다.

학위의 차이

지금까지 마인드에 대한 이야기를 했는데, 이제부터 테크니컬한 이야기를 하겠습니다. 여러분이 이과계든 경제학부든 인문학부든 석사 학위나 박사 학위를 따고 싶은 사람도 있을지 모릅니다. 저는 학부를 졸업하고 취직해서 미국 대학원에 국비 유학을 다녀왔습니다.

공정위 인사과도 박사 학위를 가진 사람을 몇 명씩 채용하고 경제학자와 경제 분석이 가능한 사람, 변호사 같은 외부 전문가를 고용하기도 합니다. 저는 학위의 차이에 대해 이렇게 생각합니다. 박사 학위를 가진 사람에게 기대하는 것은 전문적인 분석과 의견을 스스로 생산해내는 능력입니다.

그렇다면 석사는 어떨까요? 박사가 무언가를 생산해내는 사람이고 학사는 그것을 이용해서 실행해내는 사람이라고 한다면 그 매개자가 되는 사람이 석사인 것 같습니다. 스스로는 무언가를 생산해낼 만큼의 힘은 없을지 모르지만, 예를 들어 "그(박사)가 만든 이 통계에는 이런 의미가 있습니다. 그러니 당신(학사)이 하는 이 일에 도움이 됩니다." 하는 식으로 중간에서 이어줄 정도의 힘이 있는 사람이지요. 저는 학사, 석사, 박사를 그런 식으로 이해하고 있습니다.

저는 학부에서 법률을 공부했는데, 20대 시절에 하청기업을 보호하는 법률을 개정하면서 그 법률이 현장에서 도움이 될지가 궁금했습니다. 실제로 현장에서 도움이 되고 있는지 아닌지는 법률적 관점이 아니라 경제학적인 관점에서 분석하지 않으면 안 되었습니다. 그런데 이를 스스로 분석하여 결과를 얻기에는 부족하지만, 논문을 제대로 읽고 그것이 실제 도움이 되고 있는지 정도 파악할 수 있는 사람이 되고 싶다는 생각에 공공정책대학원에 가서 경제학 석사 과정을 공부했습니다. 여러분도 진로를 생각할 때 자신이 하고 싶은 일과 취득하려고 하는 학위가 잘 맞는지를 생각해보면 좋을 것 같습니다.

리더와 팔로워의 역할

여러분도 테드 톡스(TED Talks)를 한번은 접해보았을 것 같은데요, 그럼 상반신을 탈의한 남자가 춤추는 영상을 본 적이 있나요? 테드 톡스에서 리더십 주제로 유명한 데릭 시버스의 〈어떻게 움직이게 할 것인가(How to start a movement)〉라는 영상입니다.

어떤 공원에서 상반신을 탈의한 남자가 춤을 추고 있습니다. 단순히 좀 이상한 사람이 춤을 추고 있는 것처럼 보이는데 두 번째 사람이 들어와서 왠지 즐거운 분위기가 되었습니다. 그들은 부끄럽지만 계속 춤을 추고 있고 주위 사람들은 모두 냉랭한 시선으로 그 모습을 바라봅니다. 그런데 이 모습이 재밌어 보였는지 또 한 사람이 함께 춤을 추기 시작합니다. 세 명을 넘어서자 이제 춤에 참가할 수밖에 없는 분위기가 되어서 점점 더 많은 사람이 들어오고 결국에는 커다란 원을 이뤘습니다.

처음에 춤을 추는 리더의 역할은 물론 중요합니다. 함께 춤을 추면 재미있다는 것을 주위 사람들에게 먼저 보여주고 있으니까요. 그런데 그뿐만 아니라 두 번째, 세 번째로 리더를 따라 춤을 추는 일도 중요합니다. 팔로워는 따르는 사람이라는 뜻인데, 팔로워십이라는 단어가 있는 것처럼 이 영상은 어떤 세계관이나 문제의식을 분명하게 갖고 어떤 일에서 처음 시작하는 사람을 적절한 시점에 지원해 주는 것 또한 중요하다는 것을 보여줍니다.

이를 일의 관점에서 생각해 볼까요. 여러분이 취직하면 분명 재미없고 단조로운 업무가 주어질 때도 있을 겁니다. 그 단조로운 일에 주체성을 가지고 임하면 어떻게 될까요? 어느새 누군가가 봐주고 협력해 주겠다는 팔로워가 나타나고 여러분이 할 수 있는 일의 범위가 조금씩 넓어질 겁니다. 춤에 참가한 사람들처럼 함께하면 어쩌면 즐거운 일이 일어날지도 모른다는 신뢰가 쌓이면 더 큰 일이 될지도 모릅니다. 아무도 관심을 보이지 않지만 앞으로 3개월 뒤, 1년 뒤, 5년 뒤에 어떤 사회와 조직을 만들면 좋을지 생각하고 함께 이야기하고, 춤추는 게 행복하다고 느끼는 일상을 만들기를 바랍니다. 또한, 안테나를 높이 세워 먼저 춤을 추기 시작한 사람을 빨리 찾아서 함께 춤을 춰줄 수 있는 사람이 되어도 좋겠죠.

내가 춤추는 법

저에게 '그럼 당신은 그런 일을 하고 있느냐?'고 묻고 싶을지 모르겠네요. 영상에 나온 것만큼 크게 춤을 추고 있는지는 모르겠지만 제가 하는 일을 소개하겠습니다.

원래 공정거래위원회는 기업 연합을 단속하기 때문에 출입 검사, 압수 수색을 하기도 합니다. 어느 날 갑자기 어떤 회사에 방문해서 서류를 잔뜩 압수합니다. 그 뒤 조사실에서 그 자료들을 검토하고 필요하면 인터뷰도 하면서 위반 여부를 밝히는 것이 저희 업무 중 중요한 부분입니다.

그런데 조사라는 것이 사실 조사를 하는 쪽도 상당히 정신적인 부담이 큽니다. 회사 관계자들에게 진술을 제대로 듣기도 어려워 사건이 좀처럼 해결되지 않는 경우도 많습니다. 그래서 최근에는 진술 청취에 의존하지 않아도 사건을 해결할 수 있도록 증거자료를 일괄 해석할 수 있는 특수 소프트웨어를 도입하여 활용하고 있습니다. 그리고 AI를 이용해 가능한 기계에 작업을 맡기려고 하고 있습니다.

그런데 현장에서는 이런 새로운 시도를 이해해 주는 사람이 거의 없고, "그런 것에 의존할 수는 없다." 혹은 "컴퓨터 같은 걸 사용하지 않아도 해결할 수 있다."라는 의견이 더 많습니다. 저는 그들을 어떻게든 설득하려고 (앞서 말한 춤은 아니지만) 일단 말을 꺼내 시도해 봅니다. 실제로 지금은 반대가 많지만 협력해주는 사람, 춤을 함께 출 사람 두세 명을 찾아 먼저 진행해보고 있습니다.

여러분도 참가하고 있는 세미나 수업이나 동아리 등에서 무언가를 살짝 바꾸고 싶다는 생각이 들었을 때 불평하는 사람이 있다면, 알몸으로 춤을 추기까지는 어렵겠지만 우선은 어떤 형태의 춤이든 춰 보기 바랍니다. 또 정말로 여러분이 사회에 공헌하고 싶다면 지금 세상에 있는 조직, 도구를 가능한 한 활용하세요. 단순히 그때그때 드러난 증상만 치료할 것이 아니라 지식을 살려서 제도 설계를 포함해 폭넓게 세상의 문제를 해결하려는 자세를 가졌으면 합니다. 그리고 그런 일이 가능하다는 게 공무원의 매력입니다.

저는 국가 공무원이기 때문에 공무에 관해 이야기했지만, 처음에 말했듯이 '무엇을 할 수 있는가'에 더해 '무엇을 하고 싶은가', '무엇을 위해 하는가' 등도 생각하기 바랍니다. 단순히 '무엇을 할 수 있다'에서 그치지 말고 '무엇을 할 수 있어서 어떤 가치를 제공할 수 있다. 그렇게 함으로써 어떤 사회를 만들고 싶다'까지 생각하면 더 좋겠죠.

아직 아무도 하지 않은 일을 찾자

경영학에서 사용하는 레드오션, 블루오션이라는 단어가 있습니다. 레드오션은 이미 누군가가 하고 있어서 경쟁이 치열한 시장으로 새로이 시작해도 이익이 나지 않는 영역입니다. 이에 반해 블루오션은 아직 아무도 하지 않은 영역을 가리킵니다. 그곳에는 새로운 가능성이 펼쳐져 있습니다.

여러분은 '나는 이 일을 할 수 있다. 다른 누구보다 이 일을 더 잘한다. 이 일을 하고 싶다'며 각자의 일을 선택할 겁니다. 처음에 저의 성장 과정을 이야기했듯이 여러분도 각자 자라온 환경이 다를 텐데, 서로 다른 사람들이 모여 서로 다른 일을 시도하면 어쩌면 새로운 블루오션을 발견할 수 있을지도 모릅니다. 그런 도전을 해나갔으면 좋겠습니다. 남은 학창 시절 동안은 물론 사회에 나가서도 계속 도전하기를 바랍니다.

마지막으로, 지금까지 여러분을 키워준 주위 환경도 잘 생각하여 무엇이 자신에게 행복인지를 생각하라는 말을 전하고 싶습니다.

어디까지나 제 개인이 살아오면서 가졌던 생각에서 이야기한 것이므로 여러분의 생각과 다를지 모릅니다. 다만, 여러분이 미래를 생각하는 데 제 이야기가 어떤 힌트가 되었으면 하는 바람입니다.

(2017년 11월 10일 강연)

빈곤 문제의 관심이
개발 도상국의
원조 현장으로 이끌다

오가와 료

JICA(일본국제협력기구) **민간연계사업부**
(소속은 강연 당시 기준)

PROFILE

2003년 도쿄대 법학부 공법학과를 졸업하고 일본국제협력은행(JBIC)에 입사했다. 경리 담당, 인도네시아 담당, 경영기획실을 거쳐 2008년 10월, JBIC의 공적개발원조(ODA) 부문과 일본국제협력기구(JICA)가 통합된 현재의 JICA로 이동했다. 반년 만에 다시 인도네시아 담당으로 옮겨 주로 지하철과 지열발전소 등 대형 인프라에 관련된 정부 파이낸스를 담당했고, 이후 개발 도상국 지원을 위한 전문법률 공부를 위해 미국의 포덤대 법학대학원에서 1년간 유학, 뉴욕주 변호사 자격증도 취득했다. 귀국 후 민간 부분 투자 및 융자의 법무 심사 등을 담당했으며 지금은 민간 기업의 개발 도상국 인프라 사업 투자 및 융자 업무를 맡고 있다.

국제 협력이란?

여러분, 일본국제협력기구(JICA)라는 조직을 아시나요? 사실 저도 학생일 때는 몰랐습니다. JICA는 2003년에 설립된 독립 행정 법인입니다. 개발 도상 지역의 경제와 사회 개발 및 부흥, 경제 안정을 도움으로써 국제 협력을 촉진하고 일본과 전 세계 경제의 건전한 발전에 이바지하기 위해 설립되었습니다. 현재 1,800명 정도의 직원이 약 120개의 거점을 두고 일하고 있습니다. 최근 신규 채용자 중 도쿄대 출신이 많은데, 40여 명 중 10명이 도쿄대 출신입니다. 또, 하나의 특징은 직원의 절반 정도가 여성으로 다른 회사에 비해 여성 비율이 상당히 높은 편입니다. 국제 협력에 관심이 있는 여성이 많기 때문인 것 같습니다.

국제 협력은 여러 사람이 연계되어 있고 분야 또한 다양해서 이제는 정부만 하는 일이 아닙니다. 그중 선진국이 개발 도상국을 상대로 하는 '공적개발원조(ODA)'는 과거부터 진행되고 있는 국제 협력으로, 일본에서는 JICA가 거의 단독으로 하는 사업입니다. 그런 의미에서 일종의 독점 기관이라고 할 수 있겠네요.

국제 협력 일을 UN(국제연합)에서 해보고 싶어 하는 분들도 있을 겁니다. UN이나 세계은행은 국제기관에 해당하고, 거기서 하는 일은 '다국간 원조'라고 부릅니다.

세계에서 가장 큰 기부자는 세계은행으로 미국, 일본, 중국 등 세계 각국이 자본을 갹출한 세계 최대의 국제기관입니다. 그런데 JICA는 세계은행과 비교해도 개발 건수나 규모에 있어서 절대 뒤떨어지지 않습니다. 프랑스 관광청(AFD)과 비교해도 큰 규모입니다.

인재 양성과 인프라 만들기를 지원한다

저희가 하는 일 가운데 개발 도상국에 대한 지원은 꽤 큰 비중을 차지합니다. 기후 변화나 빈곤, 분쟁, 전염병, 교육, 경제 위기 등은 세계 여러 나라에서 이슈가 되고 있는데, 이런 문제를 지원합니다. 그렇다면, 이런 일을 함으로써 얻는 것은 무엇일까요? 일본은 개발 도상국과 상호의존관계를 굳건히 함으로써 더 큰 신뢰를 받는 나라가 됩니다. 즉, 일본의 안전보장과 식자재 안전보장 등 다양한 형태로 일본에 공헌하게 되는데, 이것이 JICA의 책임 중 하나라고 생각합니다.

그러면 구체적으로 어떤 협력을 하고 있을까요? 첫 번째는 사람을 통한 '기술 협력'입니다. 즉, 인재를 양성하는 일이지요. 예를 들어 전문가를 현지에 파견하기도 하고 반대로 연수생을 일본에 데려오기도 합니다. 두 번째로 '유상 자금 협력'이 있는데 쉽게 말하면 은행과 같은 업무입니다. 저는 주로 이 부문에서 일하고 있습니다. 개발 도상국 정부에 저금리·장기 대출을 해줘서 그 대출금을 사용해 다양한 인프라를 만들게 함으로써 경제 개발을 도모하는 것입니다. 세 번째는 '무상 자금 협력'으로 학교, 병원, 도로, 우물 건설 등을 무상으로 공여하는 것입니다. 대출금 상환을 요구하지 않기 때문에 공여라고 합니다.

이 세 가지에 비하면 사업 규모는 크지 않지만 '시민 참가 협력'이라고 해서 청년들과 시니어가 참여하는 해외 자원봉사단을 모집합니다. 이 자원봉사 사업은 업무 영역으로만 보면 작지만, 사람들 눈에는 잘 띄어 여러분도 한 번쯤은 광고를 통해 보았을 거로 생각합니다.

또, 뉴스에 자주 나오는 것은 '국제 긴급 원조단'입니다. 예를 들어 2010년에 큰 지진이 일어난 아이티에서 사이클론이 발생했을 때 의료팀을 파견했습니다. 저도 때에 따라서는 이런 원조를 하러 직접 가기도 합니다.

JICA에서 실제로 일하게 되면 어떨까요? 여러분이 상상할 수 있게 제가 하는 일 몇 가지를 구체적으로 소개하겠습니다.

원조 현장에서 하는 일

제가 경험한 일을 현재에서 과거로 거슬러 올라가며 이야기를 해 보겠습니다. 다양한 방법으로 국제 협력이 진행되고 있는데 여러 기업을 비롯해 NGO나 국제기관도 국제 협력을 하고 있습니다. 솔직히 말하면 JICA 같은 조직은 그 일부입니다. JICA의 특징이라고 한다면 개발 도상국 정부를 지원하는 일을 주로 한다는 것입니다.

저는 민간 연계 사업부의 해외 투자 및 융자 담당 부서에 소속되어 있습니다. JICA는 공적인 기관이기는 하지만 제가 속한 부서는 민간 기업과 연계하면서 사업을 진행합니다. 투자라고 하면 이해하기 어려울 수 있는데 쉽게 말하자면 주식을 사는 일입니다. 즉, 개발 도상국 기업의 주식을 사거나 융자 형태로 돈을 빌려주는 금융기관과 같은 일을 합니다. 열다섯 명 정도가 한 팀으로 움직이는데 저는 그 팀을 인솔하는 팀 헤드를 맡고 있습니다.

그런데, 개발 도상국에 흘러가는 자금 가운데 원조라고 불리는 것은 10% 정도밖에 안 됩니다. 그 이유는 70~80%는 민간 자금이기 때문입니다. 소위 원조라고 불리던 것도 이제는 그 형태가 바뀌고 있습니다. 민간 자금이 선진국에서 개발 도상국으로 흘러 들어가고 이를 통해 경제적인 활동이 생겨납니다. 이 흐름을 어떻게 만들어내느냐가 공적 기관인 JICA가 할 일입니다. 저희 부서에서는 투자나 융자를 통해 민간사업을 지원하면서 그것이 개발 도상국의 경제 개발에 이바지할 수 있도록 돕고 있습니다.

'서비스 판매'를 지원하다

그러면 구체적으로 어떤 프로젝트를 하고 있을까요? 동남아시아에 있는 캄보디아는 1980년대까지는 내전이 심해 지금도 지뢰가 대량으로 묻혀있는 나라입니다. 수도인 프놈펜에 세 번 정도 가봤는데, 거기에 '선라이즈 저팬 호스피털(Sunrise Japan Hospital)'이라는 병원이 있습니다. 이 병원은 캄보디아 정부가 만든 것도 아니고 캄보디아의 사업가가 세운 것도 아닙니다. 일본 기업이 세운 병원입니다. 여러분 가운데 하치오지 쪽에 사는 분은 알지 모르지만, 하치오지에 뇌외과 병원인 기타하라 병원이 있습니다. 그 기타하라 병원과 산업혁신기구, 닛키주식회사가 만든 병원이 바로 선라이즈 저팬 호스피털입니다. 여기에 JICA가 융자하여 이 프로젝트가 성사되었습니다. 2016년에 세워졌는데 앞으로 성장이 기대됩니다.

저도 이 프로젝트에 관여하면서 닛키주식회사, 산업혁신기구와 어떤 조건으로 융자할까를 지속해서 교섭하고 시장을 조사하며 진행했습니다. 반복된 이야기지만, 그러면 왜 JICA 같은 조직이 이런 프로젝트를 지원하는 것일까요? 저희는 정부 차원에서 개발 지원을 시행하는 기관이기 때문에 개발 도상국을 지원하는 데 어떤 목적이 있습니다. 일본인 의사와 간호사를 중심으로 질 높은 의료 서비스를 제공함으로써 캄보디아의 의료와 긴급 의료 수준을 향상해 프놈펜에 일본식 병원을 만드는 것이지요.

솔직히 말하면 프놈펜의 의료 수준은 높지 않습니다. 캄보디아의 부자들은 뼈가 부러지면 어디로 갈까요? 싱가포르로 갑니다. 다들 비행기를 타고 부러진 뼈를 치료하러 가는 것입니다. 가벼운 골절만 당해도 싱가포르에 가는 사람이 있다는 이야기도 들었습니다. 그만큼 캄보디아의 병원은 신뢰를 얻지 못하고 있습니다. 특히 부자들에게 말이지요. 그런데 이는 자본이 밖으로 빠져나가는 일입니다. 뼈를 치료하기 위해 싱가포르에 가서 치료를 받고 다시 돌아오면 30만 엔 정도의 지출이 생기는데, 그 돈이 캄보디아에서 싱가포르로 흘러가게 됩니다. 그런데 캄보디아에서 치료할 수 있게 되면 이 30만 엔은 캄보디아에 남습니다. 이는 언젠가 캄보디아의 경제 개발을 위해 사용될 겁니다. 이러한 이유로 우리는 이 프로젝트를 통해 캄보디아인 의사와 인재 육성을 지원하는 것입니다.

이것이 앞에서 말한 개발 도상국에 대한 지원입니다. 반대로 일본에는 어떤 이익이 있을까요? 일본 정부는 일본식 의료를 수출하려고 합니다. 일본은 지금 팔 수 있는 물건이 점점 줄어들고 있습니다. 여러분이 생각하는 것 이상으로 일본 제품은 세계에서 잘 팔리지 않습니다. 이 중 가장 많이 팔리는 것은 자동차인데 지금도 전 세계에서 확실히 판매가 좋습니다. 한편 지금까지 일본이 최첨단이라고 생각하던 제품 대다수는 현재 다른 나라에서도 만들 수 있게 되었습니다. 하지만 서비스라는 것은 그렇게 쉽게 따라 할 수 없습니다. 그래서 '일본식 의료'라고 하는 서비스를 개발 도상국에 판매하는 것이 현재 일본의 전략이고 우리는 그것을 지원합니다.

국가와 국가를 잇는 고용 창출을 지원하다

미얀마라고 하는 나라를 아십니까? 미얀마의 경제 수도인 양곤 부근에 티라와라고 하는 공장단지를 만들고 있습니다. 이제 거의 완성이 되었는데 JICA는 여기에 투자라는 형태로 관여하고 있습니다. 또 양곤에서 20 km 정도 남쪽에 있는 지역에 거대한 공업단지를 만드는 프로젝트를 일본과 미얀마 양국이 추진하고 있습니다. 스미토모상사, 마루베니, 미쓰비시상사와 미얀마 측의 파트너사가 함께 '미얀마 저팬 티라와 디벨롭먼트사'라는 공장단지를 만들기 위한 회사를 설립하고 개발을 진행하고 있습니다. 우리는 여기에 투자하고 있습니다.

그렇다면 왜 이런 사업을 하는 걸까요? 개발 도상국의 입장에서 무슨 의미가 있을까요? 또 일본으로서는 무슨 의미가 있을까요? 그런 관점에서 보면 신문마다 약간 비판적인 기사가 실리기는 하지만 2016년에 노벨 평화상을 수상한 아웅산 수치[32]가 좋은 예입니다.

미얀마는 2011년 개방정책을 진행하기 전까지는 지극히 폐쇄적인 군사 국가였습니다. 2011년에 군사정권이 개혁 개방을 선언하였고, 그때부터 '최후의 미개척지'라 불리며 많은 일본 기업이 진출하고 있습니다. 아웅산 수치가 민주적인 선거를 통해 (여러 가지 이유가 있어서 대통령이 되지는 못했지만) 국가 고문이라는 형태로 나라를 이끌게 되면서 유럽과 미국도 미얀마라는 나라를 인정하게 되었습니다. 그리고 지금 미얀마는 전 세계 여러 나라의 지원을 받고 있습니다. 일본으로서도 동남아시아에서 상당히 중요한 나라 가운데 하나입니다.

미얀마와의 관계를 더 강화하기 위해 JICA는 이 프로젝트를 일본과 미얀마의 소득 프로젝트라는 형태로 진행하고 있습니다. 미얀마의 소득은 최빈국 수준입니다. 아마 연간 GDP가 인구당 1,300달러가 될까 말까 한 수준일 겁니다. 미얀마에는 외국 자본을 획득할 수단이 많지 않습니다. 미얀마가 유일하게 외국 자본을 버는 수단은 가스입니다. 가스를 중국과 태국에 수출하고 있습니다.

---

32. 아웅산 수치(1945~): 미얀마 비폭력 민주화운동의 지도자이자 정치가. 경건한 테라와다불교도로 알려져 있으며 현재는 국민민주연맹 당수로 활약하고 있다. 1991년 노벨 평화상을 수상했다.

그 뒤를 잇는 외자 획득 수단은 농림 수산업과 어업입니다. 즉, 외국 자본을 벌어들일 방법이 나무를 베어 목재를 수출하는 것 정도밖에 없어서 좀처럼 경제가 발전하기 어렵습니다. 경제 발전을 위해서는 제조업이 필요합니다. 제조업을 하면 고용이 발생하고, 물건을 만들어서 수출함으로써 외국 자본을 벌 수 있습니다. 그러려면 우선 생산의 거점이 될 공업단지가 필요한데 미얀마 정부 역시이에 대해 강한 의지를 보여서 현재 이 프로젝트를 민간 기업과 함께 진행하고 있습니다. 이 프로젝트는 운 좋게도 성공적으로 진행되고 있어서 거의 모든 부지가 완성되어 공장을 계속 짓고 있습니다. 앞으로 4만 명 정도 고용이 발생할 것으로 예상하는데, 4만 명이 고용된다는 것은 경제성장에 상당히 큰 영향력을 발휘할 것입니다. 저도 꼭 그렇게 되기를 바라는 마음입니다.

20대부터 큰 규모의 일을 하며 경험을 쌓다

이번에는 커리어와 관련해서 제가 한 일을 조금 다른 관점에서 설명해 볼까 합니다. 인도네시아는 어떤 나라일까요? 동쪽에서 서쪽까지 꽤 긴 나라로, 그 길이가 대략 아메리카대륙과 비슷합니다. 일본처럼 많은 섬으로 구성되어 있습니다. 2억 명이 넘는 인구가 있고, 지금도 인구가 계속해서 늘고 있습니다. 저는 이 나라에 대한 일본의 원조를 지휘하며 다양한 기획을 통해 여러 프로젝트를 진행하고 있습니다.

인도네시아 안에서 큰 섬은 칼리만탄과 파푸아이고, 수도 자카르타는 이보다 작은 자와섬에 있습니다. 자와섬에는 1억 명 이상이 살고 있는데, 자카르타와 그 주변 지역에만 2000만 명 정도가 살고 있습니다. 도쿄보다 인구가 많습니다. 대도시를 형성하는 것은 경제활동에서는 좋은 일이지만 지금 자카르타는 세계 최대의 교통 체증 도시가 되었습니다. 온종일 모든 도로가 꽉 막혀 있습니다. 거짓말이 아니라 자카르타에 등록된 자동차 수와 그 면적을 곱하면 자카르타의 도로 면적보다 크다는 이야기도 있습니다. 그런데 모든 사람이 차만 이용해 마치 자동차가 꿈틀대듯이 이동해서 그로 인한 경제적 손실이 엄청납니다.

이렇게 된 이유는 지하철 등 공공 교통이 없기 때문입니다. 도쿄 사람들은 차가 없어도 생활할 수 있습니다. 출퇴근할 때는 대부분 지하철을 이용하기 때문입니다. 인구가 1000만 명 이상이 되면 지하철 없이 생활하기 어렵다고 하는데, 2000만 명이 되어도 지하철을 만들지 않았던 이 나라는 도시계획이 생각처럼 잘되지 않은 사례로 보입니다.

이곳에 지금 남북선과 동서선이라는 지하철을 만들려고 하고 있습니다. 이를 만들기 위해서는 막대한 자금이 필요합니다. 현재 만들고 있는 것은 르박 블루스(인도네시아 남쪽 자카르타의 지하철역)에서 분다란 하이(인도네시아 중앙 자카르타의 버스 정류장)까지 약 15km의 지하철인데, 이것을 만드는데 2000억 엔 규모의 자금이 필요합니다. 현실적으로 이 자금을 개발 도상국이 모두 마련하기는 어렵습니다. 그러므로 일본에서 융자 형태로 자금을 빌려주는 것입니다. 저는 이 융자를 담당하며 인도네시아라는 나라에서 이 사업을 시작하는 일에 미력하게나마 공헌을 하게 되었습니다(2019년 4월에 일부 구간 운행 개시).

참고로 이것이 제가 스물아홉에서 서른 살 사이에 진행한 일입니다. 이 수업을 통해 많은 회사의 이야기를 듣게 되겠지만 이런 큰일을 20대부터 할 수 있다는 것이 우리 기관의 장점이라고 말할 수 있겠네요.

제가 융자 사업을 진행한 또 하나의 지열발전소 프로젝트가 있습니다. 바로 라헨동 지열발전소인데 발전 용량은 20MW 정도였을 겁니다. 현재 일본에서도 지열발전소의 필요성이 제기되고 있는데, 인도네시아는 지열 에너지의 잠재력이 엄청난 나라입니다. 지열 에너지는 깨끗하고 그 나라에서 생산되는 에너지를 사용해 발전할 수 있다는 장점이 있습니다. 일본은 높은 기술력을 가지고 있으므로 이와 같은 프로젝트에 융자하게 되었습니다. 60억 엔 정도의 사업이었는데, 이런 사업에 투자하여 개발 도상국이 발전소를 만들고 이를 통해 '전력'을 생산하여 산업으로서의 기본 토대를 만들어 나갈 수 있게 되었습니다.

이처럼 저는 인도네시아 정부와 교섭하여 융자를 내고 인도네시아 정부가 이를 사용해 발전소나 지하철을 만들게 하는 협상 등을 20대부터 쭉 진행해왔습니다.

회사 연수제도를 이용해 유학하다

2012년에는 회사의 연수 제도를 이용해 유학을 다녀왔습니다. 서른두 살 정도였을 겁니다. LL.M.(Legum Magister, 법학석사)을 취득하기 위해 미국 뉴욕주에 있는 포덤대 법과대학원에서 1년 동안 공부했습니다. 파이낸스를 하다 보면 최종적으로 계약서를 작성하기 때문에 변호사가 반드시 중간에 개입해야 합니다. 물론 외부에서 변호사를 모셔오기는 하지만 저희 회사에는 변호사와 제대로 된 대화를 나눌 수 있는 사람이 드물었고 지금도 그렇습니다. 법률적 소양이 없어서 변호사가 말하는 전문용어를 알아듣지 못하는 것이지요. 저는 학생이었을 때는 법률 공부를 하지 않았습니다. 법률에 그다지 관심이 없었는데, 일하기 시작하고 법률을 공부해둘 걸 그랬다는 후회가 들어서 회사에 제안해 유학을 가게 되었습니다.

정말 근사한 한 해였습니다. 포덤대의 로스쿨은 맨해튼에 있습니다. 공부할 수 있었던 것도 좋았지만 무엇보다 뉴욕에서의 생활이 정말 좋았습니다. 뉴욕은 여행지로도 추천할 만합니다. 저는 그곳에서 회사법, M&A, 파산법, 은행 규제, 국제 중재, 국제 투자 등을 배웠는데 그때 공부한 것들이 지금 많은 도움이 됩니다.

유학하고 나서 뉴욕주 변호사 자격도 얻었습니다. 그 자격을 가지고 있는 것만으로는 일본에서 변호사로 일할 수 없지만, 명함을 내밀면 대부분 고객이 "뉴욕 변호사예요?"라고 묻고 순식간에 이야깃거리가 생깁니다. 단지 그러기 위해 등록료를 매년 400달러 정도 내고 있어서 가끔은 수지가 안 맞는 것 같다는 생각도 하지만요.

국제 협력을 지망하게 된 계기

그러면 시간을 더 거슬러 올라가 저는 왜 국제 협력 일을 하고자 했을까요. 〈호텔 르완다〉[33]라는 영화를 아시나요? 90년대에 르완다에서 내전이 있었습니다. 후투족과 투치족이라는 두 민족이 맞붙어 수십만 명 이상이 죽었다고 합니다. 〈호텔 르완다〉는 내전 상황에서 한 호텔이 민족 간의 대립을 뛰어넘어 상대 부족 사람들을 숨겨주었다는 실화를 바탕으로 한 영화입니다.

중학교 때 이 영화를 보고 상당히 충격을 받았습니다. 아사히신문의 국제면에 관련 기사가 아주 작게 실렸습니다. 그 작은 기사 안에 5,000명이나 되는 사람들이 죽었다는 사실이 쓰여 있었지요. 도대체 무슨 일인가 하며 저는 크게 동요했습니다. 도대체 왜 이런 일이 일어나며, 일본에서는 왜 이렇게 관심이 없는가에 충격을 받고 '빈곤'이라는 문제에 대해 생각하기 시작했습니다. 이것이 계기가 되어 개발 도상국의 빈곤에 관심을 두게 되었던 것 같습니다.

또 한 가지 제 운명을 이끈 것은 사와키 고타로 씨가 쓴 《나는 아직 도착하지 않았다》[34]라는 책입니다. 저보다 윗세대가 이 책의 주요 독자였을 테니 어떤 책인지 간단하게 소개하겠습니다. 사와키 고타로 씨가 회사에 다니던 시절에 친구와 한가지 내기를 합니다. 인도 델리에서 영국 런던까지 합승만 해서 갈 수 있느냐 하는 내기입니다. 결국, 사와키 씨는 회사를 그만두고 있는 돈을 모두 달러로

33. 테리 조지 감독(2004)
34. 원제는 《심야특급(深夜特急)》, 1986, 1992으로 1~3편으로 구성되어 있다.

환전한 뒤 런던에서 델리까지 합승으로 갔다고 하는데, 이 책은 인생을 바꿀만한 그의 경험담이 담겨있습니다.

고등학교 물리 선생님이 "오가와, 이거 읽어 보면 어떨까?"라고 추천하셔서 읽었는데 상당히 재미있었습니다. 이런 일을 해보고 싶다는 생각이 들었습니다. 여러분은 인터넷이 당연한 시대를 살고 있지만, 제가 고등학교에 다닐 때는 인터넷이 없었습니다. 게다가 저는 규슈 시골 사람이었기 때문에 세상 돌아가는 일을 잘 몰랐습니다. 개발 도상국의 빈곤 문제에 관심은 있었지만 어떤 대학에 가면 좋을지를 전혀 몰랐던 것이지요. UN은 알고 있었지만, 그곳에 들어가려면 어떤 대학에 가야 하는지 감조차 잡히지 않았습니다. 인터넷이 없으므로 정보를 얻기가 쉽지 않았습니다. 그래서 일단 도쿄대에 가기로 했는데, 저는 피를 보는 것을 좋아하지 않기 때문에 의사는 무리라고 생각해 이과는 포기하고 문과를 선택했습니다. 그리고는 '문과면 일단 문과1류[35]인가?'하며 아무런 정보도 없이 도쿄대의 문과1류 시험을 보고 후쿠오카에서 도쿄로 올라왔습니다.

5년 동안의 대학 생활과 여행을 통해 내린 결론

《나는 아직 도착하지 않았다》를 읽고 배낭여행이 하고 싶어졌습

---

35. 3학년 때 법학부와 교양학부로 나뉜다.

니다. 전 재산을 털어 배낭여행으로 델리에서 런던까지 가는 것은 무리일지 모르지만, 배낭여행 정도는 한번 해보고 싶다는 생각에 대학에 들어간 뒤 도전해 봤습니다.

제가 간 나라는 중국, 베트남, 캄보디아, 말레이시아, 싱가포르, 태국입니다. 여행 경비를 모으기 위해 여름방학에 재수학원에서 방학 특강 강사를 했습니다. 시급 2,000엔을 받았기 때문에 하루에 10시간 정도 일하면 2만 엔, 20일 동안 일하면 40만 엔을 모을 수 있었습니다. 그렇게 모은 40만 엔을 가지고 일단 태국으로 갔습니다. 왕복 항공권과 첫날 숙소만 예약했습니다. 용기 있는 사람은 숙소도 예약하지 않고 간다는데 첫날 머물 숙소를 예약한 걸 보면 저도 보수적인 성향이 있는거죠. 어쨌든 저는 겁이 많아서 첫날 숙소는 예약해 두고 배낭여행을 떠났습니다.

여행은 학부 2학년 때부터 시작했는데 3, 4학년 때는 베트남을 다녀왔습니다. 베트남 북쪽 하노이부터 남쪽 호찌민까지 그 사이를 잇고 있는 통일 열차의 침대칸을 이용하며 여행을 했습니다. 하노이에서 호찌민까지의 철도는 일본으로 치면 도카이도선[36]과 같은 중요한 기간 노선입니다. 개발 도상국에서는 흔히 있는 일이지만 열차가 상당히 지연됩니다. 처음에 탄 하노이에서 후에라는 중간역까지 가는 기차는 한 시간 정도는 늦게 도착했습니다. 그때 '이런 걸 개선하는 일을 해봐도 괜찮지 않을까?' 하고 생각했습니다.

개발 도상국이 빈곤을 해결하기 위해서는 경제가 발전하고 고용

---

36. 도쿄 남쪽에서 시즈오카현 아타미시까지 이르는 노선으로 대도시 근교 주요 구간을 통과한다.

이 창출되어야 합니다. 그러기 위해서는 기간이 되는 인프라가 없으면 안 되겠지요. 물류가 정체되면 경제 활동에 악영향을 미칩니다. '이런 기간산업이 되는 것을 어떠한 형태로든 지원할 방법이 없을까'를 생각했습니다. 처음부터 철도를 만드는 사람이어도 좋고, 돈을 빌려주는 사람이어도 좋고, 교육해주는 사람이어도 좋을 것 같았습니다. 다양한 형태의 지원이 가능하니까요.

당시 저는 '나는 이공계도 아니라 물건을 만들지 못한다. 그렇다면 문과는 어떤 일을 할 수 있을까'를 생각했습니다. 그러다 돈을 빌려주는 형태로 지원한다면 문과라도 할 수 있을 것 같다는 생각에 이르렀습니다. 실제로 은행에서 일하는 사람 가운데는 문과 출신 선배가 많았고, 돈을 빌려주는 형태로 지원하는 것을 할 수 있을 것 같아서 국제협력은행에 들어갔습니다.

사실 저는 취업에 한 번 실패해서 중간에 휴학하고 5년 동안 대학을 다녔습니다. 원래는 언론 쪽을 지원했습니다. 언론인이 되어 개발 도상국의 빈곤 문제를 다루고 싶어 3학년 가을에 NHK와 아사히신문, 마이니치신문, 통신사 등에 지원했습니다. 모 신문사의 면접관에게 "저는 이런 기사를 쓰고 싶습니다. 중학교 시절부터 그런 일을 하고 싶었습니다."라고 했더니, "오가와 씨, 그래서는 돈이 안 되잖아요. 신문사도 먹고살아야죠."라는 말을 듣고 내가 선택한 길은 잘못되었나 하는 고민에 빠졌습니다.

저는 부모님께 수업료는 모두 스스로 해결할 테니 1년 동안 휴학하게 해달라고 부탁하고 그 후 반년 동안 도쿄대 혼고 캠퍼스의 도서관에 틀어박혀 계속해서 고민했습니다. 여러 곳을 여행하며 만난 사람들의 생각을 읽으며 마침내 제가 선택한 곳은 하고 싶은 일을 펼칠 수 있는 국제협력은행이었습니다.

인생을 돌아보며 내가 좋아했던 일 찾기

저는 3년 정도 전까지 모교 방문을 많이 했습니다. 취업을 앞둔 학생들에게 밥을 사주면서 직업에 대한 여러 가지 고민을 나눴는데, 많은 학생이 이렇게 말합니다. "저는 아직 스무 살이라 내세울 만한 경험이 없어요. 그래서 제가 뭘 할 수 있는지도 모르겠어요." 제가 구직 활동을 하던 때는 이번에 실패하면 끝장이라고 생각해 필사적이었습니다. 그 당시는 취업 빙하기이기는 했지만 어떻게든 취업을 해야 한다는 생각에 머리를 열심히 굴렸습니다. 나에게 어떤 일이 잘 맞을지 고민하면서 말이지요.

취업을 준비하던 시절, 제가 했던 방법 가운데 많은 학생에게 추천하는 취업 준비 방법이 있습니다. 바로 태어났을 때부터 시작해서 자기 인생을 돌아보는 것이지요. 무엇을 돌아보느냐 하면 자신이 어떤 때 즐거웠는지를 떠올려 보는 겁니다. 다들 각자 고등학생 시절이나 대학생 시절에 동아리에 소속되어 있었을지도 모르고, 특별히 소속된 그룹이 없었을지도 모릅니다. 어떻든 지금까지 여러분이 느껴온 기쁨은 크게 변하지 않았을 것입니다. 예를 들어 저는 대학 시절에 '미도리카이 합창단'이라는 혼고 캠퍼스 합창단에 소속되어 있었습니다. 고등학교 시절에는 동아리 부장도 했습니다.

개인적으로 그 경험 가운데 무엇이 가장 즐거웠는지를 돌아보면서 그 조직 안에서 내가 어떤 역할을 해왔는지를 떠올려 봤습니다. 그리고 저는 스스로 리더가 될 만한 인물은 아니라는 걸 깨달았습니다. 저는 동아리 안에서도 매니지먼트를 했는데, 그런 역할을 하면 즐거울 것 같다고 생각했습니다.

또 하나의 예로 5년 동안 학원 강사를 하던 시절의 이야기를 해보겠습니다. 당시 개인 지도를 담당하고 있던 학생의 성적을 한 등급 올리기 위해서 어떻게 해야 할지를 여러 각도에서 고민했는데, 저는 그 일이 즐거웠습니다.

그렇다면 그런 일을 할 수 있는 회사는 어떤 회사인지를 생각하다가 은행에 지원했습니다. 은행은 중소기업에 융자해주고 중소기업의 대출이나 여러 가지 문제를 금융이라는 수단을 통해 해결합니다. 여기에는 학원에서도 경험했던 고민 상담이라는 요소가 들어가 있습니다. 그런 중소기업 운영이 저에게 맞을 거로 생각해서 '중소기업을 지원하는 영업을 하고 싶다'는 생각으로 몇 군데 은행에 지원했습니다.

이처럼 자신이 무엇을 할 때 즐거웠는지와 어떤 역할을 했을 때 즐거웠는지를 생각하는 일은 중요합니다. 여러분도 취직 때문에 고민이 될 때는 꼭 인생을 돌아보며 본인이 어떤 때 즐거움을 느꼈는지를 생각해 보기 바랍니다. 그리고 자기 나름의 해답을 찾아갔으면 하는 바람입니다. (2017년 10월 6일 강연)

덧붙임: 필자는 2018년 8월, JICA 인도네시아 사무소에 차장으로 이동했다.

자신을 알자!

도쿄대에는 학생들의 취업뿐 아니라 커리어 형성을 지원하는 '도쿄대 커리어 서포트실'이 있습니다. 〈커리어 교실〉에서는 도쿄대 커리어 서포트실의 프로 카운슬러가 아직은 자신의 커리어에 대해 막연하게 생각하고 있는 학부 1, 2학년 학생을 대상으로 자신에 대해 깊이 이해하고, 진로를 주체적으로 선택하는 데 도움을 주는 워크숍을 진행하고 있습니다. 본 칼럼에서는 이 커리어 워크숍에 대해 소개합니다.

〈커리어 교실〉에서는 사회에서 활약하고 있는 글로벌 리더들과 새롭게 두각을 나타내고 있는 젊은 직업인들이 돌아가며 교단에 서서 자신의 다양한 경험과 선택의 순간을 이야기합니다. 과정 중간 즈음인 7회차 수업 때 워크숍을 가지며 지금까지 수업을 통해 만난 초청 강사들의 이야기를 돌아보며 학생 스스로 생각해보는 시간을 갖습니다. 이 과정은 학생들이 자신의 특징을 알고 미래의 커리어에 대해 유연하고 풍부한 이미지를 가지는 것을 목표로 합니다.

워크숍의 목적은 하나의 정답을 추구하는 것이 아닙니다. 커리어에 대한 자기 나름의 생각을 정리하며 학습하고, 다양한 도전을 해볼 수 있는 계기가 되기를 바라는 마음에서입니다.

콘텐츠 1: 흥미 · 관심의 정리

강연자의 이야기를 듣고
느낀 점과 자기 생각을 정리한다

자신이 할 수 있는 것, 할 수 없는 것에 구애되지 않고 '재미있을 것 같다, 좋아한다, 해보고 싶다, 멋지다, 나 자신은 물론 사회에 가치나 의미가 있다' 등 흥미를 끄는 내용과 자신의 기분을 워크 시트(참고 시트 1) 항목에 맞춰 써넣고, 그 내용을 그룹에서 공유합니다.

워크시트의 기입란은 미국의 직업 심리학자 존 루이스 홀랜드의 성격 유형을 바탕으로 하고 있는데[37] 분류에 목적이 있는 것이 아니라 초청 강사의 열정적인 이야기와 경험의 어떤 부분이 자신의 마음을 움직였는지 구체적으로 알아보고, 자신과 연관성을 글로 표현하는 것을 목적으로 합니다.

---

37. John L. Holland, 《Making vocational choices》, Prentice-Hall, 1985.

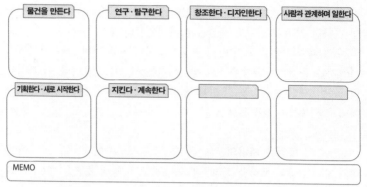

물건을 만든다

연구·탐구한다

창조한다·디자인한다

사람과 관계하며 일한다

기획한다·새로 시작한다

지킨다·계속한다

MEMO

참고 시트 1 (©2017 Career Support Office, The University of Tokyo)

상세 리포트를 살펴보면 '각자 흥미를 느낀 부분이 달라서 재미있었다', '내가 새로운 것을 만들어내는 일이나 기획하는 일에 강한 흥미가 있다는 것을 알게 되었다', '내 흥미의 방향성을 정리할 수 있었다'라고 평가하는 학생이 많았습니다.

콘텐츠 2: 라이프 라인

자기다움을 발견한다

이 작업은 일반적으로 '라이프 라인 차트'라고 불립니다(참고 시트 2). 세로축에 만족도를 플러스(+) 마이너스(-)로 써넣고, 가로축에 과거부터 현재까지 시간을 써넣습니다. 거기에 지금까지 인생을 돌아보고 만족도를 곡선으로 표시합니다.

만족도가 플러스 혹은 마이너스가 된 사건이나 그 변화의 순간이 찾아온 이유 등을 떠올리며 써넣습니다. 곡선이 올라간 사건이 있다면 그때 왜 만족감을 얻었는지 생각해 보고, 곡선이 내려간 사건이나 시기에

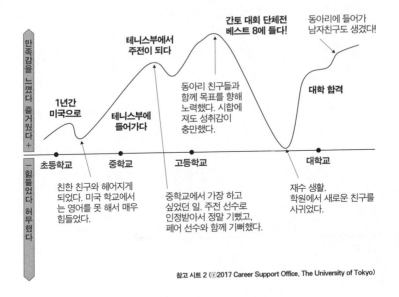

〔자기 돌아보기 시트〕

만족감을 느꼈다 즐거웠다 +

힘들었다 허무했다 −

간토 대회 단체전 베스트 8에 들다!

동아리에 들어가 남자친구도 생겼다!

테니스부에서 주전이 되다

1년간 미국으로

테니스부에 들어가다

동아리 친구들과 함께 목표를 향해 노력했다. 시합에 져도 성취감이 충만했다.

대학 합격

초등학교　　　중학교　　　고등학교　　　대학교

친한 친구와 헤어지게 되었다. 미국 학교에서는 영어를 못 해서 매우 힘들었다.

중학교에서 가장 하고 싶었던 일. 주전 선수로 인정받아서 정말 기뻤고, 페어 선수와 함께 기뻐했다.

재수 생활. 학원에서 새로운 친구를 사귀었다.

참고 시트 2 (ⓒ2017 Career Support Office, The University of Tokyo)

는 무엇이 힘들다고 느꼈는지 생각해 봅니다. 그곳에 나타나는 공통점이나 자신이 소중하게 생각하는 것, 가치관, 활력의 원천, 필요한 것, 어려움을 극복하는 힘 등을 살펴봅니다. 그다음 두 사람이 짝을 지어 상대방에게 전달하고 상호 피드백을 주고받다 보면 서로의 차이와 특징에서 '자기다움'이 분명하게 드러나기 시작합니다.

아주 간단한 시트이지만, 자신의 과거를 가시화함으로써 전체상도 보이고 '자기 이야기'를 구체적으로 언어화할 수 있게 됩니다. 동기부여의 원천이 무엇인지 좀 더 구체적으로 알게 되면 앞으로 어떤 방향으로 나아가고 싶은지가 명확해집니다.

라이프 라인을 통해 알 수 있는 것은 무엇인가를 선택할 때 중요한 자신에 대한 이미지입니다. '내가 할 수 있는 일이나 특기는 무엇인지,

나는 무엇을 하고 싶은지, 나는 어떤 일을 할 때 가치를 느끼는지' 하는 자신에 대한 이미지는 미래를 선택하는 단서가 됩니다.

이 워크숍 프로그램은 특히 아래의 세 가지 의도를 가지고 기획하였습니다.

첫 번째는 스스로 쓰고 이야기하는 활동을 중심으로 학생들끼리 공유하면서 다른 사람과 자신의 다름을 깨닫게 할 뿐만 아니라 다름을 받아들이고 즐기게 하는 것입니다. 개인 활동이나 그룹 활동을 활발하게 상호작용하며 즐기는 가운데 깨달음을 얻게 하는 것입니다.

두 번째는 이 활동을 통해서 얻은 자신에 대한 이미지가 미래를 결정하는 고정적인 것이 아니라는 것을 확인하는 일입니다. 과거의 경험은 구체화하고 강화되어 고정적인 이미지를 주기 쉽습니다. 자신의 특징을 이해하면서도 확인한 개인의 특징이나 신념 또한 경험과 활동에 따라 더욱 변화하고 진화할 수 있음을 확인하게 됩니다.

세 번째는 자신의 부족한 면이나 좋아하지 않는 것들을 너그럽게 바라볼 수 있도록 합니다. 자신에 대한 현재의 부정적인 생각이 미래에는 기대로 바뀔 수 있도록 합니다.

초청 강사의 이야기와 라이프 라인을 통해 자신의 관심과 가치관은 물론, 성격적 특징과 경험적 능력을 자각하고 또한 앞으로 더 성장할 수 있다는 것도 알게 됨으로써 미래 자신의 모습을 좀 더 구체적으로 떠올려 볼 수 있을 것입니다.

'생각하지도 못한 모습이 나의 개성이라는 걸 알고 깜짝 놀랐다', '학생인 지금 실패도 해보고, 앞으로 많은 일을 배워 나 자신의 것으로 흡수하고 싶다', '하고 싶은 일을 포기하지 않고 끝까지 파고들면 덤도 따라온다는 것도 알게 되었다', '나에게 있어 소중한 것을 앞으로 내 삶의 중심에 두고 만족감을 느끼며 살고 싶다', '나 자신을 조금 더 좋아하게 되었다' 등 학생들의 솔직한 소감을 들을 수 있었습니다.

이렇게 자신을 돌아보는 시간을 통해 미래의 커리어에 대해 유연하게 선택지를 늘려나가기를 바랍니다.

CHAPTER
3

미래의 일은
아무도 모른다

"신중하게 세운 계획보다 예상외의 사건이나 우연이
당신의 인생과 커리어에 영향을 주었다고 느낀 적이 없나요?"
— 존 크럼볼츠 · 앨 레빈, 《굿럭-행운은 왜 나만 비켜 가냐고 묻는 당신에게》 중에서

인생에는 예측 불가능한 일이 있습니다. 3장에서는 인생의 전환점에서 어떤 '인연'으로 지금의 일을 하게 된 선배들의 이야기를 모았습니다.

야마자키 마유카 씨는 외국계 유명 컨설팅 회사에 취직해 외국 대학 대학원에서 석사 학위를 따고 장래가 기대되던 시기에 찾아온, 생각하지 못한 인생의 전환점에 관해 이야기합니다. "나는 무언가가 되고 싶어서 일을 선택한 적은 없다."라는 말은 항상 새로운 길을 개척해 나가는 모습을 보여줍니다.

1급 건축사로 독립해서 사무소를 운영하는 가네코 히로아키 씨는 대학, 구직 활동, 독립 등 새로운 환경을 만날 때마다 불안해서 고민했다고 합니다. "스스로 고민하고 선택할 수 있는 환경에 있다는 것에 감사하고 싶다."라는 그의 말은 비슷한 고민을 안고 있는 학생들에게 위로가 될 것입니다.

지금 하는 일을 계속해도 좋을지 고민하던 때에 인연이 닿아 외국계 반도체 회사에 이직한 이자키 다케시 씨. 이직을 결심한 기준은 "얼마나 설레고 두근거리느냐?"였다고 합니다. 그는 인공지능 분야에서 새로운 시장 창조에 도전하면서 세계를 대상으로 일하고 있는데 교양학부에서의 배움이 얼마나 중요한지를 깨달았다고 합니다.

나카무라 유고 씨는 "다가올 시대를 어떻게 살 것인가는 결국 지금을 어떻게 살 것인가?" 하는 물음으로 귀결된다고 말합니다. 설계 사무소에서 가짜 도쿄대생이라고 불리던 시절부터 인터랙티브 디자이너로 활약하는 현재까지, 그는 항상 스스로 생각해서 선택하고, 일단 결정하면 집중해서 일했다고 말합니다. 그리고 안 되면 다음으로 나아가고요.

앞으로 일어날 일은 아무도 모릅니다. 우연한 기회를 활용해서 자신의 커리어를 개척하고 있는 네 사람의 이야기에는 불확실성과 변화의 시대를 살아갈 힌트가 분명히 있으리라 생각합니다.

— 시네하 세이코

맥킨지에서
하버드 비즈니스 스쿨로,
지금은 행복한
꽃꽂이 전문가

야마자키 마유카

**하버드 비즈니스 스쿨
일본 리서치 센터
어시스턴트 매니저**(소속은 강연 당시 기준)

PROFILE

도쿄대 경제학부 졸업. 맥킨지 앤 컴퍼니, 도쿄대 첨단과학기술 연구센터를 거쳐 조지타운대 국제관계대학원에 유학. 2006년부터 10년간 하버드 비즈니스 스쿨(HBS) 일본 리서치 센터 근무하며 HBS에서 사용하는 일본의 기업·경제에 관한 교재 작성, 일본에서의 프로그램 기획과 운영을 담당했다. HBS가 5년 연속으로 개최하고 있는 인기 수업인 필드 스터디 '저팬 IXP(Immersion Experience Program)'의 기획을 담당하기도 했다. 저서로는《하버드는 왜 일본 동북에서 배울까》(2016). 꽃꽂이 사범이기도 하다.

비전을 가지는 것만이 정답은 아니다

아마 지금까지 여러분은 '커리어'라고 하면 '먼저 비전을 생각해라. 그리고 그 비전을 실현하기 위해 일을 생각하고, 그 일을 이루기 위한 인생을 만들어 가라'는 식의 이야기를 자주 들었을 겁니다. 하지만 저는 오늘 '돌아보면 내 인생은 이랬다. 방황하는 것도 포함해 인생의 모든 일에는 의미가 있다'는 이야기를 하려고 합니다.

저는 현재 하버드대학의 경영학 대학원인 하버드 비즈니스 스쿨에서 일하고 있습니다. 도쿄 출신으로 중, 고등학교를 오인학원에서 마치고 도쿄대 문과2류에 입학했습니다. 경제학부를 졸업하고 바로 맥킨지 앤 컴퍼니라는 외국계 컨설팅 회사에 들어가 그 뒤 여러 가지 일을 하다가 오늘에 이르렀습니다. 커리어에 대한 비전을 가지고 여기까지 온 것은 아닙니다. 단지 그때그때 하고 싶었던 일을 하다 보니 지금 여기까지 와있게 되었다는 표현이 더 맞는 것 같습니다. 이제 본업인 하버드 비즈니스 스쿨에서 어떤 일을 하는지, 그 외에 어떤 다양한 일을 해왔는지 이야기해 보겠습니다.

지금, 나는 어디에 있는가?

지금 일하고 있는 하버드 비즈니스 스쿨(HBS)은 '세계를 바꿀 리더를 육성한다'라는 이념을 내걸고 100여 년 전에 만들어진 세계 최대 규모의 경영대학원입니다. 비즈니스 스쿨이란 프로페셔널 스쿨(전문직 대학원) 가운데 하나로 학부 졸업 후 연구자가 되기 위해 진학하는 대학원과는 다릅니다. 연구가 아니라 스펙을 쌓거나 직무에 도움이 되고자 다니는 대학원이기 때문에 학부를 졸업하고 사회인 5년 차 정도가 되는 20대 후반부터 다니기 시작하는 사람이 많은 것이 특징입니다. 그리고 꼭 기업인만 비즈니스 스쿨에 진학하는 건 아닙니다. NPO 법인을 만들고 싶다거나 정치가가 되고 싶다거나 관료의 길을 가고 싶다는 사람도 많습니다.

HBS에서는 현재 약 1,500명의 스텝이 일하고 있는데 저도 그중 한 사람으로 본거지인 보스턴이 아니라 도쿄에 있는 일본 리서치 센터에서 일하고 있습니다. HBS는 2000년대부터 연구와 교재의 글로벌화를 진행하고 있습니다. 세계 각지에 리서치 센터를 둔 결과, 지금 HBS에서 사용하고 있는 교재의 반 이상이 글로벌한 것이 되었습니다. 저는 그 가운데 일본 기업이나 경제 정책, 고령화 문제 등에 대해 HBS의 교수진과 함께 연구하거나 교재를 만드는 일을 하고 있습니다.

케이스 토론으로 의사 결정력을 단련한다

HBS에서는 교재를 '케이스'라고 부릅니다. 일본의 대학 수업은 교수님이 앞에 서서 강의하면 학생들이 필기하는 지식 전달형 강의가 주를 이루지만 HBS에는 교수님이 일방적으로 말하는 수업이 없습니다. 2년 동안 모든 수업이 실제 사례를 소재로 한 토론 형식으로 진행됩니다. 그 토론의 바탕이 되는 교재가 '케이스'입니다.

케이스에는 여러 가지 유형이 있는데 가장 많은 것이 기업의 사장이나 영업 담당자가 구체적으로 어떤 어려운 과제를 떠안고 있는가 하는 케이스입니다. 예를 들어 '회사는 미국 시장으로 더 많이 진출해야 하는데 어떤 어려운 문제가 있어서 반대하는 사람도 있다. 그렇다면 과연 진출해야 하는가?'와 같은 것입니다. 수업에서는 케이스로 나온 과제에 대해 자신이 그 사람이었다면 어떻게 할지를 생각해서 80분 동안 치열한 토론을 벌입니다. 케이스에는 회사가 떠안은 과제가 제시되어 있지만, 회사가 실제로 어떤 결론을 내렸는지 하는 '답'은 나와 있지 않습니다. 그것은 케이스를 토론하는 학생들이 생각할 몫이기 때문입니다.

가르치는 쪽이나 배우는 쪽이나 마음을 놓을 수 없는 수업

20년 이상 HBS에서 가르치고 있는 교수도 매번 수업하러 갈 때마다 긴장한다고 합니다. 그 이유는 학생들이 토론하고, 이를 교수가 정리해야 하는데 토론이 어디로 튈지 수업이 시작되고 나서야 알 수 있기 때문입니다. 중요한 점이나 이론을 제대로 짚어주면서도 학생들이 토론을 통해 배울 수 있도록 수업을 진행해야 하므로 교수의 역할이 중요하고 한순간도 마음을 놓을 수가 없습니다. 한 번의 수업을 위해 적게는 몇 시간, 많게는 10시간 이상 꼼꼼하게 준비합니다.

학생들도 케이스를 하루에 2, 3개씩 읽기 때문에 하나하나의 케이스에 많은 시간을 할애할 수는 없지만, 적어도 케이스당 3시간 정도는 준비해옵니다. 그 뒤에 토론이 시작됩니다. 여러 기업의 과제를 자신이라면 어떻게 할지를 생각해서 의사 결정을 내리기 위해 다양한 상황에서 시뮬레이션하는 것입니다. 수업 당일 토론을 할 때 발언을 하지 않으면 '가치 없는 사람'으로 비치고 평가를 전혀 받지 못합니다. 그래서 학생들은 자신이 질 높은 토론을 주도하기 위해 항상 긴장감을 가지고 수업에 임합니다. 이런 케이스 토론을 반복하며 2년 동안 총 500개 정도의 케이스를 읽는 것이 HBS의 교육입니다.

주목받지 못하는 일본을 어떻게 홍보할 것인가?

저의 강점은 '남의 이야기를 잘 들어주는 것', '글을 쓰는 것', '일본에 대해 잘 아는 것'입니다. 그래서 저는 이런 강점을 조합해 일본 기업의 과제를 다룬 케이스를 쓰고 있습니다. 그런데 HBS의 교수진은 안타깝게도 일본에 관심이 별로 없습니다. 교수는 연구자이기도 해서 새로운 것을 배울 수 있고, 변화가 일어나는 장소에 가기를 원합니다. 따라서 인도나 중국 등 신흥국에 가고 싶어 하는 교수들이 많고, 최근에는 중동이나 아프리카 등의 나라와 지역으로 관심이 쏠리고 있습니다. 안타깝지만 지금 굳이 일본에 관해서 연구하고 싶다거나 일본을 배움의 장으로 활용하고 싶다는 교수는 거의 없는 것이 현실입니다.

그래서 저는 케이스를 쓰는 것 외 다양한 활동을 통해 일본의 흥미로운 부분을 HBS의 교수진과 학생들에게 홍보하는 일도 합니다. 그 가운데 하나가 HBS의 석사 2학년생을 위한 'Immersion Experience Program(IXP)'인데, 학생이 2주 정도 세계의 어떤 지역에 직접 방문해 그곳을 온몸으로 느끼며 배우는 수업입니다. 저는 그 프로그램의 일본판을 설계하고 운영하는 일에 5년 정도 관여하고 있습니다.

이 프로그램은 동일본 대지진 후 일본에 무엇인가를 해주고 싶다는 학생들의 의견을 받아들여 일본 동북지방을 학습 지역으로 하는 수업인데, 지도 교수는 HBS에 있는 약 250명의 교수 가운데 유일한 일본인인 다케우치 히로타카 교수입니다. 매년 30~40명의 학생이 동북지방을 방문하고 있는데, 대지진 이후 개인적으로 봉사하러 다니면서 생긴 저의 인맥과 HBS를 연결해서 이 프로그램을 구성하였습니다. 세계 여러 지역에서 IXP가 운영되는데 일본이 유일하게 5년 연속으로 이 프로그램을 진행하며 이제는 매년 신청이 쇄도하는 인기 코스가 되었습니다.

도쿄대 의학부에서 글로벌 헬스 분야 강의를 겸하다

저는 HBS에서 풀타임으로 일하면서 최근 몇 년 동안 도쿄대 의학부의 특임 조교를 겸업하고 있습니다. 도쿄대에서는 전 세계에서 발생하는 건강 문제를 어떻게 해결할 것인가를 고민하는 글로벌 헬스 분야의 일을 하고 있습니다. 5년 전에 시부야 겐지[38] 교수님이 도쿄대에 부임하신 이후 도쿄대가 일본의 글로벌 헬스 연구와 인재 육성의 거점 중 한 곳이 되었는데, 우연히 인연이 닿아 글로벌 헬스 분야에서 일하고 싶어 하는 학생들을 위한 영어 프로그램 운영과 강의를 맡게 되었습니다.

현재는 Global Health Entrepreneurship Program이라는 이름으로 건강 문제에 대한 혁신적인 해결법과 새로운 아이디어를 개발하는 인재 육성에 힘쓰고 있습니다. 이 외에도 헬스케어 분야와는 왠지 모르게 인연이 있어서 최근 10년 동안 다양한 곳에서 헬스케어 심포지엄과 인재 육성 프로그램의 운영과 강의를 돕고 있습니다.

국가의 보건정책에 관여하다

앞에서 이야기한 헬스케어와도 연결되는 이야기인데, 저는 후생노동성의 '보건 의료 2035' 정책 간담회의 위원이기도 합니다. 이 단체는 2015년 2월에 발족해서 같은 해 6월에 리포트를 냈습니다. '보건 의료 2035'라는 이름에서 알 수 있듯이 20년 후의 보건 의료의 모습을 생각해서 지금 해야 할 정책들을 제언하기 위해 만들어

---

38. 1966년생. 일본의 공중위생학자.

진 간담회입니다. 그래서 20년 뒤에도 현역으로 활동할 30~40대 위원으로 구성되어 있습니다.

후생노동성뿐 아니라 정부 부처 위원회의 위원은 평균 연령이 65세 정도입니다. 대부분 대학의 명망 높은 교수님들이 왁자지 껄 이야기하는 위원회가 많은데, 이 간담회의 위원은 평균 연령이 42.7세입니다. 여러분들은 그렇게 젊지 않다고 생각할지 모르지만, 후생노동성의 위원회 가운데 평균 연령이 가장 낮은 단체로 언론 에서도 소개된 적이 있습니다. 젊을 뿐 아니라 다양한 배경을 가진 사람들이 위원으로 참여하고 있는 것 또한 이 간담회의 특징입니다. 예를 들어 의사와 학자, 그리고 저를 포함해 민간기업에서 일하 는 사람이 3명 참여하고 있습니다. 의료에 대해 의료 전문가끼리만 이야기할 것이 아니라 다른 관점을 가진 사람도 영입하자는 취지 에서 저도 선발된 것 같습니다.

그 외에도 여러 가지가 있는데 이상의 세 가지가 지금 제가 관여 하고 있는 주요 업무입니다.

깊이 파고들어 생각하는 일, 그리고 마음의 자유

이제 오늘에 이르기까지 저에게 어떤 인생의 전환점이 있었는지 이야기해 볼까요.

첫 번째 전환점은 스물두 살에 외국계 컨설팅 회사인 맥킨지에 입사한 것입니다. 이것은 지금도 제 인생에 있어서 가장 잘한 결단

중 하나였습니다. 컨설턴트의 기본적인 업무는 고객 기업이 가지고 있는 경영 과제에 대해 제삼자로서 편견 없이 생각하여 그 기업으로서 무엇이 가장 좋은 해결법인가를 제시하고 그 실행을 지원하는 일입니다.

컨설턴트로 일하면서 얻은 것이 있다면 먼저 '끝까지 파고들어 생각하는 힘'입니다. 어떤 문제가 있을 때 먼저 그 문제 설정이 올바른지부터 생각하는 습관이 생겼습니다. 그리고 그 문제 해결을 위한 다양한 리서치 스킬, 인터뷰 스킬도 얻을 수 있었습니다. 또, 맥킨지의 이념인 '항상 고객의 이익을 최우선으로 생각하라'는 말이 마음에 새겨져서 내 이익이나 내가 하고 싶은 일이 아니라 어디까지나 전체를 위해 나를 움직이는 습관이 몸에 배었습니다. 거기에 세대를 뛰어넘어 다양하고 역동적인 인적 네트워크가 생긴 것도 제가 맥킨지에서 얻은 커다란 자산 가운데 하나입니다. 맥킨지를 그만둔 사람들을 졸업생이라고 부르는데, 맥킨지 졸업생 가운데는 재미있는 사람들이 많고 현재 다양한 분야에서 일하고 있습니다. 그런 졸업생들과 교류하며 저는 무슨 일을 하더라도 먹고 살 수 있을 거라는 자신감과 인생을 살면서 여러 가지 일을 시도할 수 있다는 마음의 자유를 얻은 것 같습니다.

두 번째 전환점은 맥킨지를 졸업하고 스물네 살에 도쿄대로 이직하면서 찾아왔습니다. 당시 도쿄대 첨단과학기술 연구센터에서 연구직도 아니고 사무직도 아닌 프로젝트를 운영하기 위한 특임교수를 모집했습니다. 저는 특임 교수가 되어서 기업과 학교, 정부에 의한 대형 인재 육성 프로그램을 만들고 운영하는 경험을 해볼 수 있었습니다. 외국계 컨설턴트에서 도쿄대로 이직한 것은 당시에 아마 제가 처음이었을 텐데, 전례가 없었던 덕분인지 다양한 일을 새롭게 시작할 수 있었습니다. 또 이 일을 통해 정부 관료나 연구자와 네트워크가 생겼고, 그 인연이 지금까지 이어지고 있습니다. 이처럼 다양한 분야와 센터를 이으며 새로운 것을 만들어 가는 일을 대학이라는 장소에서 시도해 보면서 요령을 익혔을 뿐 아니라 이런 작업을 하는 묘미도 느낄 수 있었습니다.

백수가 되다, 아무것도 아닌 나

세 번째 전환점은 스물여덟 살에 백수가 되면서 찾아왔습니다. 20대 전반의 저는 경제학부를 나와서 외국계 컨설팅 회사에서 일하고, 대학으로 이직한 뒤에도 다양한 도전을 즐겼습니다. 그래서 원래부터 관심이 많았던 국제 관계와 안전보장 분야로 전향하려고 미국 조지타운대의 국제관계대학원으로 유학하였습니다. 그곳에서 우수한 성적을 얻었고 그대로 박사 과정에 올라가겠다며 의기양양했습니다. 이대로 안전보장에 관해 연구자가 되어서 나중에 일본에 싱크탱크를 만들겠다고 생각했는데 지금 생각하면 상당히 오만했던 것 같습니다.

그런데 석사 과정을 마친 직후에 우연히 모로코의 성음악제(聖音樂際)라는 예술회에 초대되어 정말 멋진 세계적인 대가들을 만난 것이 제 인생을 크게 바꿔놨습니다. 그때 제가 만난 사람 가운데 한 분이 독일의 영화감독인 빔 벤더스(Ernst Wilhelm Wenders)입니다. 〈베를린 천사의 시〉(1987)라는 작품으로 칸느 국제영화제에서 수상하기도 한 감독인데, 그의 작품 가운데 〈부에나 비스타 소셜 클럽〉(1999)도 명작입니다. 그는 정말로 영화를 사랑하고 숨을 쉬듯 영화를 생각하며 작품을 만듭니다. 그의 아내는 사진작가인 도나타 씨로 그녀 역시 사진을 정말 좋아해서 그녀의 인생과 사진은 떼어놓고 생각할 수 없을 정도입니다. 그런 사람들에게 둘러싸여 페스(Fes)라고 하는 세계유산에 등재된 마을에서 지내는 동안 지금까지 필사적으로 머릿속으로 만들어온 '나는 안전보장에 관한 일을 하겠다', '나는 이대로 연구자가 되겠다', '지금 일본은 싱크탱크가 필요한 상황이고, 내가 이를 만들겠다'는 장래의 계획이 모두 바보같이 느껴졌고, 급기야는 쨍그랑 소리를 내며 깨져버리고 말았습니다. '빔 벤더스 감독이 영화를 사랑하는 것처럼 나는 안전보장이라는 분야를 정말로 하고 싶은가?'를 자신에게 묻게 되었습니다. 또 세력 균형이 아니라 신뢰를 바탕으로 한 세계를 상상해보았더니 지금까지 열심히 공부해온 안전보장 이념이 근저에서부터 무너져 내리는 느낌이었습니다. 이런 마음으로는 박사 과정에 들어갈 수 없을 것 같다는 생각이 들었습니다.

'나는 대체 누구지?' 여러 가지 질문들로 머릿속이 뒤죽박죽되었습니다. 이전까지는 계속 '나는 무슨 일을 할까'만 생각해왔기에 안전보장 분야에서 일하고 싶었고, 그래서 싱크탱크를 만들고 싶다는 생각부터 했습니다. 그런데 그게 아니었죠. '나는 대체 누구인가. 내가 소중하게 생각하는 가치관, 세계는 무엇인가를 먼저 생각했어야 했는데…' 겨우 이틀 동안의 일이었지만 그때까지 생각해 왔던 모든 것이 모조리 무너지고 말았습니다. 그렇다면 '과감하게 완전히 백지로 되돌려보자'는 생각에 저는 박사 과정에 진학하지 않고 일본으로 돌아와 백수 생활을 시작했습니다.

백수 생활을 시작한 것은 좋았습니다. 하지만 그때까지 여러 가지 일을 해왔기 때문에 제가 어디에도 소속되어 있지 않은 채 다음에 어디로 갈지도 모르며 무슨 일을 하고 싶은지도 모르는 상태가 너무도 괴로웠습니다. '무용지물'이라는 단어가 마치 저를 가리키기 위해 만들어진 단어 같았고 '지금까지 다양한 일을 하고 유학도 다녀왔는데 결국 나는 아무 쓸모도 없는 인간이구나' 하는 생각에 울기도 했습니다. 그런 나날들을 보냈습니다.

지금 되돌아보면 그때 '아무것도 아닌 나'와 마주할 수 있어서 정말 좋았던 것 같습니다. 이전까지는 내가 무엇을 할 것이냐는 물음에 대해 외부에서 해답을 구하려고 했습니다. 그런데 더 근본적으로 내가 누구인지에 관한 질문을 전혀 해오지 않았다는 걸 이 시기에 비로소 깨달을 수 있었거든요.

백수 탈출, 내가 전진한 이유

백수가 되었을 때는 내 마음의 소리가 들리도록 어쨌든 1년 동안은 아무것도 하지 않기로 마음먹었는데, 정신 상태는 점점 피폐해져 갔습니다. 그렇게 생활하는 동안 맥킨지 졸업생 네트워크를 통해 일을 도와주지 않겠냐는 요청이 몇 번 왔습니다. 그 가운데 정치인 비서, 국제기관의 일본 사무소, 그리고 HBS가 있었습니다.

정치인 비서에 관한 제안은 그 정치인에게 어떤 도움을 줄 수 있겠다는 생각은 들었지만 정치에 그다지 흥미가 없었기 때문에 어려울 것 같아 거절했습니다. 다음으로 국제기관의 일본 사무소 일을 놓고는 상당히 고민했습니다. 일본 기업이 직접 개발 도상국에 투자해서 빈곤 문제를 해결하는 일을 지원하는 자리였습니다. 제 전공이 안전보장 분야이기 때문에 국제 관계 관련 업무이기도 했고, 대학원에서 개발 도상국에 대한 공부도 했기 때문에 여러 가지 조건들이 갖춰져 있었습니다. 내가 전진해야 할 다음 진로는 이게 아닐까 싶기도 했지만 정말로 이 문제에 흥미가 있는지를 자신에게 물어봤을 때 아닌 것 같다는 생각이 들어 마지막에 포기했습니다.

결국 HBS에 들어가게 되었는데, 어떤 특별한 기대가 있어서 이곳을 선택한 것은 아닙니다. 다만 지금까지 제가 해온 글을 쓰는 일과 사람을 연결하는 일, 일본과 미국의 교류 등이 이곳에서 일과 자연스럽게 들어맞는다고 느꼈기 때문에 선택한 것뿐입니다. 그 포지션은 제가 처음으로 풀타임직으로 채용된다는 것도 매력적이었습니다. 그래서 어쩌면 제 의지와 맞지 않을지도 모르지만, 일단은 한 걸음 내디뎌 보기로 했습니다. 정신적으로 피폐해진 백수 생활에서 탈출하기 위한 가벼운 조깅 정도로 생각하고 시작했기 때문에 제가 하고 싶은 일이 HBS에 있는지 없는지는 상관하지 않았습니다. 정치인 비서나 국제기관처럼 하고 싶은 생각이 없는 일은 적어도 선택하지 않겠다는 소극적인 결정이기는 했지만 그런 선택을 한 결과, HBS에서 기대 이상의 멋진 경험을 했고 1~2년 정도 일할 생각으로 들어왔는데 벌써 9년째 일하고 있습니다.

예술을 생활 속으로

네 번째 전환점은 스물여덟 살에 예술과 만나면서 찾아왔습니다. 백수 생활을 시작한 지 얼마 지나지 않았을 때 '그림 그리기'를 일상생활이나 회사, 학교생활에 보급하자는 취지로 활동하고 있는 '화이트십'이라는 회사와 만났습니다. 화이트십은 식사, 수면과 마찬가지로 그림 그리기도 인류가 태곳적부터 해온 매우 원시적인 활동 가운데 하나로 현대인의 창조성과 감성을 회복하기 위한 워크숍을 개최하고 있었는데 우연한 기회에 저도 그곳에서 그림을 그리게 되었습니다.

그림을 그리는 일은 아무것도 없는 하얀 캠퍼스에 자신의 작품을 만들어 가는 일입니다. 0에서 1을 만드는 일을 차근차근히 해나갑니다. 창조를 차곡차곡 쌓아가는 과정이지요. 완성된 작품에 대해 평가는 하지 않습니다. 어떤 걸 아름답다고 생각하는지는 각자의 주관에 맡깁니다. 그런 절대적인 가치관으로 이루어진 예술의 세계에 몸담음으로써 '다른 사람들이 나를 어떻게 생각할까. 다른 사람들이 나에게 무엇을 기대할까?' 같은 상대적인 가치관을 벗어던질 수 있게 된 것 같습니다.

이런 경험을 하면서 예술이 인생의 일부가 되자 저에게 가장 소중한 것이 무엇인지가 분명하게 드러나기 시작했습니다. 해야만 하는 일과 정말로 하고 싶은 일도 구별할 수 있게 되었습니다. 그 때까지는 해야 할 일을 하고 싶은 일이라고 생각하거나, 하고 싶지 않지만 해야만 한다고 생각하는 등 머릿속이 뒤죽박죽이었습니다. 그런데 자신의 인생에 대해 생각할 때 '무엇을 해야만 하는가 (must)', '무엇을 하고 싶은가(want)', '무엇을 할 수 있는가(can)'라는 세 가지 물음으로 기준을 세울 수 있게 되었습니다. 스스로 물어본 결과 can(할 수 있는 일)과 want(하고 싶은 일)의 차이가 매우 분명해졌고, 차이가 분명해진 덕분에 그 접점 부분도 잘 보이게 되었습니다. 이를 통해 HBS에서의 업무도 원래 주어졌던 역할을 넘어서 저만이 할 수 있는 일에 집중하게 되었습니다.

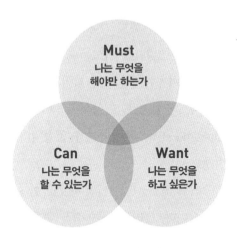

[샤인의 세 가지 질문[39]]

---

39. 커리어 이론의 대가인 매사추세츠공과대학의 에드가 샤인 교수가 만든 개념.

지금은 저 자신에 대한 이해가 더 깊어져 또 하나의 커다란 전환점을 맞이할 시기를 꿈꾸기도 합니다. 저는 학창 시절부터 꽃꽂이를 해왔습니다. '그림 그리기'를 여러 기업과 학교에 제공하고 있는 화이트십처럼 이런 활동의 꽃꽂이 버전을 하고 싶다는 생각도 듭니다. 앞으로 독립해서 꽃꽂이 전문가로 살아갈 결단을 내릴지도 모르겠습니다.

돌아보면 길이 있다

이렇게 돌아보면 큰 결단을 내릴 때 저는 항상 몸이 먼저 움직였습니다. 맥킨지에서 도쿄대로 뛰어들거나 백수 생활을 시작하거나 하버드에서 일하게 되었을 때도 그랬습니다. 예를 들어 안전보장 분야에서 연구해서 싱크탱크를 만드는 것처럼 머리로 생각한 커리어 플랜은 반드시 마지막에 몸이 움직이지 않았습니다. 저 자신도 답답해서 '왜 계획한 대로 되지 않을까, 왜 내 몸은 이렇게 반항적일까'를 고민한 적도 많습니다. 어쩔 수 없습니다. 그게 나이기에 받아들일 수밖에요.

저는 항상 주먹구구식으로 이것저것 해보고 안 되면 한 번 더 시도해보며 살아왔습니다. 그러는 동안 점점 내가 누구인지를 알게 되었고, 무엇을 하고 싶은지도 분명해져서 앞에서 말한 세 가지 질문의 원이 겹치는 중심부에 겨우 가까워진 느낌입니다. 여기서는 말씀드릴 수 없는 일도 많이 있었고 사실 상처투성이로 여기까지

왔습니다.

저는 우주비행사가 되고 싶다거나 수학자가 되고 싶다거나 공무원이 되고 싶다거나 하는 식으로 '누군가가 되고 싶다'고 생각한 적이 없습니다. 우주비행사인 야마자키 나오코 씨처럼 어려서부터 우주비행사가 되기를 계속해서 꿈꾸고 이를 실현한다면 얼마나 멋질까요? 하지만 '누군가가 되고 싶다'는 것은 이미 그곳에 확립된 커리어가 있다는 뜻이기도 합니다. 우주비행사가 되기 위한 스텝은 정해져 있습니다. 공무원도 스텝이 정해져 있고요. 하지만 저는 정해진 길을 가는 것에는 도저히 의욕이 생기지 않습니다.

이런 제 성격은 지금까지 (맥킨지에서는 아니었지만) 어떤 기관에서도 그 포지션 최초의 사람이었다는 것에서 드러나는지도 모르겠네요. 같은 일을 하는 사람이 저 말고는 없어서 제가 하는 일에 대해서 공들여 설명하지 않으면 아무도 이해하지 못하고 설명해도 모르는 경우가 많았지만, 한편으로는 전례가 없어서 제 방식이나 신념을 바탕으로 그 일 자체를 스스로 만들어 가는 즐거움이 있었습니다. 이런 일이 정말 저에게 잘 맞는 일이라고 생각합니다.

인연을 제대로 고르는 일도 중요하다

지금까지를 돌아보면 긴 시간에 걸쳐 정말 다양한 방식으로 좋은 인연이 있었습니다. 그리고 저는 여러 인연 가운데 받아들일 인연을 선택하고, 선택한 인연 하나하나를 소중히 여기며 살아왔습니다. 일하며 얻은 신뢰는 쉽게 사라지지 않습니다. 그래서 '이 사람과 함께 일하면 이렇게 즐겁게 일할 수 있다'라는 경험을 제공하면 또 무슨 일이 있을 때 불러줍니다. 그런 일이 이어져서 지금의 제가 있다고 생각합니다. 그러므로 인연을 제대로 고르는 일도 중요합니다. 모든 인연을 붙잡으려고 하면 중요한 인연에 공을 들일 수가 없습니다. 모든 일에 관여하려고 하면 무엇 하나 제대로 할 수 없게 됩니다. 여러분도 나는 이런 일을 하고 싶다거나 이 사람이 좋다거나 뭐든 상관없지만 소중히 여기고 싶은 것을 소중히 여기며 살기를 바랍니다. 그렇지 않고 단순히 네트워크만 많으면 이도 저도 안 됩니다.

만약 지금 자신이 어떻게 하면 좋을지 잘 모르거나 장래에 어떤 선택을 해야 할지 고민이 된다면 어떻게 해야 할까요? 저에게는 '스스로가 아직 깨닫지 못했을지 모르지만 하고 싶은 일은 사실 이미 하고 있다'라는 신념이 있습니다. 그것은 어쩌면 사람들과 수다를 떠는 것 같은 기본적인 일일지도 모릅니다. 아무리 사소한 일이라도 좋으니 지금 하는 일, 혹은 해온 일 가운데 자신에게 소중한 일이 무엇인지를 때때로 확인해 보세요. 그러면 어떤 길에서 헤매게 되었을 때 그 마음이 나침반이 되어줄 겁니다.

여러분이 사회인이 될 무렵에는 일하는 방식이나 직업의 종류가 지금보다 훨씬 다양해져 있을 테니 그렇게 초조해하지 않아도 됩니다. 자신의 마음에 따라 살다 어느 날 뒤를 돌아보았을 때 그곳에 자신만의 '길'이 만들어져 있을 겁니다. 인생에는 결코 무의미한 일이 없다고 생각합니다. (2015년 9월 23일 강연)

덧붙임: 저는 하버드 비즈니스 스쿨이 일본 도호쿠에서 얻은 배움에 대해 정리한 《하버드 실천 수업》을 출판한 후 하버드를 그만두고 독립(그 직후 출산)했습니다. 이 강연에서 살짝 언급했듯이 지금은 꽃꽂이 전문가로 활동하고 있습니다. 꽃꽂이를 통해 얻을 수 있는 배움을 현대 사회에 맞는 형태로 널리 전파하는 일을 소명 삼아 개인 레슨과 회사 워크숍을 진행하고 있습니다.

건축가도
세상의 공감을 얻을 때
인정을 받는다

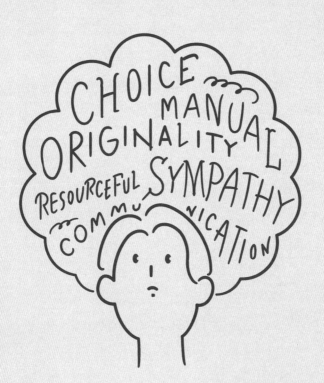

가네코 히로아키

가네코 히로아키 건축계획 사무소

PROFILE

1975년 후쿠오카현 출생. 2000년 도쿄대 공학부 건축학과 졸업. 2000~2005년 에이플 종합계획사무소(현재의 에이플 디자인 워크숍 APL, Architecture Planning and Landscape Design)에서 근무. 2006년 가네코 히로아키 건축계획 사무소를 설립. 개인 주택과 집단주택 · 의료 시설 · 사무실 · 콘서트 스테이지 등 장소의 특징을 살려 사람의 움직임과 생활 방식을 돌아보는 디자인을 시도하고 있다. 2017년, 시부야구에서 초 · 중생을 대상으로 하는 학원 '마나비에'를 설립하여 스스로 하는 즐거움, 스스로 배우는 자세를 익히는 것을 목표로 지도하고 있다.

건축사라는 일

저는 현재 건축 설계 사무소를 운영하고 있습니다. 2006년에 독립해서 10여 년이 지났는데 두 명의 직원과 일하고 있습니다. 건축사라고 하면 구체적으로 어떤 일을 하고 있는지 상상하기 어려운 부분도 있을 겁니다. 그래서 우선 건축사가 하는 일을 설명하기 위해 제가 설계한 건물 가운데 세 곳을 소개하겠습니다. 첫 번째는 독립한 후 처음으로 설계한 작은 주택입니다. 두 번째는 전에 근무했던 사무실에서 담당했던 노인 복지 시설이고, 세 번째는 어느 가수의 전국 콘서트 스테이지입니다.

먼저 첫 번째 주택은 하타자오치[40]라고 불리는 좁고 특이한 형태의 부지에 세웠습니다. 북쪽에만 녹지가 있고, 남은 세 방향은 2층짜리 집에 둘러싸여 있습니다. 부지가 좁으므로 낭비하는 공간이 나오지 않도록 계단을 가운데 놓고 계단을 포함해 원룸으로 만들자는 생각으로 설계했습니다. 1층은 차분한 분위기로, 2층은 북쪽의 녹지를 적극적으로 도입해 경치를 즐길 수 있는 환경으로, 3층은 하이사이드 라이트(벽의 높은 위치에 있는 창)에서 햇빛을 즐길 수 있는 구조로 설계했습니다.

노인 복지 시설은 야마구치현 시모노세키시의 히코시마에 있습니다. 에이플 종합계획사무소에 소속되어 있을 때 담당했던 설계

---

40. 도로에 접한 출입구 부분이 좁은 통로형 부지로 그 안쪽에 집터가 있어 마치 막대기가 달린 깃발과 같은 형태이다.

입니다. 복지시설에서는 간몬 해협이 보이고 그 앞이 규슈입니다. 뒤쪽에는 주택지가 있습니다. 복지시설 뒤쪽에 있는 주택을 배려하면서 한쪽 바다를 충분히 즐기고 싶다는 요청을 반영하여 절벽까지 사용해서 건물을 지었습니다(사진). 또, 복도 바닥을 까끌까끌하게 처리해 얼핏 쓸데없다고 생각할 만한 인테리어를 했는데, 어르신들이 건물 안을 천천히 걸으며 안쪽 뜰과 바다를 즐기게 하려는 시도였습니다. 1층은 지역 주민들이 식사하러 오거나 목욕 시설을 이용하기도 합니다. 그래서 위에 사시는 분들과 지역 주민들이 서로를 만날 수 있는 구조로 만들었습니다.

콘서트 스테이지는 무대 연출을 하는 지인이 건축가와 함께 작업하면 재미있을 것 같다며 의뢰를 해와서 맡게 되었습니다. 팬들

가운데 묻혀있는 듯한 일체감이 느껴지는 모습을 연출하고 싶다는 가수의 요청에 맞춰 1층과 2층 좌석을 잇는 비탈길을 2개 만들었습니다. 그 비탈길로 가수가 팬들에게 둘러싸여 노래하는 듯한 장면이 가능해졌습니다.

설계나 디자인이라고 하면 그 사람의 생각을 형상화한다는 이미지가 있을지 모르지만, 저는 그것과 더불어 부지의 넓이나 주변 환경 등 주어진 조건을 어떻게 형태로 반영하여 재미있는 장소를 만들까를 생각하며 일합니다.

만들기를 좋아하던 소년

저는 후쿠오카현 기타큐슈에서 태어났는데, 금속과 철을 생산하는 공업 도시로 야와타 제철소가 있는 마을에서 자랐습니다. 지금은 과거의 영광이 사그라들었지만 오래된 거리가 그대로 남아있고, 적당히 도시적인 분위기도 배어있어서 영화 촬영지로 사용되기도 하는 곳입니다.

초등학교는 평범한 공립 초등학교에 다녔습니다. 저는 어려서부터 만들기를 좋아해서 프라모델이나 무선 조종 자동차 등을 스스로 조립해 레이스에 참가하기도 했습니다. 또, 텔레비전용 게임기가 나온 지 얼마 안 된 시절이어서 친구와 집에서 계속 게임을 하며 놀기도 하고, 개인이 소유할 수 있게 된 MSX라는 컴퓨터의 BASIC이라는 심플한 프로그래밍 언어로 게임을 만들기도 했습니다. 그리고 당시에 〈캡틴 츠바사〉[41]라는 축구 만화가 유행했는데 그 영향으로 친구들과 축구를 하며 몰려다니던 평범한 초등학생이었습니다.

중학교부터는 근처 가톨릭 계열 사립학교에 다녔는데 남녀가 다른 건물을 사용하는 환경에서 3년을 지냈습니다. 저희 집은 평범한 회사원 가정이었는데, 그때는 특별히 느끼지 못했지만 지금 생각해보면 부모님이 의사거나 사업을 운영하는 잘 사는 아이들이 많이 다니는 학교였던 것 같습니다. 그때의 인맥이 지금까지 이어져서 가끔은 일을 하는 데 도움이 되기도 합니다. 학교생활은 아무래도 입시 위주 수업이어서 제가 좋아하는 만들기는 많이 하지 못했습니다.

고등학교는 에히메현 마쓰야마에 있는 학교로 갔는데 지금은 남녀공학이지만 당시에는 남학교였습니다. 한 학년당 200명 정도인 중고등학교 과정으로, 50명 정도만 고등학교 때 새로 편입하는데 저는 그중 한 명으로 기숙사에서 지냈습니다. 대학에서 건축학과에 들어가면 여러 건물의 도면을 보게 됩니다. 구치소의 평면도를 보고 '이건 우리 고등학교 기숙사 평면도와 비슷한데!'라는 생각이 들었을 정도로 고등학교 시절은 관리에만 최적화된 삭막한 기숙사에서 생활했습니다.

---

41. 다카하시 요이치(1981년 연재 시작)의 〈캡틴 츠바사〉. 애니메이션은 1983년부터 텔레비전 도쿄에서 방송되었다.

'매뉴얼과 임기응변' – 고등학교와 대학교의 차이

고등학교 시절에 주입식으로 열심히 공부만 한 덕에 도쿄대 이과1류에 입학할 수 있었습니다. 대학생이 되어서도 만들기를 하고 싶다는 생각은 어렴풋이 남아있었습니다. 그런데 대학에 들어가고 나서부터 좌절했다고 해야 할까요? 고등학교와 대학교의 차이에 당황할 수밖에 없었습니다. 어떤 일에 그토록 당황하며 고민했는지, 저의 고민은 무엇이었을까요?

먼저 첫 번째는 '매뉴얼과 임기응변'입니다. 이것은 대학 시절뿐 아니라 지금도 계속되고 있는 고민 키워드입니다. 고등학교 때까지는 대체로 규칙이 정해져 있어서 내가 나아가야 할 방향에 대한 전체상을 그리기가 쉬웠습니다. 공부 커리큘럼도 갖춰져 있었고 선택할 수 있는 과목의 종류도 많지 않았습니다. 문과와 이과, 사회와 과학 중 어떤 것을 선택할지는 생각해야 하지만 이를 위한 모든 선택지가 준비되어 있고, 그 가운데서 자신에게 맞는 것을 고르기만 하면 됩니다. 목표도 비교적 알기 쉽습니다. 갈 수 있는 대학이나 학부를 카탈로그처럼 열람할 수 있고, 모의고사를 보면 자신이 어느 정도 위치에 있는지도 수치화되기 때문에 대충이라도 전체를 파악할 수 있습니다.

그러다가 대학에 들어가면 완전히 달라집니다. 수업 내용은 강의 계획서에 나와 있습니다. 시간표를 어떻게 짤지도 학생의 선택에 맡겨집니다. 그런데 어떤 교수님이 진행하시는 수업인지, 어떤 내용을 다루며 어떻게 평가해서 학점을 주는지는 계획서만 봐서는 좀처럼 알기가 어렵습니다. 그래서 친구에게 정보를 얻거나 스스로 움직이지 않으면 어떤 식으로 선택해야 좋을지 알 수 없고, 자신이 무엇을 지향하고 있는지도 몰라서 헤매게 됩니다. 수업 내용도 저 같은 경우는 교양학부(1~2학년 과정)에 들어와서 물리를 전혀 이해하지 못했고, 영어도 갑자기 난도가 올라가서 상당히 고생했습니다.

학부 3학년이 되어 전공인 건축학과에 들어가면서는 '건축이란 이런 것이다'라는 이론적인 학문 체계와 '이렇게 하면 좋은 건물이 만들어진다'라고 가르쳐줄 거로 생각했습니다. 그런데 막상 들어가 보니 뜬금없이 옛 거장의 도면을 나눠주고 그것을 트레이싱하는, 원래의 그림을 얇은 종이에 비치게 해서 베끼는 과제가 시작되었습니다. 다 옮겨 그리고 나니 그다음에는 갑자기 어떤 부지를 설정하고 그곳에 주택을 설계하라고 하는 겁니다. 이렇게 되면 알아서 이것저것 조사해야 합니다. 누가 지극 정성으로 떠먹여 주는 과정이 없어서 스스로 생각하는 수밖에 없습니다. 저는 매뉴얼이 주어지지 않은 탓에 꽤 방황했던 것 같습니다.

양쪽 모두 장점이 있다

매뉴얼이 꼭 나쁘다고는 생각하지 않습니다. 도쿄대에서는 전공을 정하는 시기가 학부 2학년 중간부터이기 때문에 전공 공부를 할 시간이 다른 대학에 비해 짧습니다. 예를 들어 도쿄이과대나 와

세다대의 건축학과 학생들은 도쿄대 학생들보다 1년 반이나 빨리 전공을 선택합니다. 공부를 시작하고 1년 반의 차이는 큽니다. 학부를 졸업하는 시점에 설계 도면의 표현력을 놓고 보면, 도쿄대생의 도면은 타 대학 학생에 비해 상당히 어설프게 보일 수도 있을 겁니다. 열심히 생각한 흔적은 보이지만, 안타깝게도 표현하고자 하는 의도가 제대로 전달되지 않는 때가 있습니다. 또 건축사를 육성하는 일에 중점을 두는 학교에서는 도면을 그리는 방법이나 관련 법규를 체계적으로 가르쳐주기 때문에 바로 실전에 투입할 수 있어 구직 활동이 쉽고 고객과의 회의도 원만하게 소화합니다. 그런 의미에서 매뉴얼 학습이 있으면 편리합니다. 모든 일이 반드시 독창적일 필요는 없습니다. 특히 루틴 워크를 처음부터 일일이 조직해서 하려고 하면 아무리 시간을 많이 들여도 일이 끝나지 않습니다. 따라서 매뉴얼에 의한 교육으로 효율화시킬 부분은 효율화하는 것이 좋다고 생각합니다.

반면 도쿄대에서는 매뉴얼을 일부러 가르쳐주지 않고 (방목형이라고 하면 지나친 말일지도 모르지만) 자율성에 맡기는 방식을 취합니다. 이것의 장점은 루틴 워크로서는 결코 도달할 수 없는 깨달음을 얻을 수 있다는 것입니다.

어느 쪽이 옳다는 것이 아니라 각각 나름대로 지금 어느 쪽을 사용하고 있는지를 의식해서 균형을 맞추면서 배워가는 것이 중요합니다.

전체적인 모습이 보이는 무언가를 만들고 싶다

1, 2학년 때는 학부를 정하지 않고 3학년이 되기 전에 전공할 학부와 학과를 선택하는 제도가 도쿄대의 특징입니다. 저는 어려서부터 만들기를 좋아했기 때문에 일단 공학부에서 어떤 물건을 만들 수 있는 과로 가야겠다고 생각했습니다. 그런 마음을 먹은 이유는, 교양학부에서 물리나 수학을 말도 안 되게 잘하는 엄청난 녀석들과 만나면서 저는 그 분야에서는 승부를 겨룰 수 없다는 걸 이미 깨달았기 때문이죠. 하지만 반대로 내가 좋아하는 만들기 쪽으로 가면 나름대로 할 수 있는 것이 있지 않을까 싶었습니다.

대학에 입학한 지 얼마 안 되어서는 공학부 중 항공공학과에 가고 싶었는데 결국 건축학과를 선택했습니다. 지금 돌아봐도 올바른 선택이었는지는 모르겠지만, 그때 저는 항공공학의 기술적인 부분으로 들어가면 점점 더 좁고 전문적인 분야만 다루는 것 같다고 느꼈습니다. 마치 스페셜리스트가 우주왕복선 바퀴만 열심히 만드는 일처럼 말이죠. 물론 이것도 매우 의미 있는 일이지만 제 성격 탓인지 확 끌리는 느낌이 없었습니다. 그에 비해 건축은 로테크(low-tech)인 부분이 있어서 여전히 현장에서 일꾼들이 직접 손으로 만들어 가고 최첨단 기술은 아니지만, 전체적인 모습을 보면서 만들기에 관여할 수 있을 것 같았습니다. 그래서 건축학과에 가기로 했습니다.

지금은 어떤지 모르겠지만 당시의 건축학과와 항공공학과는 둘다 가장 인기 있는 학과였기 때문에 성적이 좋지 않으면 들어갈 수 없었습니다. 그런데 제가 다녔던 고등학교처럼 기숙사에 틀어박혀서 공붓벌레 생활을 하게 하는 학교 출신 학생들은 강제성이 없으면 자신의 생활을 컨트롤하지 못하고 유급을 하는 경향이 있었습니다. 저도 그런 흐름에서 벗어나지 못하고 유급을 하는 바람에 한 번에 희망하는 건축학과에 진학하지 못했습니다. 하지만 건축학과에 가겠다고 결심한 후에는 성적을 잘 받아야 한다는 생각에 비교적 긍정적으로 공부에 몰두하게 되었습니다. 결국, 1년 유급을 하기는 했지만 희망하던 건축학과에 들어갔습니다.

오로지 설계에만 몰두했던 건축학과 시절

건축학과에 들어갔으니 이제 드디어 내가 좋아하는 만들기를 할 수 있을 거라는 생각에 마음이 설렜습니다. 그래서 건축의 기초가 되는 기술 수업과 역사 수업은 (지금 생각하면 좋은 교수님들께 배웠는데) 그다지 흥미가 생기지 않아 수업에 잘 나가지 않았습니다. 부지만 주어지고 그곳에 집을 설계하거나 미술관을 설계하거나 학교를 설계하라는 '설계 과제'에만 몰두했습니다. 설계하여 모형을 만들고 제도실에서 같은 과 친구들과 밤마다 건축 토론을 하고, 몇 개월에 한 번씩 교수님들 앞에서 발표하고, 호된 질책을 받고, 또 다음 설계 과제에 착수하는 생활을 계속해서 이어나갔습니다.

고등학교 때 친했던 친구를 건축학과에 데려온 적이 있었습니다. 그 친구는 의학부생이었는데 지금까지 술자리에서 당시 우리에 대해 "이렇게 열심히 공부하는 학생들이 있나 싶었다."라고 말할 정도로 그때는 모두가 정말 열정적으로 설계에 몰두했습니다.

대학원 입시에 실패하고 유럽으로 건축 여행을 떠나다

건축학과 학생들은 대부분 대학원 시험을 보는데 여기에는 전문 과정이 짧다는 이유도 있습니다. 그런데 저는 공부를 잘하는 편이 아닌지라 대학원 입시에 실패하고 또 유급하고 말았습니다. 지금 돌이켜보면 유급을 경험하면서 제 예민한 성격이 좀 누그러져서 오히려 다행이라 생각합니다. 부모님께는 죄송하지만요.

유급 기간 동안 아무것도 안 하고 마냥 빈둥댈 수는 없어서 건축 설계 사무소에 입사 시험을 보기로 했습니다. 그런데 건축학과를 나와 설계 분야에 취직하려면 지금까지 어떤 공부를 해왔는지를 보여주는 작품집을 만들어야 합니다. 이것도 좋은 기회라고 생각하고 그때까지 했던 설계 과제 자료와 공모전에 내려고 만들었던 자료를 모아 규모가 큰 설계 사무소를 돌며 구직 활동을 했습니다. 그 가운데 한 군데에서 임원 면접까지 갔는데 마지막 관문을 넘지 못하고 떨어지고 말았습니다. '이제 남은 유급 기간에 뭘 하나'고 민하다가 저는 유럽의 건축물을 보러 다녔습니다.

건축물에는 사진이나 도면만 봐서는 전달되지 않고 반드시 실물을 봐야만 이해되는 부분이 있습니다. 국내의 건축물은 여러 곳 보러 다녔는데 제가 배우던 건축물들은 유럽의 영향을 받은 것이 많았기에 한 번쯤은 유럽의 건축물을 보러 다니고 싶었거든요. 그 당시는 인터넷이 그다지 보급되지 않았던 때라 다양한 책을 읽어모아 자료 수집을 하고 선배들에게 조언을 구했습니다. 현지에서는 열차 시간표를 한 손에 들고 도착한 역에서 그날 묵을 호텔을 찾아야 했습니다. 이렇게 프랑스, 스위스, 독일, 이탈리아의 여러 지역을 건축학과 동기와 함께 걷거나 혼자 걸으며 다양한 건축물들을 봤습니다.

사회인이 되면 좀처럼 긴 시간을 낼 수가 없는데 지금 생각해도 그때 그곳에서 느낀 것들은 지금 제가 어떤 제안을 하거나 설계를 하는 데 많은 도움이 됩니다. 많은 시간을 할애해 유럽의 건축물을 보러 다니기를 잘했다는 생각이 듭니다.

'선택과 우연'- 건축 사무소 취직

그런 유급 기간이 거의 끝나갈 때쯤 실제로 설계 사무소에서 일해보면 어떨까 하는 생각에 도쿄대의 오노 히데토시 교수님이 하시는 설계 사무소에서 아르바이트를 했습니다. 모형을 만들거나 도면 제작을 도왔는데 그때 사무소 선배가 "오노 교수님께서 너를 마음에 들어 하시는 것 같아."라고 말하며 "이대로 취직시켜 줄까?" 하고 말하는 것이었죠. 그리고 정말로 그렇게 가볍게 취직이 되었습니다. 계획성 없이 되는 대로 결정한 부분도 있지만 언젠가는 내 설계 사무소를 가지고 싶다고 생각하던 차에 제안을 받아 그

길을 선택하게 되었습니다.

여기서 두 번째 키워드를 꺼내겠습니다. 바로 '선택과 우연'입니다. 대학까지는 선택지가 어느 정도 알기 쉽고, 어떤 길로 나아갈지 비교적 명확하게 보이는 경우가 많을 겁니다. 그곳에 도달하기 위한 코스도 오픈되어 있습니다. 일제히 시험을 치르고 목표 지점에 가면 그때까지 쌓아 올린 실력을 확실하게 발휘할 수 있습니다.

그런데 구직 활동을 하게 되면 갑자기 모든 상황이 변합니다. 먼저 어떤 선택지가 있는지조차 알 수 없습니다. 저도 사회에 나와 많은 사람과 만나며 간신히 어설프게나마 어떤 선택지가 있는지 알게 되었지만, 아직도 모르는 경우가 상당히 많습니다. 대학에 남을지, 대기업에 갈지, 재미있어 보이는 중소기업에 갈지, 임원이 될지, 혹은 회사를 차릴지, 프리랜서가 될지, 또 가업을 이을지 하는 선택지도 있습니다. 그리고 국내에서 일할지, 해외로 갈지도 정해야 합니다. 다양한 선택지가 있고 무엇을 고르든 그 앞에는 또 다른 무수히 많은 선택이 기다리고 있습니다. 게다가 '난 그럼 ○○이 될 거야'라고 결심했다고 해도 어떤 계획을 세우고 어떤 능력을 갈고닦으며 누구를 만나러 가서 어떻게 하면 좋은지 알기가 어렵습니다.

지금까지 스스로 노력하면 컨트롤할 수 있었던 것을 더는 컨트롤할 수가 없는 상황이 되는 거죠. 불명확하고 불확실한 요소가 늘어나는 것이 구직 활동 이후 환경 변화의 특징 가운데 하나가 아닌가 싶습니다. 저 또한 어렴풋하게 하고 싶은 일은 있었지만 결국은 여러 가지 우연이 겹쳐서 지금 여기에 있습니다. 대학원에 떨어졌기 때문에 구직 활동을 했는데, 만약 대학원에 붙었으면 다른 길로 갔을지 모르고 구직 활동을 하러 다니다가 재밌어 보이는 회사를 발견했다면 그곳에 다니고 있을지도 모릅니다.

지금도 프리랜서처럼 일하고 있어서 주변 사람들은 자유로워서 좋겠다고 말하지만 제 일은 업무 협력자, 파트너, 고객 등 모든 일이 사람과의 관계에서 시작되기 때문에 혼자만의 힘으로는 좀처럼 컨트롤하기가 어렵습니다. 원래 저는 '인연'이라는 모호한 말을 별로 좋아하지 않았는데 여러 분야에서 활약하고 있는 분들의 이야기를 듣다 보면 자주 등장하는 말이 '인연이 있어서'라는 말입니다. 어떤 분야에서든 사람과 사람의 관계가 어떤 일의 계기가 된다는 사실에는 차이가 없는 것 같습니다. 어떤 이는 그런 우연으로 결정된다니 불공평한 거 아니냐고 말할지 모릅니다. 하지만 불평만 하기보다는 기회가 왔을 때 곧바로 잡을 수 있도록 우연에 대비해 준비해두는 편이 낫지 않을까요.

독립하고 알게 된 것들

그렇게 저는 교수님의 사무실에 들어가서 일했습니다. 입사 시점에 어느 정도는 머지않아 독립해서 일할 것이라는 생각은 있었지만, 막상 독립하려고 했더니 역시 불안감이 생겼습니다. 그런 불안은 자신의 현재 상황을 논리적으로 따져본다고 해서 딱 잘라 없앨 수 있는 것이 아닙니다. 지금 와서 생각해보면 여러 문제가 발생할 수 있는 상황이었는데, 우연히 그 시기에 친구가 주택 설계를 해주지 않겠냐는 이야기를 꺼냈고, 독립하면 어떻게든 내 일로 연결할 수 있을 것 같다는 생각으로 시작했습니다. 서른 살 무렵이었을 겁니다.

그런데 독립을 했더니 디자인뿐 아니라 회사 운영도 스스로 해야 하더군요. 일을 따오는 것도 제 업무에 포함되어 있었기 때문이죠. 디자인이 좋아서 시작했는데 막상 디자인 작업보다 사람들을 만나 이야기하는 일이 많을 때도 있었습니다. 다행히 저는 사람들을 만나 이야기하는 것을 좋아했기 때문에 독립이 성격에 맞았는데, 저와는 반대로 조직에 소속되어서 계약이나 정산, 구인 등의 격정에 휘둘리지 않고 순수하게 디자인 일만 하고 싶다는 건축사도 있습니다. 그것도 하나의 선택지라고 생각합니다.

때로는 건축 현장에서 현장 사람들에게 지시를 해야 하는데 현장에는 성격이 거친 사람들도 있습니다. 그들에게 설계 의도를 잘 전달해서 작업하게 해야 하므로 사실 커뮤니케이션에 어려움을 겪을 때도 많습니다.

일과 관련해서 제 고정관념을 깨는 좋은 경험을 한 적이 있습니다. 설계자의 교만인지도 모르지만, 건축사들은 자신이 설계한 것을 토목 회사나 종합 건설회사에 '만들게 한다'라는 생각이 있어서 항상 그들에게 "감사합니다."라고 말합니다. 한번은 야마구치의 노인 복지 시설 건으로 종합 건설회사의 소장님과 술자리를 가졌는데 "저희가 항상 어려운 요구를 해서 죄송합니다."라고 했더니, "무슨 말씀이세요. 건물을 더 즐겁게 짓고 있는 건 오히려 저희 쪽인걸요."라고 하시는 겁니다.

건축사만이 건물을 짓고 있다고 생각한 것은 저의 자만이었습니다. 현장 사람들은 현장 사람들대로 애착을 두고 건물을 짓고 있는 것이었죠. 만들기에 직접 관여할 수 있어서 참 좋다고 생각했던 순간으로 기억됩니다.

독창적인 것을 만드는 것만큼 전달하는 능력도 중요하다

독립 후 매일같이 골머리를 앓으며 고민하는 주제는 '독창성과 공감'입니다. 어떤 일을 하는 이상 나만이 할 수 있는 무언가를 하고 싶다고 생각하는 사람이 적지 않을 것입니다. 저도 지금까지 본 적이 없는 건물을 만들고 싶습니다.

'지금까지 본 적이 없는 일을 시도할 때 어떻게 하면 좋을까?'

생각해보면 독창성만 갈고닦아서는 실현할 수 없을 것 같습니다. 누군가가 공감해 주지 않으면 안 되기 때문이죠. 그것은 조직이 커도 마찬가지인데, 고객을 대하든 상사를 대하든 자신이 생각하고 있는 것, 더욱이 존재하지 않는 것의 매력을 제대로 전달하고 공감을 얻지 않으면 한 발도 앞으로 나아갈 수 없습니다.

주택을 만들 때는 고객이 본인의 희망 사항에 대해 구체적인 해결책까지 가져오는 경우가 많습니다. 예를 들어 바다를 즐길 수 있는 집을 원한다거나 아이와 커뮤니케이션할 수 있는 따뜻한 집을 만들고 싶다면서 '여기에 이런 창문을 달고 싶다' 혹은 '거실과 아이 방을 붙였으면 좋겠다' 하는 식의 의견을 제시합니다. 그런 구체적인 희망 사항에 응답하는 일은 그렇게 어렵지 않고, 고객의 요구에 부응해 어느 정도 만족감을 느끼게 할 수는 있습니다.

그런데 저는 거기에서 좀 더 깊숙이 파고들어 가는 걸 좋아합니다. 고객이 스스로 깨닫지 못한 잠재적인 욕구를 채워주고 싶기 때문이죠. 이런 스타일의 공간을 원한다고 말했을 때, 상대방에게 구체적으로 이미지를 떠올리게 하는 솔루션이 반드시 가장 좋은 제안이라고 할 수는 없습니다. 건축사들은 경험적으로도 매번 다양한 시도를 하고 있으므로 고객의 이야기를 들으면 몇 가지 해답이 번쩍하고 떠오릅니다. 이 고객의 요구사항을 이렇게 적용하면 금방 해결될 거고, 이렇게 하면 충분히 만족시킬 수 있을 거라 생각이 들기도 합니다. 하지만 일부러 그런 의견을 제시하지 않는 방향으로 진행할 때도 있습니다. 서프라이즈를 준비하는 것이지요. 저는 고객이 미처 상상하지 못한 부분이지만 보고 나서 '아, 내가 원했던 것이 바로 이 거였어'라고 느낄만한 해답을 제시하고 싶습니다.

공감을 얻기 위해서는 전달하는 능력도 매우 중요합니다. 전해지지 않으면 그 제안은 존재하지 않았던 것과 같습니다. 사회에 나오기 전에는 혹시 '내 생각을 상대방이 짐작해 주지 않을까?' 하는 기대감이 있을 겁니다. 하지만 경쟁해서 일을 따내야 하는 상황에서 그런 안이한 생각은 통하지 않습니다. 저는 자신이 생각하고 있는 것을 상대방에게 전달하는 일이 얼마나 중요한지를 항상 뼈저리게 느끼고 있습니다. 이과 출신 사람들은 좋은 물건만 만들면 사람들이 다 알아줄 거로 생각하기 쉽습니다. 하지만 사람은 그만큼 논리적으로 물건을 생각하지 않습니다. '저 사람, 사람이 참 좋아 보이니 부탁하자'라거나 신뢰도로 일이 결정되는 때도 있으니까요.

고민하고 행동할 수 있는 환경은 훌륭하다!

오늘 저는 '매뉴얼과 임기응변', '선택과 우연', '독창성과 공감'이라는 세 가지 주제를 가지고 지금까지 제가 망설이거나 고민해 왔던 일에 관해 이야기했습니다. 실제로는 그 밖에도 더 많은 키워드가 있겠지요.

여러분도 살면서 여러 가지 조건 가운데 취사선택해야 하거나 스스로 결정할 수 없는 요소가 있다거나 일의 중심을 어디에 두어야 할지 몰라 고민하게 될 때가 있을 겁니다. 안정을 지향할지 불안정해도 재미있는 생활을 지향할지, 수입을 선택할지, 일의 만족도를 선택할지 그뿐 아니라 과연 이 일이 적성에 맞는지 맞지 않는지도 고민하게 될 것이고, 국내와 해외 중 어디에서 일할 것인지와 자신에게 투자할 것인지, 돈을 모을 것인지도 고민하게 될지 모릅니다. 때로는 계속해서 하다 보면 어떻게든 될 것 같은 생각이 들 때도 있을 겁니다.

저는 혼자서 일하기 때문에 이런 것들을 스스로 판단할 수 있는 위치에 있습니다. 물론 스스로 모든 것을 판단하고 결정해야 하므로 힘이 들 때도 있지만, 이렇게 고민하고 행동할 수 있다는 것 자체가 고마운 일이 아닐까요. 저는 이런 환경에 몸담을 수 있다는 게 매우 기쁩니다. (2015년 11월 4일 강연)

안정에서 도전으로!
인사과에서 인공지능 분야로
뛰어들다

이자키 다케시

엔비디아
엔터프라이즈 사업부 사업부장

PROFILE

1997년 도쿄대 공학부 재료학과 졸업. 1999년 도쿄대 대학원 공학계 연구과 금속공학 전공 졸업. 1999년 일본 텍사스 인스트루먼츠 주식회사 입사. DVD 애플리케이션 프로세서, 휴대전화용 카메라 영상, 가상 신호처리 프로세서, DSP 애플리케이션 개발을 거쳐 디지털 제품 마케팅부를 통괄. 엔터테인먼트 제품부터 인더스트리얼 제품에 이르기까지 폭넓은 영역의 비즈니스 개발에 종사했다. 2015년 엔비디아에 입사해 딥러닝 비즈니스 개발 책임자를 거쳐 현재 엔터프라이즈 사업부를 통괄하고 있다. 2017년 6월에 설립된 일반 사단법인 일본 딥러닝 협회의 이사도 겸임하고 있다.

인공지능, 새로운 영역을 개척하는 일

저는 엔비디아(NVIDIA) 엔터프라이즈 사업부에 소속되어 있습니다. 엔비디아는 컴퓨터 그래픽 처리 등 병렬 연산을 하는 반도체를 생산하고 있으며 근래에 그 연산능력이 인공지능 분야에 널리 활용되면서 AI 붐을 일으킨 기업으로 주목받고 있습니다. 엔비디아 본사는 캘리포니아주 샌타클래라에 있고, 일본법인은 도쿄 아카사카에 있습니다. 1993년에 설립되었고 세계 여러 나라에서 약 1만 2천 명의 직원이 일하고 있습니다. 창업자 겸 CEO인 젠슨 황은 대만계 미국인입니다. 그는 《포춘》에서 '2017년 올해의 기업인'에 뽑히는 등 업계에서 큰 주목을 받는 인물입니다.

AI에 관해 이야기할 때 '딥러닝(deep learning)'이라는 단어를 자주 듣게 될 겁니다. 딥러닝은 고도의 계산 능력이 있어야 하는데, 엔비디아가 개발한 GPU(Graphics Processing Unit, 화상처리장치)는 딥러닝을 하는데 빼놓을 수 없는 장치입니다. 왜냐하면, 기존의 CPU(Central Processing Unit, 중앙연산처리장치)는 데이터양을 따라가지 못해 처리하는 데 시간이 너무 오래 걸리기 때문입니다. 딥러닝을 하려면 GPU를 사용할 수밖에 없고, GPU의 뛰어난 계산 능력이 엔비디아를 돋보이게 해주고 있습니다.

엔비디아가 창업 이래 추구해온 것은 새로운 시장을 창조하는 일입니다. 컴퓨터 그래픽, 병렬 컴퓨팅, AI의 세계 시장을 파고들면 그곳에 새로운 비즈니스 기회가 생깁니다. 엔비디아는 마켓을 확장하기 위해 유저를 늘리는 활동, 이른바 전도 활동도 합니다. 저도 딥러닝 관련 교육 세미나를 수없이 많이 합니다. 2017년 6월에는 일본 딥러닝 협회도 만들어 산업계에서 딥러닝 활용을 장려하고 AI 기술도 확장하고 있습니다. 또한, 정부 대상으로 정책도 제안하고 사용자를 늘리기 위해 인재 교육과 자격시험에도 힘쓰고 있습니다.

딥러닝이 개척하는 새로운 세계

실제로 AI가 어떤 일을 하고 있는지를 살펴볼까요. 우리는 딥러닝 기술이나 AI를 사용해서 다양한 문제들을 해결하고 있습니다. 예를 들어 혈액 상태를 딥러닝 기술로 해석해서 병을 예측하거나 산호의 상태를 보고 자연이 어느 정도 파괴되었는지를 측정할 수 있습니다. 딥러닝 세미나 시간에 함께 감상한 영상의 배경 음악도 AI가 만든 것입니다. 이처럼 새로운 음악을 만들거나 비주얼라이제이션 즉, 영상을 만드는 일도 AI가 할 수 있게 되었습니다. 최근에 자율주행이 화제가 되고 있는데, 자율주행할 때 AI가 사물을 인식하고 주행 도로를 스스로 판단하는 데 엔비디아의 테크놀로지가 사용되고 있습니다.

엔비디아의 GPU는 고도의 계산 능력을 갖추고 있으므로 다양한 분야와 현장에서 활용됩니다. 의료기기, 컴퓨터 게임, 할리우드 영화의 CG, 슈퍼컴퓨터에도 사용되고 있지요. 그리고 드론을 이용한 화재 구조와 인프라 점검, 라스트원마일(물류센터에서 고객의 집까지) 무인 배송, 로봇 작업의 고속화와 공장 내 기계의 고장을 예측하는 일도 하고 있습니다. 미래 지향적인 AI 시티 구축을 위해 감시 카메라에 AI를 탑재해 수상한 사람을 자동으로 판별해내는 기계도 개발하고 있습니다.

나의 권한에 대한 고집

지금은 딥러닝 업계에서 일하고 있지만 제가 처음부터 이 분야에 종사해 온 것은 아닙니다. 저는 학부 1, 2학년 때는 장래에 무엇이 될지 별로 생각해보지 않았습니다. 전공 선택을 할 즈음에는 공학부 정밀공학과에서 인공 장기를 공부하고 싶었는데 1, 2학년 때 공부를 별로 안 했던 탓에 1지망에 떨어졌습니다. 원래 물리를 좋아해 재료나 물성물리에도 흥미가 있어서 차선책으로 재료과학을 선택했습니다. 재료과학과에 들어가 보니 생각했던 것 이상으로 재미를 느껴 열심히 공부했습니다. 그래서 그냥 학부만 졸업할 생각이었는데 석사까지 진학해서 마지막에는 플라즈마 연구를 했습니다.

석사 과정을 마치고 구직 활동을 했는데 직장을 고르는 저만의 기준이 있었습니다. 하나는 외국계 기업에 대한 막연한 동경이 있어서 외국계 기업에 들어가고 싶다는 것이었고, 또 하나는 일을 할 때 나에게 주어지는 일의 양과 권한에 대한 것이었습니다. 이 두 가지 기준으로 일본 텍사스 인스트루먼츠 주식회사를 선택해 1999

년에 입사했습니다. 본사는 텍사스에 있는데 외국계 반도체 제조사로는 일본에 처음 들어온 회사입니다. 특허청이 국산 반도체는 산업의 쌀이라며 지원하는 분위기 속에 1968년 일본에 진출했습니다. 당시 신문에서 '구로후네 내습'[42]이라고 표현할 만큼 큰 화제가 되기도 했습니다.

인스트럭터에서 엔지니어로

일본 텍사스 인스트루먼츠에 입사한 뒤 일단은 DSP(Digital Signal Processor) 인스트럭터로 3년간 일했습니다. DSP는 디지털 신호를 처리하는 프로세서입니다. 저는 DSP의 유저 교육 외에 교재 개발, 수입한 교재 번역 등의 업무를 했습니다. 구체적으로 3년 동안 무슨 일을 했냐 하면 4일간 진행되는 '핸즈 온(hands-on, 체험 학습)' 세미나의 인스트럭터 역할을 했습니다. 4일간 세미나 참가비는 1인당 12만 엔 정도였는데, 아침 10시부터 저녁 5시까지 10명 정도의 세미나 참가자를 가르치는 일이었습니다.

그런데 한동안 교육에만 매달리다 보니 개발이 하고 싶어졌습니다. 상사에게 개발 부문 쪽으로 이동시켜 달라고 1년 정도 계속 이야기했더니 '이제 됐으니까 개발로 가라'고 해서 2002년부터 2005년까지 DVD와 하드디스크의 리코더(지금은 블루레이) 프로세서를

---

42. 구로후네 내습(黒船米襲): 일본을 강제 개화한 미국 흑선의 출현을 표현하는 말.

개발하는 팀에 들어가게 되었습니다. 거기서 다양한 소프트웨어와 하드웨어를 개발했습니다. 어느 정도 개발도 끝나고 비즈니스가 궤도에 올랐는데, 2005년 회사의 방침에 따라 휴대전화용 사진과 영상을 처리하는 프로세서 개발 부서로 이동하게 되었습니다. 아직 스마트폰이 없던 시절, 당시 노키아가 세계에서 가장 큰 점유율을 가지고 있었던 휴대전화 분야의 처리 엔진을 개발했습니다.

그 후 HDTV, 지금 여러분이 보고 있는 Full HD 텔레비전의 트랜스 코더라는 처리 엔진을 개발했습니다. 한동안 그 일을 하다가 그다음에는 오락기기, 이를테면 파친코나 슬롯머신의 오디오 엔진을 만들었습니다. 파친코 기계에서는 다양한 음악이 흘러나옵니다. 어딘가에 구슬이 들어가면 뽕 소리가 나야 하고, 에러가 발생하면 에러 음악이 나와야 하므로 다채로운 멀티채널의 해독 회로라는 기술이 필요합니다. 이것을 4년 동안 파친코 제조사와 함께 개발했습니다. 출하 전에 파친코 기계에 불량이 발견되면 갑자기 불려가는 일도 많았습니다. 파친코 제조사는 대부분 나고야[43]에 있는데 갑자기 전화를 걸어 당장 나고야로 와달라고 해서 밸런타인데이에 아내와 저녁 약속을 취소하고 그길로 도쿄에서 나고야까지 달려가 나흘 동안 밤을 새우며 일한 적도 있습니다. 그렇게 경험해가며 개발을 계속했더니 2010년 텍사스 인스트루먼츠의 반도체 주임 기사로 인정받게 되었습니다.

---

43. 아이치현에 있는 도시로 도쿄에서는 약 350km 떨어져 있으며 차로 4시간 30분 정도 소요된다.

마케팅부터 인사까지

"엔지니어는 슬슬 그만하고 비즈니스를 하고 싶은데요."

2007~2008년 무렵부터 2년 정도 사장님께 틈나는 대로 이런 이야기를 했고 저는 2011년 회사의 조직이 개편되면서 10여 명의 부서원을 거느리는 마케팅부 매니저가 되었습니다.

마케팅부 업무는 기본적으로 이벤트에서의 PR뿐 아니라 고객에게 어떤 전략으로 접근할 것인가를 기획하여 파트너와 영업 양자를 연결해서 비즈니스를 만들어 가는 비즈니스 디벨롭먼트(business development)라고 불리는 일이었습니다. 주요 마케팅 제품은 디지털 프로세서나 블루투스, 와이파이 등 디지털 디바이스 제품이었습니다. 외국계 기업의 매니저는 책상에 앉아 도장만 찍는 것이 아니라 스스로 고객들을 찾아가서 분쟁까지 해결해야 합니다.

그런데 2014년에 미국 본사 방침에 따라 마케팅 부서가 갑자기 폐지되었습니다. 회사의 경쟁력 강화를 위한 구조 조정이 필요해진 것입니다. 부서가 사라지면 그 부서 책임자가 부서원들에게 퇴사를 권유해야 합니다. 부하 직원들을 그만두게 해야 하는 상황에 서게 된 것입니다. 열 명이 넘는 사람을 설득하는 일은 상당히 괴로웠습니다. 하지만 매일같이 인사과에서 오늘은 좀 어떠냐고 물어보는 바람에 어쩔 수 없이 부서를 해체했습니다.

온갖 인맥을 다 동원해 부서원들의 재취업 자리를 알선한 뒤, 저는 영업으로 가게 될 거로 생각했는데 사장님과 인사본부장님이 인사과로 이동하지 않겠냐고 제안해왔습니다. 인사과 일은 처음이고 제 경력으로 봤을 때도 뜬금없었지만 부서를 해체하는 3개월 동안 생각이 바뀌었습니다. 회사 전략으로 볼 때 인재를 어떤 식으로 배치하느냐가 매우 중요하다는 것을 깨달은 것입니다. 그렇게 스스로 납득한 뒤 인사과로 갔습니다.

인사과 업무에는 급여 계산, 노무 문제, 사회보험, 연금 등 여러 가지 작업이 있는데 이런 것들은 전문가가 아니면 하기 어렵습니다. '그러면 나는 뭘 할 수 있을까'를 고민하다가 인재 채용과 교육, 노무 문제를 담당하기로 했습니다. 노무 문제에 대해서는 변호사와 법률적인 이야기를 해야 해서 따로 공부했습니다. 인재 채용과 교육을 하는 데는 인스트럭터 경험이 도움이 되었습니다. 제품을 어필하는 일과 회사를 어필하는 일에는 별 차이가 없다고 생각했기 때문입니다. 결과적으로 인사과에 소속되어 있었던 기간은 1년 정도밖에 되지 않지만, 급여 제도를 개혁하는 등의 좋은 경험을 했습니다.

인공지능 분야로의 이직을 결정하다

인사과 일을 하다 보니 어느 순간부터 '이대로 계속 인사과에서 인생을 보내도 되나?' 하는 고민이 생겼습니다. 그때쯤 2014년 11월에 텍사스 인스트루먼츠의 옛 동료이자 현재 엔비디아 일본법인의 대표인 오자키 마사타카 씨로부터 갑자기 연락이 왔습니다.

"자네 평생 인사과에 있을 거야? 미래는 AI의 시대야. 이자키, 엔비디아에 와서 AI 부대를 이끌어 주게."

스카우트 제안이었습니다. 그때까지 저는 AI를 전혀 접해본 적이 없어서 엔비디아에서 무슨 일을 하는지 감조차 없는 상태인지라 '한번 생각해 보라'는 말에 일단 생각해 보겠다고 답하고 보류했습니다. 또 인사과에서 여러 가지 업무를 소화하느라 정신이 없어서 스카우트 제안은 점점 기억의 저편으로 사라지고 말았습니다.

그랬더니 2015년 3월에 오자키 씨가 "적당히 좀 하게. 언제까지 기다리게 할 참인가?"라고 하는 겁니다. 미래의 전망도 생각해야 하고, 급여도 고려해야 하고, 다양한 포지션도 따져보았는데 그 과정에서 '가볼 만한 가치가 있을 것 같다'는 확신이 들었습니다. 그래서 일요일 저녁 아내에게 말했습니다.

"나 회사 옮길까 봐."

"그렇지? 그럴 것 같더라."

역시 여자의 감은 대단합니다. 그렇게 저는 2015년 엔비디아로 이직했습니다. 엔비디아에 이직하고 나서는 딥러닝 비즈니스 디벨롭먼트부의 부장을 거쳐 올해 4월부터 엔터프라이즈 사업부를 통괄하는 일을 하고 있습니다.

인생의 대부분을 차지하는 일, 선택 기준은?

사람에 따라서는 몇 번이나 이직하는 사람도 있을 테고 한 회사에서 계속 일하는 사람도 있을 텐데, 저에게 엔비디아는 두 번째

회사였기 때문에 이직을 결심하기까지 커리어 성장 측면에서 많이 고민했습니다.

그렇다면 직업을 선택할 때 무엇을 고려하면 좋을까요? 성별 등 다양한 요소에 따라 차이가 있겠지만 80세 정도를 사람의 평균 수명으로 잡아봅시다. 0세로 태어나 80세에 죽는다고 치는 겁니다. 일하는 기간을 따져보면 학부 졸업생인 23세부터 시작해 평균 65세에 은퇴한다고 치면 총 42년이라는 계산이 나옵니다. 그러면 인생의 반 이상은 일을 하는 셈입니다. 이 기간을 어떻게 사용할 것인지가 상당히 중요합니다. 일하기 전인 학창 시절이나 은퇴한 뒤의 노후를 즐겁게 보내는 것도 물론 중요하지만 저는 인생의 대부분 시간을 차지하는 일이 즐겁지 않으면 인생이 시시할 것 같습니다.

그래서 제가 일을 고르는 척도는 '이 인생의 한 가운데를 즐겁게 만들어 갈 수 있을까'입니다. 그러려면 나 자신이 무엇을 가장 즐거워하고 무엇에 가장 설레는지를 알아야 합니다. 저는 무엇에 설레는지를 생각해보니 새로운 테크놀로지로 사회를 바꿔 가는 일이었습니다. 그래서 AI 테크놀로지와 첫 직장에서의 DSP에 끌렸습니다.

더 창조적인 일로 옮겨가야

현재 AI가 제4차 산업혁명을 일으키고 있다고들 합니다. 제1차 산업혁명은 증기기관이 탄생했을 때 일어났습니다. 제2차 산업혁명은 대량 생산, 제3차 산업혁명은 자동화와 컴퓨터가 탄생한 시대에 일어났지요. 그리고 지금 네 번째 산업혁명의 중심은 인공지능과 딥러닝입니다. 사회 구조와 비즈니스 모델이 모두 변할 정도로 큰 영향력이 있습니다. 미국의 어느 조사에 따르면 딥러닝만 해도 2025년에는 200조 엔 규모의 시장이 형성될 거라고 합니다.

물론 좋은 면만 있는 것은 아닙니다. 앞으로 다양한 사회적 변혁이 일어날 겁니다. 옥스퍼드 대학의 마이클 A. 오스본을 비롯한 연구진이 발표한 논문에 따르면 미국에서는 10년, 20년 사이에 노동인구의 47%가 기계로 대체될 가능성이 있다고 합니다.[44] 단순한 작업이나 계산만으로 어느 정도 해결할 수 있는 일, 혹은 음성 인식이나 이미지 분석 등을 통해 판단할 수 있는 문제는 순차적으로 인공지능이나 로봇으로 대체될 거라는 말입니다. 그러면 인간은 무엇을 할까요? 당연히 인공지능을 다루거나, 보다 창조적이고 고차원적인 일로 옮겨가지 않으면 안 됩니다.

나의 선택 기준은 '설렘과 두근거림'

여러분은 앞으로 그런 다양한 선택지 안에서 직업을 고르게 될

44. Frey, Carl Benedikt, and Michael A. Osborne(2013) The future of employment: how susceptible are jobs to computerization? Working Paper of Oxford Martin Programme on Technology and Employment, Oxford Martin School, University of Oxford. http://www.oxfordmartin.ox.ac.uk/publications/view/1314 (2018년 7월 26일 열람)

겁니다. 제가 갓 졸업했을 때는 '새로운 미래를 만들어 갈 만한 테크놀로지를 추구하고 있는가?'에 따라 그 기업의 가치를 평가했기 때문에 반도체가 재미있지 않을까 하는 생각에 텍사스 인스트루먼츠를 선택했습니다. 또 한 가지 당시 글로벌화에 대한 이야기가 많이 나오고 있었고, 해외에서 활약할 수 있는지를 따져보아야 한다는 분위기가 있었습니다. 개방적인 환경이 중요하다고 생각해 저는 외국계 회사에 들어갔습니다. 최근에는 많이 무너지고 있기는 하지만 연공서열은 일본 회사의 큰 특징 중 하나입니다. 학창 시절에는 '일을 잘하는 사람이 돈을 많이 받는 게 당연하지 않나?'라는 조금 건방진 생각도 있어서 나이와 상관없이 활약할 수 있는 회사에 가고 싶었습니다. 젊은이의 활약이 좋은 평가를 받는 환경에서 일하는 것이 저에게는 상당히 중요했습니다.

엔비디아로 이직할 때는 어떤 요소가 결정적인 역할을 했을까요. 저는 취직할 때와 마찬가지로 테크놀로지가 세상을 바꾼다는 확신이 있었습니다. 그래서 세상을 바꿀 AI, 딥러닝 테크놀로지에 대한 관심이 이직을 결정하는데 중요한 요인이 되었습니다. 그리고 엔비디아 CEO인 젠슨 황이 상당히 인상적이었는데, 그는 일단 머리가 상당히 좋습니다. 그의 이야기를 듣고 있으면 새롭게 깨닫는 부분이 있어서 이 CEO와 함께 일해보고 싶다는 생각이 들었습니다.

유니크한 기업 문화 안에서

엔비디아에는 유니크한 기업 문화가 세 가지 있습니다. 그런 부분에 매력을 느낀 것도 이 회사에 들어간 이유 중 하나입니다.

하나는 '항상 학습해라, 배워나가라(Be a Learning Machine)'입니다. 기술이나 시장은 점점 진화해 가므로 회사에 들어간 뒤에도 계속해서 배워나가는 일이 중요하고, 새로운 구조나 새로운 기술을 꾸준히 흡수해서 자신을 발전시켜 나가야 하기 때문입니다.

두 번째는 '정직해져라(Be Honest)'입니다. 이는 거짓말을 하지 말라는 것이 아니라 기술에 대해 정직하라는 뜻입니다. 어떤 것이 과학기술로서 중요한지 정직하게 생각하고 그것을 바탕으로 개발하라는 뜻도 포함되어 있습니다.

세 번째는 '빛의 속도로 움직여라(Speed of Light)'입니다. 'SOL'이라고 줄여 말하기도 하는데 빛이라는 것은 세상에서 가장 속도가 빠른 것입니다. 결과적으로는 최고 속도로 일하라는 의미입니다. 이런 종류의 일을 하는 기업은 얼마나 빨리 움직이느냐에 따라 기업의 성장 여부가 좌우되기 때문에 엔비디아는 이런 기업 문화를 가지고 있습니다.

일하는 데 필요한 것

일을 하기 위해 무엇이 필요한지를 돌아보았더니 다섯 가지가 떠올랐습니다.

하나는 주도권을 잡는 일입니다. 솔선해서 여러 가지 구조를 만들어 밥상을 차리고 주도권을 잡습니다.

두 번째는 끝까지 해내는 힘입니다. 중간에 포기해 버리거나 변명하지 말고 끝까지 철저하게 스스로 해내야 합니다. 내가 관여한 일에 대해서는 무슨 일이 있어도 마지막까지 완수하는 것이 중요합니다.

세 번째는 커뮤니케이션 능력인데 이는 내근직이든 외근직이든 필요한 능력입니다. 관련 부서나 고객, 혹은 해외 거래처와 어떻게 커뮤니케이션을 해나갈 것인가가 중요합니다. 본인의 의도를 알기 쉽게 전달하는 것뿐 아니라 주요 인물과 어떻게 연결하여 괜찮은 관계를 만들어 가느냐까지 포함해 커뮤니케이션 능력이라고 할 수 있습니다.

네 번째는 회복력, 즉 역경 극복 능력입니다. 일하다 보면 반드시 벽에 부딪히는 일이나 힘든 일이 생길 때가 있습니다. 그때 자기 안에서 냉정하게 분석해서 그것을 해결하기 위해 가장 좋은 솔루션을 선택해야 합니다. 물론 가장 좋은 솔루션을 선택할 수 없는 때도 있습니다. 그럴 때는 반드시 자신이 처한 상황에서 더 나은 솔루션을 선택해야 합니다. 정신적으로도 강해야 하지만 그것을 극복하는 돌파력 또한 필요합니다. 이는 상당히 중요한 능력입니다.

마지막은 체력입니다. 그다지 상관없어 보일지도 모르지만, 체력은 매우 중요합니다. 회사에서 스스로 할 수 있는 일이 많아지면 일하는 범위도 넓어지기 시작합니다. 저는 일의 특성상 해외 거래처와 연락을 주고받기 때문에 아침 7, 8시부터 집에서 전화 회의를 하고 회사에 출근합니다. 점심은 시간이 없으면 거르는 때도 있고 저녁은 고객과 미팅이 있으면 함께 먹고, 별다른 약속이 없으면 보통 밤 11시 정도에 먹습니다. 이런 식으로 일하고 새벽 1시쯤까지 전화 회의가 있을 때도 있습니다. 체력이 없으면 버티기 힘듭니다. 그런 의미에서 보면 저의 워크 라이프 밸런스는 완전히 깨져있습니다. 모든 회사가 이렇지는 않겠지만 체력이 없으면 이런 일은 도저히 이겨낼 수 없을 것 같습니다. 여러분도 학창 시절에 동아리 활동을 할 텐데 무슨 동아리를 하든 체력은 키우면 좋겠습니다.

대학 공부는 도움이 되는가?

대학교에서 한 공부와 회사에서 하는 일이 무슨 관계가 있냐는 질문을 자주 받습니다. 일하면서 과연 미분, 적분이나 사인·코사인 같은 걸 쓸 기회가 있는지가 궁금하다는 말이겠지요. 저는 대학 공부는 반드시 도움이 된다고 생각합니다. 이는 꼭 자기 전문 분야가 지금의 일과 조화를 이루느냐에 달린 것이 아니라 눈앞에 있는 문제를 해결해가는 방식, 그 수단을 엮어나가는 일, 그리고 새로운 일에 몰두할 때 어떤 공부 방법을 취하느냐 하는 부분에서 대학 시절의 공부 경험이 매우 도움이 됩니다.

저는 엔지니어 일과 비즈니스를 하면서 여러 상황에서 다양한 과제와 만나왔습니다. 그럴 때 학사와 석사 논문을 연구할 때 문제를 해결해갔던 프로세스가 머리에 남아있어서 그 과정을 떠올려 과제를 해결할 때도 있습니다. 자연스럽게 몸에 밴 부분이겠지요. 논리적으로 잘못된 부분이나 빠진 부분이 없는지를 따지는 것도 대학에서 공부하면서 익혔습니다.

교양을 소중히 하자

사실 저는 학부 1, 2학년 때 공부를 별로 안 했기 때문에 남에게 충고나 조언을 할 처지는 아니지만, 교양과정 수업은 아주 중요합니다. 저는 학점을 빨리 따려고 수업 신청은 많이 해놓고 결국 나가지 않은 수업이 많았는데, 지금 생각하면 정말 아까운 짓을 한 것 같습니다. 예를 들어 해외의 고객과 대화할 때 미술 이야기를 하게 되었다고 해봅시다. 미술 같은 건 전혀 모르지만, 교양 과목 강의 가운데 '미술론'이라는 강좌가 있었습니다. 대학 때 그런 강의에 제대로 출석했더라면 고객과 조금 더 나은 대화를 할 수 있었겠다 싶을 때가 있습니다. 교양을 익혀두는 일의 중요성은 나중에 되어서야 뼈저리게 느끼는 것 같습니다.

외국에서는 일할 때 업무 밖의 이야기도 많이 합니다. 정치 이야기를 할 때도 있습니다. "나는 민주당은 ○○해서……"라며 뜬금없이 토론을 시작하거나 일본은 어떠냐고 물어보기도 합니다. 천황제를 어떻게 생각하냐고 묻거나 제2차 세계대전 이야기를 하거나 혹은 미술 이야기 등 전혀 다른 분야의 이야기를 꺼내는 일도 있습니다. 그 속에서 자기 의견을 제대로 말할 수 있느냐가 상당히 중요합니다. 저는 사회인이 되고 나서야 책을 읽으며 공부했는데 기왕이면 대학 시절에 수업을 들으며 공부해둘 걸 그랬다고 후회할 때가 많습니다.

어학 실력에 대해서는 AI가 진화하면 영어 같은 건 공부하지 않아도 된다는 이야기도 있지만 정말로 의사소통이 자연스럽게 되기까지는 시간이 조금 더 걸릴 겁니다. 그러므로 어학 실력을 갖춰놓을 필요도 있습니다. 영어를 잘하지 못하면 외국 사람도 상대방에게 이야기하는 내용을 어느 정도 제한하게 되고, 그만큼 마음을 열지 않아서 듣고 싶은 이야기를 들을 수 없게 됩니다. 커뮤니케이션을 제대로 할 줄 알면 이렇다 저렇다 하며 토론할 수 있고, 더 깊이 있는 정보를 얻을 수 있으므로 어학 실력은 상당히 중요합니다.

다른 사고방식과 가치관을 가진 사람들과의 네트워크

그리고 제대로 놉시다. 논다고 하면 동아리 활동을 비롯해 여러 활동이 있을 겁니다. 세상의 다양한 사고방식을 알고 인연과 네트워크를 만들며 주위를 제대로 둘러보면서 노는 일은 상당히 중요합니다. 예를 들어 동아리 운영에 관여한다면 거기서 일을 진행하게 하는 힘을 기르고 커뮤니케이션 능력과 리더십을 배우는 겁니다.

다양한 가치관을 배우고 익히는 일도 상당히 중요합니다. 일본 안에 있으면 일본의 상식밖에 모릅니다. 도쿄대에는 도쿄대의 상식 같은 것도 있습니다. 많은 사람과 만남으로써 다른 사고방식도 있다는 걸 깨닫고 그것을 이해함으로써 다른 사람들과 커뮤니케이션하는 방법을 배울 수 있습니다. 외국에는 우리와 전혀 다른 사고방식과 가치관을 가진 사람들이 많아서 이런 식으로 다양성을 미리 익혀두어야 합니다.

어느 정도 밀접한 네트워크를 만들어두는 것도 중요합니다. 학생 시절에는 앞으로 다양한 업계로 진출할 사람들과 네트워크를 만들어두면 나중에 어떤 문제를 풀어야할 할 때 누구에게 연락을 취해야 할지 답이 나옵니다. '동아리 친구였던 그 녀석에게 물어보면 되겠다'라는 식으로 말이지요. 어떤 회사의 임원과 이야기하고 싶을 때 동기에게 연락해서 소개받거나 일을 하다 보면 여러 가지 형태로 네트워크가 살아있다고 생각하게 될 때가 자주 있습니다.

자기 의견을 말할 수 있는 사람이 되자

제가 여러분에게 전하고자 하는 마지막 메시지는 바로 자기 의견을 말할 줄 아는 사람이 되라는 것입니다. 일본인은 남들 앞에서 발언하기를 꺼리는 경향이 있습니다. 논쟁을 만들거나 분위기를 깨고 싶어 하지 않기 때문입니다. 그리고 혹시 주제에서 벗어난 엉뚱한 이야기를 하게 될까 봐 입을 꾹 다물고 있는 경우도 꽤 있습니다. 이는 특히 영어로 이야기하는 현장에서 많이 벌어지는 일인데 전화 회의를 할 때면 아무도 먼저 나서서 이야기하려 하지 않습니다. 무슨 의견 없냐는 말을 듣고서야 우물쭈물 이야기를 시작하기는 경우가 많지요.

자기 의견은 항상 정확하게 이야기해야 합니다. 자기 의견을 이야기하지 않으면 아무 생각도 없는 사람으로 인식되기 때문입니다. 주체성을 가지고 자기 언어로 주장하기 바랍니다. (2017년 12월 1일 강연)

가짜 도쿄대생이라
불리던 내가
세계적인 웹 디자이너가
되기까지

나카무라 유고

웹 디자이너/인터페이스 디자이너
영상 디렉터 tha ltd. 대표이사
다마미술대학 교수

PROFILE

1970년 나라현 출생. 도쿄대 대학원 공학부 졸업. 1998년부터 웹 디자인, 인터페이스
디자인 분야에서 일했다. 2004년 디자인 스튜디오 'tha ltd.'를 설립. 이후 수많은 웹사
이트와 영상 아트디렉션, 디자인, 프로그래밍 분야에서 종횡무진 활약하고 있다. 유니클
로의 웹 디렉션, KDDI 스마트폰 단말 'INFOBAR' UI 디자인, NHK 교육 방송 '디자인 아'
의 디렉션에 참여했다. 칸느 국제 광고상 그랑프리, 도쿄 인터랙티브 앤드 어워드 그랑
프리, TDC상 그랑프리, 마이니치 디자인상, 예술선장 문부과학대신 신인상 등을 수상
했다.

나의 일은 '화면'을 디자인하는 것

안녕하세요? 저는 도쿄대 출신으로는 보기 드물게 디자인 일을 하고 있습니다. 지금까지의 제 작품을 먼저 소개한 다음 디자인 일이 어떤 것인지를 이야기해 볼까 합니다.

제가 하는 것은 온 스크린 미디어 디자인입니다. '화면' 디자인이지요. 지금까지 화면 디자인이라고 하면 TV 화면이나 영화 스크린 등 영상 콘텐츠를 만드는 일이었는데, 저는 주변에 있는 다양한 스크린을 디자인하기 위해 스마트폰 애플리케이션, 게임, 영상, 모션그래픽스, 그리고 그 연장선에 있는 제품 디자인까지 하고 있습니다.

예를 들어 제가 만든 'NEC ecotonoha'는 보통 웹사이트와는 다르게 접속자가 하루에 한 번씩 클릭할 수 있고 메시지를 입력할 수 있습니다. 그 메시지가 나뭇잎이 되어 나무가 점차 자랍니다. 기업은 고객들이 클릭한 만큼 실제로 나무를 심습니다. 또 'INOBAR'라는 스마트폰 유저 인터페이스를 설계했는데, 촉감까지 느껴지도록 화면 속 사물의 존재감을 부각하기 위해 고심했습니다.

저는 기본적으로 프로그래밍이라는 수단을 이용해 다양한 표현 방법을 생각해내는데, 그런 흐름으로 영상도 만들고 있습니다. 'DROPCLOCK'은 영상과 시계의 중간쯤 되는 것으로 지금까지와는 다른 영상의 존재 방식을 찾으려 했습니다(사진). 플라스틱으로 만든 글자가 물 안으로 떨어지는 것을 하이스피드 카메라를 이용해 초슬로우모션 영상으로 찍었습니다. 떨어지기까지 실제로는 0.2~0.3초이지만 이를 1,000배 정도로 늘렸습니다. 드라마나 영화를 볼 때처럼 일반적인 시간 축이 아니라 방 안에 이와 같은 영상 시계가 계속 움직이고 있으므로 '물에도 다양한 표정이 있구나'를 느낄 수 있습니다. 영상 미디어를 단순한 콘텐츠가 아니라 공간의 일부, 인테리어의 일부로 인식하고 만들었습니다.

그 외에도 NHK의 교육 방송 '디자인 아'에 사용되는 영상의 전체적인 디렉션도 진행했습니다. 그래픽 디자이너인 오자키 도모히로 씨가 만들고 있는 '해산!'이라는 인기 코너에서는 물건을 해체하면서 그 구조를 살펴봅니다. 예를 들어 히나아라레[45]라는 과자는

Art Direction / Design: Yugo Nakamura
Film Direction / Edit: Erica Sakai
Movie Produce: Aco Suzuki
Camera: Mitsuru Komiyama
Lighting: On Hosaka

네 가지 색이 균등하게 들어가 있는지, 과일의 구조는 어떻게 이루어져 있는지 등 어떤 물체를 분해하며 사진을 한 컷씩 찍어 3일 정도에 걸쳐서 영상을 만듭니다. 이 방송의 목표는 아이들에게 디자인에 대한 접근법을 알려주는 것입니다. 디자인을 아이들에게 가르쳐주기에는 고차원적인 개념이기 때문에 디자인을 다루기에 앞서서 다양한 사물을 관찰하면서 사물을 자세히 들여다보는 능력을 길러주기 위한 프로그램을 만들고 있습니다.

어떤 대상의 본질을 구체화한다

디자인에도 다양한 분야가 있습니다. 디자이너라고 하면 아마 여러분은 꽃병이든 의자든 포스터든 상관없이 어떤 대상을 미적으로 구축하거나 형태를 세련되게 만드는 사람이라는 이미지를 가지고 있을 겁니다. 물론 그것도 디자이너의 중요한 업무입니다. 다만 요즘에는 디자인이 이런 것에만 국한되지 않습니다. 좀 과장을 하자면 디자이너는 어떤 대상에 대한 다양한 생각, 역사, 개념을 머릿속에서 통합해서 무엇이 본질인지를 찾아 '그것을 구체화하면 이렇게 될 것이다' 하는 이미지를 실제 형태로 만들어 보여주는 일을 하는 사람입니다.

그런 일을 가장 앞장서서 하는 기업 가운데 하나가 바로 애플입

---

45. 3월 3일 히나마쓰리 때 먹는 과자. 네 가지 색인데 각각의 색이 다른 의미를 담고 있다.

니다. 애플의 스티브 잡스는 "애플은 테크놀로지와 리버럴 아츠 (Liberal Arts)의 교차점에 있다."라는 말을 자주 했습니다. 리버럴 아츠란 인문과학과 자연과학을 포함한 것으로 쉽게 말하자면 '교양' 입니다. 그는 애플이 테크놀로지만 있는 기업이 아니라 그것이 인간에게 있어서 어떤 의미인지, 인간의 생활을 어떻게 바꿀 것인지, 확대해서 이야기하자면 우리가 사는 이 지구에 어떤 영향을 미칠지와 같은 다양한 식견과 테크놀로지의 교차점에 있다고 말했습니다. 이는 스티브 잡스뿐 아니라 요즘 디자이너들이 공통으로 가지고 있는 인식인 것 같습니다.

도쿄대 출신 디자이너

참고삼아 도쿄대 출신 디자이너 혹은 예술과 관련된 일을 하는 사람은 누가 있을까요? 제가 관심 있는 범위 내에서 조사해봤더니 건축가가 가장 많았습니다. 도쿄대 공학부에 건축학과가 있기 때문이겠지요. 과거에는 단게 겐조 씨, 최근에는 구마 겐고 씨와 후지모토 소스케 씨 등 꽤 쟁쟁한 사람들이 도쿄대 건축학과 출신입니다. 제품 디자이너로는 야마나카 순지 씨가 있는데 현재 도쿄대 생산기술연구소에서 교수로 일하고 있습니다. 미디어 계열에서 유명한 사람은 사토 마사히코 씨, 그리고 부끄럽지만, 저도 이름이 알려진 사람 가운데 하나입니다.

저는 업계의 특성상 여러 디자이너와 만나는데 제가 체감하는 통계로 말하자면 60%가 미대 출신이고, 나머지 40%는 일반대학 졸업생입니다. 일반대학 졸업자 가운데 특히 도쿄대 출신은 상당히 적습니다. 일반대학에서 디자인 분야 진출에 공을 들이고 있어, 도쿄대 졸업생은 디자인 분야에 그렇게 많이 오지 않는 것 같습니다. 그런 가운데 숫자는 적지만 디자이너가 되는 도쿄대 출신은 무엇인가를 미적으로 조형하는 것보다는 여러 가지를 통합해서 구체화하는 이른바 '통합형 디자이너'가 많은 것 같습니다. 단순히 아름답게 만드는 일뿐 아니라 디자인을 통해 새로운 세계관이나 가치관을 제안하려는 디자이너라 할 수 있겠지요.

예를 들어 단게 겐조 씨는 요요기 국립경기장을 만든 건축가인데 테크놀로지와 조형을 훌륭하게 통합해 냈습니다. 또, 제품 디자이너인 야마나카 순지 씨도 그저 예쁜 제품을 만드는 것이 아니라 예를 들어 로봇의 생명체다운 움직임을 표현하는 등 엔지니어링 분야의 미학을 추구합니다. '피타고라스위치'[46]로 알려진 미디어 크리에이터 사토 마사히코 씨는 그저 재미있는 영상을 만드는 데 그치는 것이 아니라 그 배후에 있는 생각을 전달하려고 합니다. 통상적인 영상 디자이너나 그래픽 디자이너와는 분명하게 차별화된 일을 하고 있습니다. 그저 멋만 있는 것이 아니라 인간 안에 있는 인지 기능을 연구하고, 그곳을 재인식하게 하는 작품을 만들고 있다고 생각합니다.

---

46. NHK에서 2002년부터 방송되고 있는 아동용 텔레비전 방송.

세계관을 만드는 디자인의 즐거움

디자인의 묘미, 재미는 어떤 생각을 구체화함으로써 지금까지와 다른 세계관을 제시하거나 지금까지의 가치관을 혁신하는 일입니다. 사람들에게 '이런 견해도 있구나', '이런 인식 방식도 있구나' 하는 깨달음을 얻게 하는 것이 우리 일의 직업적인 묘미입니다.

작은 프로젝트라도 많은 세계관을 제시할 때가 있습니다. 샌프란시스코의 벤처기업이 만든 '네스트 러닝 온도조절 장치(Nest Learning Thermostat)'라는 디바이스가 있습니다. 일본에서는 많이 알려지지 않았지만, 학습 알고리즘이 탑재되어 있어 히터에 직접 연결해 자동으로 사람이 움직이는 시간대를 파악합니다. 집주인이 몇 시에 일어나서 몇 시에 활동하는지, 몇 시에 회사에 가서 집에 없는지를 온도조절 장치가 자동센서로 감지합니다. 그래서 자동으로 쾌적한 온도를 유지해줄 뿐 아니라 에너지 효율도 높습니다. 이는 특별한 조작을 하지 않아도 그곳에 있기만 하면 환경이 저절로 조절되었으면 좋겠다는 생각을 온도조절 장치라는 도구로 구현한 것입니다. 이런 발상도 할 수 있다는 것에 여러 사람이 영향을 받아 이와 비슷한 시스템이 갑자기 늘어나기 시작했습니다.

다들 아시겠지만 이동할 차가 필요한 사람과 차에 타고 있는데 시간이 남는 사람을 소셜네트워크 스페이스 안에서 매치시켜서 수요와 공급을 묶는 우버(Uber)를 생각한 사람도 있습니다. 이로 인해 우버 운전사라는 새로운 직업이 생겨났습니다. 이처럼 사회현상이나 일하는 방식에 변화를 불러오는 아이디어도 있습니다.

제 생각이지만 결국에는 구체적으로 제품화된 사물이 사람의 생활을 변화시키는데, 그 최종 지휘를 하는 것이 디자이너의 역할이 아닌가 싶습니다. 물론 구체적으로 만들어지기 전에 여러 가지 공학적인 지식이나 기초과학의 발견 등이 기반이 되어야 하겠지만, 최종적으로 어떤 제품이나 시스템이 인간 세계를 변화시키는 것입니다. 디자이너는 그 밸런스나 최종 지향점을 생각하는 매우 중요한 일을 하는 사람입니다.

센스란 지식과 관찰력

제가 하고 싶은 말은 디자인은 재미있는 일이고, 디자이너가 하는 역할도 여러분이 생각하는 것보다 훨씬 클 거라는 것입니다. 같은 맥락에서 이야기하자면 세상은 비교적 균형 잡힌 사고로 폭넓게 공부하는 디자이너를 원합니다. 지식이 넓고 논리적인 사고력을 갖춘 사람 말이지요.

엔지니어나 연구자와 공동 작업을 하면서 대화를 하다 보면 "저는 제 센스에 자신이 없어요."라는 말을 자주 듣습니다. 하지만 저는 그렇게 생각하지 않습니다. 센스가 있고 없고는 투박하게 이야기하자면 지식이 있느냐 없느냐의 차이입니다. 센스라는 것은 '지금까지 얼마나 많은 것을 보았느냐, 좋은 것을 얼마나 보았느냐'에 따른 지식의 종합체입니다. 무엇인가를 보았을 때 자기 머릿속에 저장된 데이터 일부를 참조하면서 '이런 것이 있구나. 이런 것이 좋다'는 생각을 밖으로 꺼내놓느냐 꺼내놓지 않느냐에 따라 센스가 있느냐 없느냐가 가려집니다. 이는 대학에서 하는 공부와 다를 바 없다고 생각합니다.

저도 디자인 일을 상당히 늦게 시작하기는 했지만 다양한 작품을 계속해서 보다 보니 어느새 스스로 '나쁘지 않은 것 같다'고 생각되는 작품을 만들 수 있게 되었습니다. 그런 의미에서 관찰력도 매우 중요합니다. 그런데 '센스' 같은 알 수 없는 말로 스스로 벽을 만들어 이 분야에 뛰어들기를 주저하는 것 같습니다. 이는 매우 안타까운 일입니다.

그림을 못 그려도 디자이너가 될 수 있다

그 외에도 자주 듣는 말 가운데 하나가 "저는 그림을 엄청 못 그려요. 디자인 같은 건 절대 못 할 거예요."라는 말입니다. 그럴 때마다 저는 "제가 더 못 그릴걸요?" 하고 받아칩니다. 제 그림은 정말 엉망입니다. 동그라미도 제대로 못 그리고 항상 키보드 작업을 하다 보니 손글씨도 어설픈 데다가 점점 퇴화하고 있습니다. 그런 사람도 디자인할 수 있습니다. 물론 최종적으로는 그림을 그리는 행위가 중요하지만 잘 그리지 못해도 괜찮습니다. 디자인은 미대에서 그림 공부를 한 사람만 할 수 있는 일이 아닙니다.

디자이너만 불안정한 건 아니다

"생활이 불안정하지 않나요?"라는 질문도 자주 받습니다. 디자인 사무소는 큰 곳도 있지만 대부분 작은 회사들입니다. 가끔 가능성이 보이거나 괜찮다 싶은 친구에게 "우리 회사에서 일하지 않을래요?"라고 물으면 "저는 대학까지 아버지 돈으로 다녔기 때문에 큰 회사에 가야 합니다."라는 식의 대답이 돌아옵니다. "회사에서 어느 정도로 보장해 주나요? 생활이 불안정하지 않나요?"라고 물으면서 말이지요. 안타깝지만 그건 부정할 수 없는 사실입니다. 생활이 불안정합니다.

그러나 인생을 멀리 내다보면 달리 해석할 여지가 많습니다. 대기업에 취직해서 자신의 능력을 조직 내에서 발휘하며 만족스럽게 사는 사람이 있는가 하면, 어떤 제조사의 무슨 무슨 연구소에 들어가 뭘 하는지 잘 모르는 부서에 배치되어서 하고 싶지 않은 일을 하면서 일단 5년만 버티자고 자신을 다독이며 정신적으로 점차 피폐해져 가는 사람도 꽤 있습니다. 이들은 자신도 모르는 사이에 세상이 지금 원하고 있는 것에서 멀리 떨어진 외딴섬이 되어 자신의 직업적 능력을 발휘하지 못하게 됩니다. 설령 대기업에 들어갔다 하더라도 그렇게 될 위험성이 없는 건 아닙니다. 다들 그게 싫어서 이직하기도 하는데 그 점에서 저희같이 작은 사무소는 발놀림이 가볍습니다. '이게 재미있을 것 같은데'라거나 '이걸 해봐야겠는걸' 싶은 일이 있으면 곧바로 실행할 수 있습니다. 특별히 상사의 확인을 받을 필요도 없습니다. 그런 점에서 보면 이런 발놀림이 가벼운 상황을 스스로 설계하는 편이 멀리 내다봤을 때는 리스크가 적을지도 모릅니다.

다양한 지식을 통합해서 거기서부터 본질을 끌어내기를 좋아한다면 디자이너라는 직업이 잘 맞을 것 같다는 것이 오늘 저의 메시지 가운데 하나입니다. 이런 일에 흥미가 있는 사람은 꼭 무엇인가를 만들어 보세요.

내가 디자이너가 되기까지

이제 저의 변변치 않은 이력을 정리해 보겠습니다. 저는 나다 중고등학교를 졸업하고 도쿄대 이과1류에 들어갔습니다. 서점에서 가우디(스페인의 건축가) 사진집을 보고 건축가가 되고 싶다고 생각한 것이 계기가 되었지요. 건축가가 되고 싶어서 일단 일본의 건축가는 어디 출신들인지를 찾아봤더니 도쿄대 출신이 많았습니다.

그래서 저도 도쿄대에 들어갔는데, 들어간 것까지는 좋았지만 도저히 아침 일찍 일어날 수가 없었습니다. 이과 사람들은 알 테지만 대학에 들어가면 수학이 갑자기 엄청나게 어려워집니다. 개념적인 부분이 많아서 '어라? 전혀 이해가 안 되는데?' 하다가 결국 아예 학교에 가지 않게 되었습니다. 중간고사를 세 과목 정도 보고 안 되겠다 싶었는데, 그때부터 1년 동안은 시험도 안 보고 수업도 안 들었습니다. '원래 재수할 예정이었는데 어쩌다가 바로 들어갔으니 한 번 정도 쉴 기회는 있어야 하지 않을까?' 하는 기적의 논리를 펼치며 학교에 가지 않았지요.

이런 식의 변명으로 어영부영하는 사이에 전공 선택의 순간이 되었습니다. 당시 건축학과는 경쟁률이 어마어마해서 언젠가부터 절대 손에 닿을 수 없는 학과가 되어있었습니다. 그런 이유도 있어서 토목공학과로 진학한 저는 경관 연구실이라는 풍경을 디자인하는 연구실에 들어갔습니다. 연구실에 들어가 여러 가지 연구를 하고 워크숍에 참여하다가 3학년이 되어서야 비로소 공부와 연구에 눈을 뜬 것 같습니다. 그곳은 생긴 지 얼마 안 된 연구실이었기 때문에 제가 컴퓨터 담당 역할을 했습니다. 생협에서 맥 컴퓨터를 10대 정도 구매하는 일을 했는데 하는 김에 여러 웹사이트를 구경했습니다. 당시 인터넷 웹사이트가 생긴 지 얼마 안 되었던 시기여서 그런지 인터넷이 무척 흥미로웠습니다. 저는 겸사겸사 개인 홈페이지까지 만들게 되었습니다.

그 후 여러 가지 연구에 흥미를 느끼고 대학원에도 진학해 중간 정도 규모의 설계 사무소에 입사했습니다. 당시에는 '나는 바로 독립할 거야', '모두를 단숨에 제쳐 주겠어' 하는 생각이 있었습니다. 대학원생이 되어서도 여전히 아침에 일어나지 못했었는데 분명 사회인이 되면 고쳐질 거로 생각했습니다. 제 친구들 가운데도 늦잠꾸러기가 많았지만, 은행 같은 곳에 입사하고는 늦잠 자는 버릇이 말끔히 사라졌으니까요. '그렇다면 나도 고쳐지겠지' 하고 기대했는데 전혀 고쳐지지 않았습니다. 그래서인지 입사한 설계 사무소에서는 저를 계속 가짜 도쿄대생이라고 불렀습니다. 약간의 좌절을 맛봤습니다.

그 무렵 일을 마치고 밤 9시 정도에 돌아와서 새벽 3시까지 2~3개월 동안 계속 혼자서 남아도는 정력을 쏟아부어 당시에는 드물었던 동적인 움직임이 있는 유저 인터페이스의 실험장 같은 웹사이트를 만들었습니다. 저에게는 현실 도피와 같은 일이었습니다. 그런데 이유는 잘 모르겠지만 엄청난 홈페이지를 만들었다며 세계 여러 나라 사람들이 칭찬하기 시작했습니다. 회사에서 가짜 도쿄대생이라 불리며 일하던 저를 전문 디자이너로 착각한 독일인과 네덜란드인이 일을 의뢰하기도 했습니다. 저는 일을 받아 메일로 납품했습니다.

그 일을 2년 정도 계속하다 보니 역시 디자이너를 해야겠다는 생각이 들었습니다. 설계의 세계에 꿈은 있었지만 아무래도 재능이 없는 것 같았거든요. 미친 듯이 열심히는 했는데 일을 제대로 익힐 수가 없었으니까요. 마치 대학 시절에 '수학을 도저히 모르겠다'고 한 것과 같은 느낌이어서 이건 아무래도 안 되겠다 싶었습니다. 저는 남들이 인정해 주는 디자인 쪽에서 열심히 해보기로 마음먹고 아이가 태어났을 때 회사를 그만두고 독립했습니다. 독립하자마자 일은 있었지만, 입금이 느렸습니다. 납품한 뒤에 돈이 입금되기까지 시차가 있었기 때문입니다. 반년 정도 아무런 수입이 없었습니다. 처음 독립했을 때는 그걸 몰라서 어리둥절해 있는 동안 통장 잔액이 3만 엔밖에 안 남는 아슬아슬한 상황까지 가기도 했습니다.

다행히 그 뒤에 V자 회복세를 탔고 웹 제작 회사 설립에 참여했습니다. 처음에 설립에 참여한 제작 회사가 주식 상장을 하기 위해 여러 가지 일을 시작한 것을 계기로 저는 그 회사를 그만두고 프리랜서가 되었는데, 마침 그 시기에 주택 자금 대출을 받아서 그것을 갚기 위해 필사적으로 일했습니다.

당시 스스로 회사도 차렸고 인터넷에서는 이미 세계적으로 유명했지만, 일본에서는 아무도 저를 몰랐습니다. 그러다 우연히 NHK의 '프로페셔널'이라는 프로그램에 〈웹 디자이너 나카무라 유고 '클릭 한 번으로 세계를 놀라게 하다'〉의 출연 제안이 와서 나갔는데, 다들 저를 유명한 사람으로 착각해 주신 덕분에 그때부터 일이 엄청나게 늘었습니다. 너무 기쁘게 생각하고 바쁘게 지냈는데 너무 바쁜 나머지 많은 것을 놓치며 현재에 이른 것 같습니다. 그래서 지금은 비교적 느긋하게 지내고 있습니다.

'선택'과 '집중'으로 다시 시작할 기회를 늘려라

이런 이력이라 어쩌면 제 경험은 어쩌면 여러분께 별다른 참고가 되지 못할 수 있습니다. 그래서 '다가올 시대를 어떻게 살 것인가'에 대해 제 나름대로 중요하다고 생각하는 것을 얘기하자면, 그것은 바로 '선택'과 '집중'입니다.

우선 '선택'에 대해 이야기하겠습니다. 이러니저러니 해도 살면서 여러 선택을 하고 그 선택의 다음 선택, 그리고 또 다음 선택, 또 그다음 선택을 하며 연속된 선택의 결과가 바로 지금의 나, 인생이 아닐까요.

학생일 때는 노력이 차지하는 비중이 큽니다. 공부를 열심히 하면 성적이 올라가고 대학에도 합격할 수 있는 것처럼요. 그런데 사회에 나오면 우연이 차지하는 비중이 더 커집니다. 생각지도 못한 부서에 배치되기도 하고, 거래처가 이상한 사이트를 만들어서 인터넷에서 욕을 먹는 등 우연히 생기는 일이 많아집니다. 또 하나하나를 선택하지만 최종적으로 그것이 좋은 선택이었는지 나쁜 선택이었는지 선택을 하는 시점에서는 알 수 없습니다. 물론 스스로는 좋을 거로 생각하여 선택하겠지만 결과는 모르니까요. 자신의 선택이 미래에 어떤 결과를 얻을 거라 예상하지만 그 결과는 알 수가 없습니다. 이는 어쩔 수 없는 일입니다. 따라서 하나하나의 선택과 제대로 마주하고 선택에 앞서 자기자신을 스스로 이해시키는 것이 중요한 것 같습니다.

'이 기업에 가면 어떻게 될까', '이 대학에 남아 연구를 하면 어떻게 될까'의 결과는 어차피 아무도 모릅니다. 고민한다 한들 소용이 없습니다. 하지만 스스로 납득하고 싶은 마음은 있겠지요. 그래서 저는 항상 중요한 선택, 예를 들어 회사를 그만두거나 새로운 회사를 차리기에 앞서서 '지금 이 선택을 하고 만약 5년 뒤에 일이 잘 안되었을 때, 거기서 타임머신을 타고 현재로 다시 돌아와도 같은 선택을 할 것인가'를 생각해 봅니다. 그리고 역시 같은 선택을 할 것 같은 쪽으로 결정을 합니다.

다음으로 '집중'에 대해 이야기하자면, 한 번 선택하면 거기에 집중하는 것이 여러 가지 면에서 효율적입니다. 어떤 분야라도 3~4년 정도 그 회사에서 열심히 집중해서 일하면 대개는 파악이 됩니다. '이게 재미있는 것 같다' 혹은 '역시 안 맞는 것 같다'라고 말이지요. 멍하게 있으면 10년, 20년이 지나도 '안 맞는 것 같기는 하지만 조금만 더 열심히 해볼까? 어쩌면 내가 모르는 좋은 부분도 있을지 몰라'라고 생각할지 모르지만, 집중하면 3, 4년이면 알 수 있습니다. 단기간에 실패인지 성공인지를 알게 된다는 뜻입니다. 그렇게 되면 다음으로 갈 기회와 횟수가 늘어납니다. 그래서 저는 집중해서 단기간에 결론을 내는 편이 좋다고 생각합니다.

다들 취직해서 그 회사에 다니는 일이 행복하다면 더할 나위 없겠지만 그렇지 않을 확률이 더 높습니다. 저도 꽤 여러 곳에 가서 '어? 이건 아닌데?'를 반복했지만 3, 4년 만에 결론을 내리고 마음에 안 들면 떠났습니다. 최종적으로 직접 회사를 운영한 지 10년 정도의 세월이 흘렀는데, 이 일은 계속할 것 같습니다. 결국, 저는 스스로 회사를 차리는 게 나한테 잘 맞는다는 것을 스스로 깨달을 때까지 3, 4번의 시도를 해볼 수 있었던 것입니다. 이런 시험 횟수는 늘리는 편이 좋습니다. 그러기 위해서는 눈앞의 일을 선택한 이상 최선을 다하는 것이 효율적입니다. 들어가기는 했지만 개운치 않은 기분으로 '왠지 의욕이 안 생기네' 하며 어영부영 지내는 것이 가장 비효율적입니다. 그리고 해봤지만 실패한 일 역시 나중에 도움이 될 때가 있을 겁니다. 저도 설계 사무소에서 했던 일이 지금 의외로 많은 도움이 됩니다.

정리하자면 '선택'과 '집중'을 통해 다시 시작할 기회를 늘릴 수 있다는 말입니다. 그러니 계속해서 새로 시작하라는 것이 저의 메시지입니다. 항상 선택하고 집중합시다. 오늘, 이 수업에 온 것도 여러분 선택의 하나이고, 이 선택이 미래에 꽤 큰 영향을 줄 수도 있습니다. '다가올 시대를 어떻게 살 것인가는 결국 지금을 어떻게 살 것인가'에 달려있다고 생각합니다. 하나하나를 신중히 생각해서 선택하고, 이거라고 정했다면 집중해서 하면 됩니다.

　개인적인 바람이 있다면 제 이야기를 들은 여러분 중에 한 사람이라도 제가 속해있는 디자인의 세계에 왔으면 하는 겁니다. 재미있어 보이는 것을 만들다 보면 길이 열릴지도 모르고, 새로운 관심 분야를 발견할 수 있을지도 모르니까요. (2016년 12월 16일 강연)

크럼볼츠 '계획된 우연성'

시네하 세이코

누구나 어린 시절 "나중에 커서 뭐가 되고 싶어?"라는 질문을 한번은 받아봤을 겁니다. 그런데 고등학생이 되어서 진로 선택의 순간이 다가오면 제한된 지식과 경험 안에서 장래의 방향을 결정하지 않으면 안 될 것 같은 압박을 느끼게 되고, 그것 때문에 고민하는 학생들이 많습니다. 대학에 와서도 그런 고민은 바로 사라지지 않습니다.

〈커리어 교실〉의 수강생 가운데도 '어떻게 진로를 결정하면 좋을지 가르쳐줬으면 좋겠다'며 쉽게 해법을 얻고자 하는 학생들이 적지 않습니다. 본 수업에서는 그런 학생들에게 자신의 커리어는 스스로 쌓아가는 것이고 커리어를 쌓는 방법에는 정답이 없다는 것을 여러 강사진이 들려주는 경험담을 통해 전달해왔습니다. 본 칼럼에서는 이러한 수업 취지의 배경이 된 커리어 개발 이론에 대해 소개합니다.

변화가 급격한 현대 사회에서 예상외의 사건이 여러분의 커리어에 영향을 미치게 되는 것은 어쩔 수 없는 일입니다. 하지만 그것은 결코 커리어를 스스로 리드할 수 없다는 의미가 아닙니다. 스탠퍼드 대학교 교수이자 심리학자인 존 D. 크럼볼츠(John D. Krumboltz)가 주장한 '계획된 우연성(Planned Happenstance, Mitchell, Levin and Krumboltz 1999)'이라는 이론에 따르면, 살면서 마주하는 예상 못 한 우연을 본인의 주체성이나 노력을 통해 최대한 활용하고 적극적으로 행동함으로써 기회로 만들어낼 수 있습니다. 이 이론에 따르면, 그때그때 목표를 세워도 좋지만, 자신의 성장과 학습, 학습의 변화에 따라 그 목표는 계속해서 변화할 가능성이 있습니다. 그러니 항상 눈과 마음을 열어두어야 한다고 말합니다.

또한, '우연'을 기회로 바꾸는 다섯 가지 스킬도 제시합니다.

- **호기심(Curiosity)**: 새로운 학습 기회를 모색한다.
- **지속성(Persistence)**: 좌절에 굴하지 않고 계속해서 노력한다.
- **유연성(Flexibility)**: 상황 변화에 따라 유연하게 대처한다.
- **낙관성(Optimism)**: 새로운 기회를 반드시 살릴 수 있다고 긍정적으로 생각한다.
- **리스크 테이킹(Risk-Taking)**: 결과가 어떻게 될지 몰라도 행동으로 옮긴다.

이 책 3장의 테마는 이런 크럼볼츠의 생각을 주제로 엮었습니다. 하지만 여기까지 읽은 독자라면 3장뿐 아니라 1장과 2장도 행운이나 기회, 예상 못 한 사건 등의 전환점을 활용하거나 스스로 기회를 만들어낸 이야기였다는 걸 눈치채셨을 겁니다. 아직은 장래에 무엇을 하고 싶은지 잘 모르는 학생이나 이것 외에 다른 길은 없다며 장래에 대한 결심을 굳힌 학생 모두 지금 자신에게 보이는 것에만 집착하지 말고 새로운 생각이나 경험에 계속해서 열린 마음을 갖기 바랍니다.

우리가 이 강의를 계획하면서 염두에 둔 타깃은 대학에는 왔지만, 미래의 진로에 대해 아직 막연한 생각만 가지고 있는 '평범한 대학생'이었습니다. 실제로 매년 수업 전에 실시하는 설문 조사에서도 수강 신청을 한 학생 대부분이 본 수업에 관심을 가진 이유를 '아직 장래에 대해 그다지 생각하지 않았는데, 이 수업을 통해 진로를 생각하는 계기가 되었으면 한다'라고 응답했습니다. '진로가 결정되지 않아서 불안하고 초조하다'라는 학생도 있었습니다.

크럼볼츠는 자신의 저서에서 '한 조사 결과 18세 때 생각했던 직업을 실제로 하는 사람은 전체의 약 2%에 지나지 않는다는 것을 알게 되었다'(크럼볼츠&레빈, 2005)[47]라고 말합니다. 실제로 숫자가 정확한지 정확하지 않은지는 차치하고라도 확실히 저 역시도 18, 19세에는 전혀 생각하지 못했던 인생을 걷고 있고, 본 수업에서 강연해주신 많은 선배들 또한 예상 못 한 사건들이 있었다고 얘기했습니다. 이런 경험담들이 당장 장래를 어떻게 정하면 좋을지 고민하는 학생들에게 '지금 앞날의 목표가 정해지지 않았다는 것 자체에는 아무런 문제가 없다'는 걸 전달하는 데 도움이 되지 않을까 생각합니다.

이 수업에 참가한 학생들의 목소리를 일부 소개합니다. 커리어에 대해 생각해보는 데 참고가 되기를 바랍니다.

---

47. 커리어 개발에 관해서는 여기서 소개하는 이론 외에도 다양한 이론이 있다. 일본 커리어 연구의 일인자인 가나이 도시히로는 '본래 한 사람 한 사람에게 유니크하고 개인적인 테마가 될 수밖에 없는 커리어를 이론화하다 보면 아무리 잘 다듬어진 이론이라도 단일한 이론으로는 모든 것을 설명할 수 없다'(가나이, 2010)라고 말하며 인생에는 다양한 마디가 있고, 그 마디마다 커리어를 제대로 디자인해야 하며, 마디와 마디 사이의 시기에는 긍정적인 흐름을 타는 것이 좋다고 기술하고 있다. 본 칼럼의 참고문헌은 아래와 같다.
가나이 도시히로(2010) '커리어 학설과 학설의 커리어' 〈일본 노동연구잡지〉 52(10):4~15.
존 크럼볼츠·앨 레빈 《굿럭-행운은 왜 나만 비켜 가냐고 묻는 당신에게》, 2012
Mitchell, K. E., Levin, A. S. & Kramboltz, J. D. (1999) Planned Happenstance: Constructing Unexpected Career Opportunities, Journal of Counseling and Development 77: 115~124.

CHAPTER 3

학생들의 목소리

| 학생 A |

앞날의 목표도 없이 대학 생활을 어떻게 보내야 할지 막막했던 여름방학 무렵에 우연히 이 수업을 발견하고 나 스스로에 대해 돌아볼 기회로 삼자는 생각에 수강을 결정했습니다(중략). 강연자들의 이야기를 들어보니 대학에 들어간 뒤의 경험을 통해 현재의 커리어에 이르게 되었다는 경우가 많으며 대학 입학 전부터 하고 싶은 일을 결정하고 대학에서는 그것을 향해 일직선으로 나아가는 사람이 생각보다 많지 않다는 걸 느꼈습니다. 저도 전자에 속하는데 저 같은 학생들이 많을 것 같습니다. 앞으로 차근차근 저의 커리어에 대해 생각하고 싶습니다.

| 학생 B |

전공 학부를 진지하게 생각하기 시작하던 때에 강의 요강에서 이 강의를 보고 '이 수업을 들으면 나의 커리어에 대한 상을 분명하게 그릴 수 있게 되고, 학부 선택에 도움이 되지 않을까' 싶었습니다. 그런데 저는 더 값진 것을 얻었습니다. 강연자들 가운데 직업을 몇 번이나 바꾼 분이 많았고, 반드시 한 사람이 하나의 직업을 가져야 하는 건 아니라는 것을 깨달았습니다. 또 해외에 간 경험담을 통해 시야를 넓혀야 한다는 것도 배웠습니다.

제가 이 수업에서 얻은 것은 '이 직업을 가지자', '그러기 위해서 이 학부에 들어가자' 같은 단순한 해답이 아니었습니다. 그 대신 저는 지금까지 내가 정말로 하고 싶은 일이 무엇인지를 한번도 생각해보지 않았다는 것을 깨달았고 학부에 집착할 필요가 없다고 생각하게 되었습니다. 시야가 전보다 넓어진 만큼 어떤 의미에서 고민이 많아졌습니다. 하지만 이는 제 인생에 있어서 매우 의미 있는 고민이라고 생각합니다. 수업은 끝났지만, 앞으로도 자신과 마주하고 정보 수집을 열심히 하려고 합니다.

| 학생 C |

수업을 처음 들었을 때와 비교해 저의 커리어 의식이 크게 변했다는 걸 실감했습니다. 가장 큰 변화는 사고가 유연해진 것입니다. 대학 시절 학부에서 배운 것과는 전혀 다른 일을 하고 계신 분, 흥미가 있는 일을 끝까지 파고드신 분, 다양한 방면으로 활약하고 있는 분들의 이야기를 통해서 확실한 커리어를 생각하기보다 정말로 지금 좋아하는 일을 폭넓게 욕심껏 배우면 좋겠다고 생각하게 되었습니다. 그룹 멤버들[48]도 다들 비슷하게 느끼고 있어서 놀랐습니다. 강의를 통해 더 폭넓게 배우겠다고 생각한 사람도 있고, 반대로 앞으로 어떻게 해야 할지 더 모르겠다는 사람도 있는데 저는 양쪽 다인 것 같습니다. 전공을 선택하기 전에 차분하게 생각해 보아야 할 것 같습니다.

---

48. 〈커리어 교실〉 마지막 날에는 수강생 4, 5명이 그룹이 되어 지금까지 수업을 통해 만난 10명 혹은 11명의 초청 강사의 강연을 돌아보고, 자기 생각과의 공통점과 차이점, 인상 깊었던 점 등을 이야기하는 그룹 활동을 진행한다. 같은 이야기를 들어도 받아들이는 방식이나 느끼는 점이 서로 다를 수 있다는 것을 깨닫게 하고, 가치관을 상대화하게 하는 것도 그룹 활동의 목적 가운데 하나다.

CHAPTER
4

'어떻게 살 것인가'를
생각하는 힘

"우리는 고난에 부딪혀서 인생의 갈림길에 섰을 때 고민한다. 그리고 고민하고 있을 때 적어도 그 문제를 한 발 떨어진 곳에서 대상화해서 바라본다. 그런 일을 가능하게 하는 지적 행위로서 문학이 있다. 그래서 평상시에는 큰 의미가 없을지 모르지만, 고난이 있을 때는 도움이 된다. 이때 '도움이 된다'는 말은 벤처기업을 만들 만한 경제적 가치를 낳거나 이노베이션을 일으킨다는 뜻이 아니다. 하지만 사람이 살아가는 데는 필요하다."

— 긴스이 학부장, 오사카대 문학부

현대는 많은 사회적 과제를 안고 있습니다. '도움이 되는 일'은 강하게 요구되고, 반대로 '도움이 되지 않는다'고 간주하는 일은 버림받는 시대가 되었습니다. 그런 시대이기에, 더욱더 학생들이 자신의 축이 되는 전문 영역을 확실하고 깊이 있게 배움과 동시에 단순히 지식만 많은 것과는 분명하게 구분되는, '어떻게 살 것인가'에 깊이 관여하는 '교양'도 익혀가기를 바랍니다.

그래서 마지막으로 4장에서는 일본의 과학기술정책과 교양 교육에 관한 다양한 심의회의 위원으로 활약하고 있는 고바야시 다다시 씨의 강연을 소개합니다. '다가올 새로운 시대의 교양이란 무엇인가'에 관한 이야기를 통해 '도움이 되는 일이 무엇일까'에 대한 집착에서 벗어나 마음이 자유로워지면 좋겠습니다.

— 시네하 세이코

대학 졸업 후의 인생이
더 길다

고바야시 다다시

오사카대 이사 · 부학장

PROFILE

1954년생. 1978년 교토대 이학부 졸업. 1983년 도쿄대 대학원 이학계 연구과 과학사 · 과학 기초이론 전공. 후쿠오카 교육대 강사 · 조교수, 난잔대 인문학부 조교수 · 교수를 거쳐 2005년부터 오사카대 커뮤니케이션 디자인센터 교수, 부센터장을 역임. 2015년 8월부터 현직에서 일하고 있다. 저서로는《누가 과학기술에 대해 생각하는가-컨센서스 회의라고 하는 실험》(2004),《트랜스 사이언스의 시대-과학기술과 사회를 잇다》(2007) 등이 있다. 2001년 과학기술사회론학회를 설립했다. 전문 분야는 과학철학, 과학기술 사회론이다.

지금도 치열하게 싸우고 있다

오늘 저는 여러분에게 '대학을 졸업한 뒤의 인생이 더 길다'는 메세지를 전하고 싶습니다. 보통 22~23세에 대학 학부를 졸업하고 대학원을 5년 정도 다녀도 30세 전후가 됩니다. 거기서부터 다시 시작되는 인생은 아주 깁니다. 즉, 대학에서 배우거나 대학원에서 배운 것만으로 평생을 사는 것은 무리라는 말이죠. 대학에서 아무리 최신 기술을 익혔다고 해도 몇 년만 지나면 진부한 것이 되고 맙니다. 지금 이런 말을 아무리 들어도 와닿지 않겠지만 대학을 나온 뒤부터가 진짜 승부입니다. 대학을 나온 뒤로도 항상 자신을 버전 업 해야 합니다. 그래서 대학 시절에는 졸업 후 필요한 소양이나 능력을 어떻게 익힐 것인가를 항상 의식해야 합니다. 대학에 들어온 지 얼마 안 된 여러분에게 그런 것까지 챙길 여력이 없는 것도 이해하지만, 이는 중요한 일임을 알아두면 좋겠습니다.

또 한 가지 지금 여러분에게는 '이런 걸 알 수 있으면 좋겠다'는 궁금증이나 신경이 쓰이는 문제가 있을 겁니다. 저도 그랬습니다. 그리고 서른이 되면, 혹은 마흔이 되면 그런 궁금증이 자연스레 풀리리라고 생각했습니다. 여러분도 그렇게 생각하지 않으신가요? 하지만 풀리지 않습니다. 여든이 되어도 풀리지 않습니다. 저는 사실 대학 시절에 품었던 문제의식을 아직도 가지고 있습니다. 그리고 지금도 치열하게 싸우고 있습니다. '인생은 다 그런 거다'라는 말이 여러분에게 와닿지 않을지 모르지만 일단 이야기를 시작해볼까요.

CHAPTER 4

50만 명이 읽은 나의 글

2017년도 대입 센터시험(한국의 수학능력시험) 때였습니다. 2002년에 제가 쓴 〈과학 커뮤니케이션〉[49]의 한 구절이 언어 영역 문제로 출제되었습니다. 이곳에 있는 여러분은 대부분 시험장에서 읽었을 겁니다. 2016년은 언어 영역의 전국 평균 점수가 200점 만점에 129점이었는데, 2017년에 20점 이상이나 떨어졌습니다. 그것이 이 문제 탓이라며 제 글이 '딱딱한 과학론'이라는 평가를 하더군요. 그런데 센터시험 출제 위원들이 제 글을 고른 것뿐이고 저자인 저에게는 사전에 아무런 연락도 없었습니다. 그러니 제 탓이라는 말을 들을 이유는 없지요. 다만 기쁜 일이 한 가지 있다면 제가 쓴 글 가운데 이 글을 가장 많은 독자가 읽었다는 것입니다. 아무리 유명한 석학의 책이라도 50만 부가 팔리는 일은 거의 없습니다. 50만 명이 읽는 일은 좀처럼 일어나지 않지요. 그런데 이 글은 2017년 1월에 벌써 50만 명 이상이 읽었습니다. 제가 쓴 글 가운데 가장 많은 독자를 확보한 것입니다. 이 문제는 모의고사에도 나오고 참고서에도 수록되어 있으므로 독자 수가 계속해서 늘 것을 생각하면 매우 기쁩니다. 내용을 음미하면서 읽는 사람이 얼마나 있을지는 모르겠지만요.

그런데 과학론이 센터시험 언어 영역 문제로 나왔다는 게 참 흥미롭습니다. '골렘(golem)[50]이 어떻다, 중력파가 어떻다' 등의 이야

---

49. 《과학론의 현재》 '과학 커뮤니케이션-전문가와 문외한의 대화는 가능한가', pp.117~147.

기를 썼는데 말입니다. 이 글은 소재는 이과적이지만 논리 전개는 문과적입니다. 평론문이기 때문에 수식은 나오지 않지만, 과학을 이러한 논리로 논할 수 있다는 것을 보여주는 글입니다. 고등학교까지의 교육에서는 거의 하지 않는 일이지요. 그래서 다들 놀랐다고 해야 할까, 이질적인 느낌을 받은 게 아닐까 싶습니다. 이는 지금부터 할 이야기와도 관련되어 있습니다.

문학부에 갈 것인가, 이학부에 갈 것인가

저는 교토에서 태어났기 때문에 당연히 교토대를 지망했습니다. 그 외의 대학은 전혀 생각해보지 않았습니다. 제가 나온 중고과정의 6년제 학교에서도 도쿄대에 가는 사람이 물론 있었습니다. 그런데 그들은 정부 관료가 되고 싶다며 문과1류를 지망하거나 시험이 있으면 무조건 가장 어려운 곳에 도전해 보고 싶다며 이과3류를 노리는 식이었습니다. 그 외에는 대부분 교토대를 지원하는 것이 당연한 시대였습니다.

저는 문학부냐 이학부냐를 놓고 고민했습니다. 꽤 진지하게 고민했지요. 고등학교 시절부터 남들과 다른 것을 하기를 좋아했고,

---

50. 유대 신화에 등장하는 인간이 흙과 물로 만들어낸 인형. 과학 사회학자인 콜린스와 핀치는 그 공저(《The Golem at large what you should know about technology》, 2002)에서 과학을 마술적인 능력을 갖추고 성장하며 강대한 힘을 가지고 있지만, 요령이 없어서 제어하지 못하면 위험해질 수도 있는 괴물 골렘에 비유하고 있다.

남들과 똑같은 것을 하기를 질색하는 성격이었습니다. 고등학교에서 이과를 선택하면 일반 입시의 이과 과목은 물리와 화학 혹은 화학과 생물 조합 중 하나를 선택해 시험을 치릅니다. 그래서 고등학교 이과반은 그런 학생들을 기준으로 시간표를 짭니다. 저는 이학부를 지원했는데 선택과목을 물리와 생물로 했습니다. 특이한 조합인 셈입니다. 그래서 고독한 싸움을 하게 되었습니다. 빈 시간이 엄청나게 많이 생기는 비효율적인 시간표로 고등학교 시절을 보냈습니다.

그런데 저는 왜 물리와 생물을 선택했을까요? 영장류학이나 원숭이 연구를 하는 생물학을 좋아했던 것이 그 이유 중 하나입니다. 당시 교토대 이학부는 영장류학으로 유명했습니다. 참고로 현재 교토대 총장이자 고릴라 연구의 일인자인 야마기와 주이치 씨는 저의 교토대 시절 선배입니다. 그래서 교토대에 가고 싶었던 것도 있었습니다. 한편 화학은 싫어했습니다. 어쨌든 조사만 하면 알 수 있는 것을 암기하는 게 싫었습니다. 물론 제가 오해한 것이겠지만 당시 저는 화학을 그런 과목으로 생각했습니다. 그런데 물리는 논리적이어서 마음에 들었습니다.

생물 가운데서도 특히 영장류학에 관심이 있었던 것처럼 대학에 가서도 '인간이란 무엇인가?' 하는 궁금증은 더해 갔습니다.

이학부에 들어갔지만 재능이 없었던 실험 과학자

이학부의 기본적인 교육 목표는 실험 과학자를 양성하는 것입니다. 그래서 2, 3학년 되면 일주일에 절반 정도, 대부분의 평일 오후에는 실험을 합니다. 그룹으로 실험을 하기도 합니다. 그런데 제 손은 '곰손'이어서 제가 만지기만 하면 데이터가 이상해졌습니다. 결국, 팀원들에게 민폐를 끼치게 될까 봐 점점 그룹 안에서는 손을 움직이지 않고 "원래 이 실험을 통해서 이런 결과가 나온다고 하는데, 논리적으로 몇 군데 구멍이 있지 않아?" 하는 식으로 이론만 내세우면서 평론하며 돌아다니게 되었습니다. 그랬더니 교수님이 "자네는 입은 가만히 두고 손을 움직이면 어떤가?"라고 하시더군요. 제가 "(정말로) 손을 움직여도 되나요?"라고 되묻자 "음……. 안 움직이는 게 나으려나?"라고 하셨는데, 이 무렵부터 아무래도 실험 과학자는 나와는 안 맞는 것 같다는 생각이 들었습니다.

게다가 교토대 이학부에는 원숭이를 연구하고 싶어 전국에서 온 사람들이 많습니다. 그런 녀석들은 하나같이 터프합니다. 체력과 정신력이 아주 셉니다. 원숭이 연구라고 하면 원숭이가 생식하는 현장에 연구하러 가는 것입니다. 그곳에 가서 매일 원숭이를 관찰하다 보면 어느새 자신도 원숭이가 된 것 같은 기분이 듭니다. 원숭이가 먹는 것을 따라서 먹기도 합니다. 그렇게 하려면 우선 위장이 강해야 합니다.

체력이 강한 녀석들은 한 달 동안 원숭이와 함께 생활하기 때문에 마음은 이미 원숭이입니다. 원숭이가 다다닥 달려서 벼랑에서

탁 소리를 내며 건너편까지 뛰면 현장 연구를 나간 친구도 마음은 이미 원숭이여서 같이 뜁니다. 그러고는 공중에서 '아, 나는 사람이었지!' 하고 벼랑에서 떨어집니다. 다치거나 골절상을 입고 돌아옵니다. 그래도 재밌다고 말합니다. 그런 녀석들이 있는 학부입니다. 고릴라나 침팬지를 연구하는 팀은 아프리카에서 현장 연구를 합니다. 서바이벌 나이프를 가지고 며칠 동안이나 열대 초원을 돌아다니기도 하는데, 그런 트레이닝을 하면서도 그걸 기쁘게 생각하는 사람이 영장류학자가 되는 것입니다. 예민하고 금방 배탈이 나는 저 같은 사람은 도저히 따라갈 수가 없습니다.

과학철학과의 만남

좌우간 학부생 시절 저는 실험 과학이 안 맞는다고 생각했고 점차 문학과 철학 쪽에 관심이 커졌습니다. 이치를 따지는 걸 좋아했기 때문이죠. 이학부는 실험이나 현장 연구, 자연에 관한 경험적인 연구를 좋아하는 사람들이 압도적으로 많은데, 소수이지만 그저 이론을 따지는 것만 좋아하는 사람이 있습니다. 그런 사람은 논문을 읽었을 때 그 논리 구조를 파악하는 것이 특기이고 파악 속도도 상당히 빠릅니다. 저는 아무래도 그쪽 타입인 것 같았습니다.

과학에 관심이 있지만, 철학적인 쪽을 하고 싶은데 어떻게 해야 할지 몰라 고민했습니다. 교토대 문학부 안에 철학과가 있어서 일단 철학과에 물어보러 갔습니다. "이런 분야에 관심이 있습니다."

라고 했더니 다나베 하지메[51] 교수님이 옛날에 과학철학을 연구하셨다는 겁니다. "하지만 그건 다이쇼 시대(1912~1926)의 과학이 대상이잖아요. 저는 현대 과학에 대한 철학적 이론에 관심이 있는데요."라고 했더니 그런 연구를 하는 사람은 교토대 문학부에는 없다고 했습니다.

그래서 그 무렵 등장하기 시작한 과학론이나 과학철학 분야를 어디에서 연구하고 있는지 알아봤더니 도쿄대의 고마바 캠퍼스(교양학부)였습니다. 그곳에 오모리 쇼조[52] 교수님, 이토 슌타로[53] 교수님, 무라카미 요이치로[54] 교수님 등 철학과 과학사, 과학론을 연구하는 교수님들이 계셨습니다.

대학에서 제 지도 교수님은 히다카 도시타카[55]라는 곤충학자이자 동물행동학자로 특이한 분이셨습니다. 포용력이 있어서 실험 과학자가 아닌 이론만 파는 저 같은 사람을 재미있어하셨습니다. 무라카미 요이치로 교수님 이야기를 했더니 "무라카미? 아는 사이야. 불러줄게."라며 거의 저 한 사람을 위해 교토대 이학부의 강의를 명목으로 불러주셨습니다. 무라카미 교수님의 강의 내용에 정

---

51. 다나베 하지메(1885~1962): 니시다 기타로와 함께 교토학파를 대표하는 사상가이자 철학자. 주요 저서로는 《참회도의 철학》, 《종의 논리의 변증법》 등.
52. 오모리 쇼조(1921~1997): 전후 일본 철학에 큰 영향을 남긴 철학자. 주요 저서로는 《언어·지각·세계》, 《물(物)과 심(心)》 등.
53. 이토 슌타로(1930~): 과학사가이자 문명사가. 주요 저서로는 《근대과학의 원류》, 《12세기 르네상스》 등.
54. 무라카미 요이치로(1936~): 과학사가이자 과학철학자. 주요 저서로는 《우리는 안전한가?》, 《새로운 과학론》 등.
55. 히다카 도시타카(1930~2009): 일본에 동물행동학을 최초로 소개한 연구자 중 한 명. 일본 동물행동학회 창설, 초대 회장. 주요 저서로는 《나비는 왜 날까》, 《고양이들을 둘러싼 세계》 등.

말로 관심을 가진 사람은 어림잡아 한 사람, 저밖에 없었던 것 같은데 덕분에 정말 귀한 경험을 했습니다.

수업이 끝나고 무라카미 교수님께 "저도 이런 분야에 흥미가 있는데 도쿄대 대학원에 들어가도 될까요?"라고 여쭤봤습니다. 그랬더니 교수님께서 "지원하는 건 자유지요." 하시더니 "먹고살기 힘들어요. 각오하고 오세요. 일자리도 없어요." 못을 박으셨습니다. 저는 알겠다고 대답했지만 사실 그때는 몰랐습니다. 그 말의 의미를 전혀 이해하지 못하고 대답한 것이지요. 당시에는 먹고사는 것에 대한 감각 자체가 없었습니다. 제가 스물두 살 정도 되었을 때의 일입니다. 지금 생각해도 그냥 재미있어 보여 선택하는 무모한 짓을 했던 것 같습니다.

대학원에서 문과로 전향하다

도쿄대 대학원 과학철학 강좌는 지금은 종합문화연구과의 과목 중 하나인데, 당시에는 이학계 연구과 안에 과학사·과학 기초론으로 나뉘어 있었습니다. 그래서 대학원 입시에서 1차 시험은 이과 대학원의 물리 계열로 가는 학생들과 같은 시험 즉, 과학 시험을 봅니다. 2차 때는 철학 시험을 봐야 합니다. 그래서 문학부 사람은 들어가기 힘듭니다. 1차 시험이 높은 장벽이 되니 말입니다. 교양학부에서 올라오는 학생도 있었지만 타 대학 이학부에서 온 저 같은 사람도 몇 명 있었습니다. 교토대에서 온 것은 제가 처음이지만 저 말고도 도호쿠대에서 온 사람이 제 선배 중에 있습니다. 역시 이학부에서 온 사람으로 나중에 일본 철학회 회장이 되었습니다. 그리고 도호쿠대의 이사이자 부학장이 된 노에 게이치[56] 씨도 있었습니다.

당시의 과학사 · 과학철학과는 이런 식으로 이상한 사람들이 모이는 곳이었습니다. 그래서 오히려 저에게는 마음 편안한 곳이기도 했습니다. 현재 교양학부에 있는 교수님으로는 노야 시게키[57] 씨가 저와 동갑입니다. 노부하라 유키히로[58] 씨도 동년배인 것 같습니다. 그런 사람들이 재학하던 시절입니다. 이과의 백그라운드가 조금 있는 상태에서 (학부 때만 이과여서 대단한 지식은 없지만 조금은 있고), 대학원에서는 철학 트레이닝을 받았습니다. 그런 의미에서 문과로 전향했다고 해도 될 것 같습니다. 이때부터 저는 일상을 사는 동안 '과학이란 무엇인가'를 끊임없이 묻는 사람이 되었습니다. 그리고 그 연장선에서 대입 센터시험 문제가 등장하게 된 것입니다.

과학기술과 사회에 대해 생각하다

과학론 혹은 과학기술사회론이라고 불리는 분야가 있습니다. 이 분야의 이야기를 자세히 할 생각은 없고 기본적인 개념만 조금 소

---

56. 노에 게이치(1949~): 철학자. 주요 저서로는《과학 인문학으로의 초대》(2017),《이야기의 철학》등.
57. 노야 시게키(1954~): 철학자. 주요 저서로는《철학강패》(2017),《논리 트레이닝》(2002) 등.
58. 노부하라 유키히로(1954~): 철학자. 주요 저서로는《마음의 현대철학》,《의식의 철학》등.

개해볼까 합니다.

요즘처럼 과학기술이 발달한 사회에 살면서 우리가 과학기술을 어떻게 이해하고 있는지를 토론하는 사람은 거의 없습니다. 지금 이 교실 안에 존재하는 것 가운데 과학기술의 가공 없이 만들어진 물건이 뭐가 있을까요? 대부분은 인공물입니다. 심지어 공기도 에어컨으로 '가공'되고 있습니다. 여러분은 자신이 인공물 공간 안에 있다고 생각해 본 적이 있나요? 지금부터 한마디도 하지 않고 흙도 밟지 않고 이 교실에서 오사카까지 갈 수 있습니다. 말을 하지 않아도 전부 자동화되어 있으므로 표를 살 수 있습니다. 흙을 밟지 않아도 됩니다. 우리는 이처럼 인공물로 가득한 공간에 살고 있습니다.

이것이 지구상에서 어느 정도의 지역에서 실현되고 있는지, 어느 정도의 시기부터 이런 일이 가능해졌는지를 생각해 볼까요. 기껏해야 몇십 년밖에 안 되었습니다. 지역적으로는 아주 일부에서만 이렇게 살고 있는데 우리는 어느새 이게 일상이라고 생각하게 되었습니다. 과학기술사회론에서는 이런 것에 대해 생각하고 문제의식을 가집니다.

조금 더 구체적으로 얘기하자면 원자력 발전소 사고가 일어났을 때 무엇이 문제였는지를 생각하기도 합니다. 우리는 지금까지 원자력이 안전하다는 말을 듣고 사용해 왔습니다. 그런데 그런 큰 사고를 일으키고 말았습니다. 우리는 무엇이 잘못되었던 것일까를 생각해야 합니다. 또 유전자를 조작하거나 편집하는 과학기술이 점점 발전하고 있습니다. 이것은 정말 우리에게 복음이 될까요? 우리는 과학기술이 점점 진화해 갈 때, 그것이 가져올 사회적 파장에 대해 생각합니다.

그뿐만 아니라 현대 사회는 급속하게 정보화가 진행되고 있습니다. 여러분의 개인 정보를 꼭 필요한 형태로만 이용하겠다는 메시지가 웹사이트와 문서마다 가득합니다. 여러분은 명부 같은 것도 섣불리 만들어서 배부해서는 안 된다고 생각할 텐데, 제가 어렸을 때는 같은 반 학생들의 집 주소와 전화번호를 쓴 명부를 모두에게 나눠줬습니다. 개인 정보 보호 같은 개념이 없었지요. 그런데 왜 지금은 이렇게 개인 정보에 촉각을 곤두세우게 된 걸까요?

이런 감각의 변화가 생겨난 이유는 인터넷이 출현했기 때문입니다. 종이밖에 없었던 시대에는 명부가 유출되어도 회수할 수 있었고, 개인 정보 유출을 어느 정도 통제할 수 있다고 생각했습니다. 그런데 지금은 인터넷에서 자신에게 불리한 개인 정보가 한 번 퍼지기 시작하면 없었던 일로 되돌릴 수 없습니다. 그래서 그것이 불가능하다는 걸 전제로 살지 않으면 안 됩니다. 그렇게 되면 사람들의 의식도 달라집니다. 가능한 한 신중해지려고 하지요. 이처럼 기술에 의해 사람의 생각이 확연하게 달라집니다.

그리고 요즘에는 'AI가 우리에게 주는 의미는 무엇일까'를 생각해야 합니다. 이를 두고 '문과 사람들이 할 논의인가, 이과 사람들이 할 논의인가'부터 나누려 한다면 이미 문제 설정 방법 자체가 잘못된 것입니다. 이런 문제가 지금 계속해서 늘어나고 있습니다. 이런 사회적 배경에서 과학기술사회론이라는 분야가 미국과 유럽에서 처음 시작되었습니다. 일본에는 과학기술사회론학회가 없었습니다. 하지만 이런 문제를 생각하지 않으면 안 된다고 생각한 몇몇 사람들이 학회를 만들었고 제가 초대 회장이 되었습니다. 남들이 하지 않는 일을 하고 싶어 하는 제 유별난 성격이 이런 일에서도 드러나는 것 같습니다.

모어를 소중하게 생각하자

저는 교토에서 태어나 대학 때까지 교토에 있었습니다. 그 후에 대학원에 진학하기 위해 도쿄로 올라왔고, 후쿠오카로 갔다가 후쿠오카에서 다시 나고야로 갔습니다. 그 사이에 런던에 갔다가 나고야로 돌아왔고 지금은 오사카에 있습니다. 저는 이곳저곳을 옮겨 다니며 살았습니다. 여기서 얻은 장점은 해외 유학을 통해 얻을 수 있는 장점과 같습니다. 나에게 있어서는 당연한 것이 장소가 바뀌면 당연한 것이 아님을 피부로 느끼게 되기 때문입니다. 자취 생활이나 다른 곳에서 살아보는 경험은 매우 중요한 것 같습니다.

교토에서 도쿄로 올라왔을 때도 컬처 쇼크가 있었지만, 당시에는 겨우 스물세 살 정도이어서 도쿄 말을 쓰려는 생각이 별로 없었습니다. 지금도 교토 사투리를 소중하게 생각합니다. 저는 모어(母語) 즉, 내가 나고 자란 지역의 말이나 문화가 더욱 존중받아야 한다고 생각합니다. 미국 영화를 보면 일본을 중국과 구별하지 못해 배경 음악에 무턱대고 호랑이 울음소리를 넣는데, '이건 아니지 않나?' 싶을 때가 있습니다. 또 가끔은 영화 속에 등장하는 일본인이 하나같이 판에 박힌 모습으로 묘사되기도 합니다. 그것은 미국 혹은 서양에서 본 일본인의 이미지일 텐데, 그들은 중국과 일본의 이미지가 상당히 비슷하다고 느끼나 봅니다. 이처럼 어떤 정형화된 이미지 혹은 인식이 일본인들에게도 있다고 생각합니다.

예를 들어 격식을 제대로 갖춰야 하는 공식적인 자리에서 이야기할 때는 표준어로 말해야 한다는 인식이 있습니다. 반면에 지방에 가면 그 지역 고유의 말(모어)을 방언이라고 하면서 방언에는 '마음이 담겨있다'거나 '맛깔나다', '온기가 느껴진다'고 생각하며 스스로 추켜세우는 말을 합니다. 하지만 이러한 인식은 방언이 제대로 된 격식을 갖춰야 할 때는 적합하지 않다고 말하는 것이나 별반 다를 바 없습니다. 메이지 시대에 일본은 표준어로 전국을 통일시켰습니다. 이유도 있었습니다. 저는 표준어를 사용해야 한다고 생각하지만 모어는 지금보다 더 존중되어야 할 것 같습니다.

말이 가지고 있는 힘은 생각 이상으로 강합니다. 대만은 과거에 일본의 식민지였습니다. 대만대학은 일본이 만든 구 제국대학으로 그곳에서 공부한 대만인은 지적인 콘텐츠를 일본어로 배웠고, 현재 상당한 고령이 되었습니다. 그런 분들이 다큐멘터리 방송에서 일상생활을 할 때는 중국어로 하지만 정치나 경제, 사상 등 복잡한 이야기를 하려고 하면 일본어로밖에 하지 못하겠다고 말하는 걸 봤습니다. 젊은 시절에 추상적인 개념을 받아들이거나 토론을 할 때마다 일본어를 사용했기 때문일 겁니다.

영어로 무엇을 말할 것인가

여러분은 지금 영어를 어떻게 생각하나요? 영어로 자기 생각을 말할 수 있나요? 영국에서 살던 시절 저는 영어가 나에게 어떤 의미인지를 꽤 오랫동안 고민했습니다.

전공인 과학철학을 1년 반 동안 영국에 살면서 배웠는데, 도쿄대에서 영어 문헌을 읽는 트레이닝을 받았기 때문에 유명한 영국 철학자 이름도 알고 있었고, 논문도 꽤 많이 읽었습니다. 영국 각지에서는 세미나가 자주 열리는데 세미나에 참가해 '그 논문을 쓴 사람은 이런 얼굴이구나' 하며 신기하게 바라보기도 했습니다.

그런데 그곳에서 1년 정도 생활했을 즈음 저더러 일본에서 왔으니 일본과 관련된 뭔가를 말해 보라는 겁니다. 상당히 난감했습니다. 저는 서양인이 쓴 과학철학 논문을 많이 읽었기 때문에 의견을 내려고 하면 아무래도 그런 논문에 나와 있는 서양 과학의 사례를 인용하게 됩니다. 과학기술이 전혀 없는 나라에서 온 유학생이 서양의 사례를 든다면 그 사람들도 어쩔 수 없다고 생각하겠지만 그들이 보기에 일본은 과학기술 대국입니다. 그들은 당연히 서양의 사례가 아닌 일본의 사례를 이야기해 주었으면 하고 바랐습니다. 그때 저는 퍼뜩 깨달았습니다. 아무것도 없다는 걸 말입니다. 마땅히 이야기할 거리가 없었습니다. 저 자신도 상당히 큰 충격을 받았습니다. 그래서 귀국한 다음에는 일본의 과학기술을 주제로 공부하고 이과 계열 사람들과 진지하게 대화를 나누고 그 문제를 제 머리로 생각하는 일에 최선을 다하게 되었습니다. 그냥 내버려 두면 아무래도 서양의 과학철학을 그대로 받아들여서 카피한 것에 불과한 이야기를 하게 되고 말 테니까요.

지적인 콘텐츠를 낳는 언어의 힘

여러분도 어떤 주제에 대해 영어로 토론을 할 수 있게 되기를 바랄 겁니다. 그렇게 되지 않으면 곤란하지요. 하지만 동시에 일본어로도 생각할 줄 아는 사람이면 좋겠습니다. 유카와 히데키[59]는 아마 일본어로 생각했을 겁니다. 나쓰메 소세키[60]도 일본어로 생각했을 겁니다. 만약 일본의 지적인 사람들이 지적인 콘텐츠를 영어로 생각하게 된다면 '지적인 이야기를 하려고만 하면 영어가 아니면 잘 안 된다'라고 말하는 엘리트가 늘어나게 될 겁니다. 그러면 무슨 일이 일어날까요? 방언은 특색이 있고 따뜻하고 멋지다고 말하지만 정작 중요한 이야기를 할 때는 표준어가 아니면 하지 못하는 것과 같은 구조가 더욱 글로벌한 형태로 일어나게 되겠지요. 이를 '현지어화된다'라고 부르기로 합시다. 지적인 콘텐츠가 담긴 글이 일본어에서 사라집니다. 그러면 일본어는 현지어화되고 맙니다. 이것이 영어를 다룰 때 일본이 신중하게 생각해야 할 과제인 것 같습니다.

---

59. 1949년 노벨 물리학상을 받은 일본의 이론물리학자.
60. 일본 근대 문학을 대표하는 작가.

저는 여러분이 반드시 영어를 제대로 할 줄 아는 사람이 되었으면 합니다. 하지만 이와 동시에 지적인 콘텐츠를 일본어로 만들어 내는 주체이기도 했으면 좋겠습니다. 물론 양쪽 모두를 하는 것은 상당히 힘든 일입니다. 게다가 지금 이런 문제의식을 느끼고 있는 사람이 너무 적습니다. 정부 기관 등에서도 일본의 영어 교육에 대한 논의가 이루어지고 있는데 거기에는 정치가와 기업가들이 많이 참가하고 있습니다. 하지만 '중고등학교와 대학교 때 분명 영어를 배웠는데, 영어를 못 해서 외국에 가면 당황하게 된다. 일본의 교육은 이상하다. 어떻게든 바로잡아야 한다'라는 한 맺힌 토론만 하는 것처럼 느껴집니다. 정말로 일본에 필요하고 가르쳐야 할 영어 능력이 어떤 것이며 그것을 갖춘 사람이 몇 명 정도 필요한지를 구체적으로 생각해야 합니다. 이런 근본적인 문제부터 생각하는 능력은 앞으로도 요구될 겁니다. 별생각 없이 그때그때 유행하는 토론에 그저 편승만 하려고 해서는 안 됩니다. 어떤 문제에 대해 생각할 때 항상 근본부터 따져나가는 일이 중요하다는 것을 여러분께 말씀드리고 싶습니다.

문과 vs. 이과는 일본뿐?

지금까지 '문과' '이과'라는 단어를 사용해왔는데, 이 문과와 이과라고 하는 이분법에도 사실 성가신 문제가 담겨있습니다. 애초에 문과 · 이과라는 단어는 구제고등학교[61]에서 문과와 이과를 나눈 것에 그 뿌리가 있습니다. 간혹 문과와 이과를 나누는 것은 일본의 독특한 문화라거나 서양에서는 그런 말을 하지 않는다고 주장하는 사람들이 있습니다. 일본에서는 문과와 이과를 나누려고 하는 경향이 아직 매우 강하기 때문에 그런 의미에서는 반쯤 맞는 말이지만, 역사적으로 보면 서양에서도 문과와 이과를 나눈 논의가 있었습니다. 예를 들어 파스칼의 '섬세한 정신'과 '기하학적 정신'이라는 언어유희를 들 수 있습니다. 그리고 C.P.스노우의《두 문화와 과학혁명》[62]은 그야말로 문과와 이과의 분단 이야기입니다.

파스칼의 '섬세한 정신'과 '기하학적 정신'

'파스칼의 원리'라고 하는 유체역학에서의 기본 원리가 있습니다. '밀폐 용기 안의 유체는 그 용기의 형태와 상관없이 어떤 한 점에 받은 단위 면적당 압력을 그대로의 강도로 유체 외의 모든 부분에 전달한다'라는 것입니다. 이 파스칼의 원리를 만든 사람과 '인간은 생각하는 갈대다'라고 말한 철학자 파스칼은 동일 인물입니다.

그 외에도 '파스칼의 내기'라는 유명한 이야기가 있습니다. '신은 존재한다'와 '신은 존재하지 않는다'가 쓰여 있습니다. 세로는 '신의 존재를 믿는다'와 '신의 존재를 믿지 않는다'라고 쓰여 있습니

---

61. 1950년까지 존재했던 일본의 고등교육기관.
62. 1959년 강연을 보충해 원서는 1963년에 출판되었다.

다. 파스칼은 '신의 존재를 믿느냐 믿지 않느냐?'는 물음에 어떻게
응답하는 것이 합리적인지를 생각했습니다.

		신	
		존재한다	존재하지 않는다
신의 존재를	믿는다	천국	변화 없음
	믿지 않는다	어?	그럼 그렇지!

〔파스칼의 내기〕

　먼저 신의 존재를 믿었다고 해봅시다. 죽어 보니 기다렸다는 듯
이 신이 있었습니다. '아, 다행이다' 하겠지요. 반대로 신의 존재를
믿으며 살았는데 죽어 보니 신이 없었습니다. 조금 안타깝지만 달
라질 건 없습니다. 그렇다면 신의 존재를 믿지 않고 살았는데 죽어
보니 신이 있었을 때는 어떻게 될까요? '어? 안녕하세요……' 하며
분위기가 조금 어색해집니다. 믿지 않고 죽었는데 역시 신이 없었
다면 '그럼 그렇지!' 하고 끝납니다. 이쪽도 달라질 건 없습니다. 어
느 쪽이 합리적인가? 그것은 신의 존재를 믿는 삶의 방식이라는 생
각을 파스칼은 하고 있었습니다. 어떤 자세를 취하는 것이 합리적
인가를 확률론에서는 '기대치'라고 말하는데, 파스칼의 내기는 그
기본이 되는 이야기입니다. 혹시 몰라서 덧붙여두지만, 그가 정말
로 신의 존재 여부를 주제로 토론하려고 한 것은 아닙니다.
　파스칼은 문과적인 센스와 이과적인 센스를 '섬세한 정신'과 '기
하학적 정신'이라고 표현하고, 자신은 그 양쪽을 다 갖추고 있지만

두 가지 정신은 쉽게 일치하지 않는다는 이야기를 한 것입니다.

스노우의 《두 문화와 과학혁명》

C.P.스노우의《두 문화와 과학혁명》은 1959년, 영국에서 화제를 일으키며 수많은 논쟁거리를 낳은 책으로 유명합니다. 스노우는 물리학을 전공한 평론가이자 소설가입니다. 그는 영국에는 두 개의 문화가 존재하는데 사람을 '문학가'와 '물리학자'라는 두 범주로 나눠 논의를 진행합니다. 이 논의의 배경에는 옥스퍼드나 케임브리지 같은 전통적인 영국 대학들이 있습니다. 그런 오래된 학교에서는 신사를 만들어야 한다며 기본적으로 문과의 교양인을 양성해왔습니다. 스노우는 문과 교양인의 상징으로 '문학가'를 들고 있습니다. 그런데 18세기 말에서 19세기로 접어들면서 과학과 기술이 매우 중요한 역할을 하게 되었습니다. 그래서 스노우는 과학과 기술을 배우고 있는 사람들을 '물리학자'로 비유한 것입니다.

'물리학자'는 어떤 의미에서 낙천주의적이고 선하며 인류를 위해 단호히 싸울 수 있는 정신이 있습니다. 그들은 세계를 선한 방향으로 발전시키려는 활동에 나서는 사람들입니다. 기술을 개발하고 비합리적인 것을 깨부수며 변화시켜 갑니다. 그런데 '문학가'는 이를 전혀 이해하지 못하고 과학이나 기술은 야만적이라는 식의 이야기만 늘어놓습니다. 스노우의《두 문화와 과학혁명》은 이런 식으로 가면 영국은 쇠퇴하게 될 거라는 위기의식을 가지고 '문학가'

를 비판하는 책입니다. 지금 식으로 말하면 문과 비판입니다.

일본의 문과 무용론을 생각하다

일본에서는 스노우의 비판과 비슷한 논쟁을 아직도 하고 있습니다. 바로 문과 무용론이라고 불리는 것으로 문부과학성의 한 문서가 이 논쟁의 발단이 되었습니다.

> 〈특히 교원양성계열 학부·대학원, 인문사회과학계열 학부·대학원에 대해서는 18세 인구의 감소와 인재 수요, 교육 연구 수준의 확보, 국립대학의 역할 등에 입각한 조직 재검토 계획을 세워 조직의 폐지나 사회적 요청이 높은 분야로의 전환에 적극적으로 임하도록 힘써야 한다.〉
> – 국립대학법인 등의 조직 및 업무 전반의 재검토에 대하여,
> 2015년 6월 8일 문과고 제269호 문부과학대신 통지, 문부과학성

이상이 문과 무용론에 불을 지핀 글로 문부과학대신의 이름으로 공표된 공식 문서의 한 구절입니다.

평범하게 읽으면 문과는 필요 없다고 말하는 것처럼 보입니다. 이 글이 논쟁거리가 되자 문부성은 그런 뜻이 아니라며 필사적으로 진화에 나섰습니다. 하지만 이 글을 읽고 타버린 마음은 어쩔 수가 없었을 겁니다. 저도 이 글에는 분명 오해의 소지가 있다고

생각합니다. 이 글은 18세 인구가 점점 줄어드는 가운데 일본 교원 양성계열 학부에 문제점이 있었기 때문에 이를 개선하고자 작성된 글입니다. 그런데 '교원양성계열 학부 · 대학원' 다음에 문과 일반을 나타내는 '인문사회과학계열 학부 · 대학원'이라는 단어가 이어지는데 그 의미에 대해 논쟁이 시작된 것입니다.

사실 원문에는 이 문장 뒤쪽에 '덧붙여서 학부와 대학원 각각에서 교양 교육에 대한 방침을 명확하게 해서 더욱 충실하게 만든다'라는 문장도 있습니다. 즉, '교양'이 중요하다고 쓰여 있는 것입니다. 그것도 학부뿐 아니라 대학원에서도 교양 교육을 하라는 메시지를 보내고 있습니다. 일본의 문과대학 사람들은 이 부분을 완전히 무시하고 윗부분에만 주목해서 괘씸하다며 논의를 시작한 것이지요.

논쟁의 경위가 어떻든 많은 국립대학이 문과 학부를 축소하거나 재편하는 방향으로 조직 개편을 하고 있습니다. 그래서 문과에 겨울이 찾아온 것은 사실입니다. 반면 최근 지방에서는 이과생들에게도 교양 교육을 해야 한다는 목소리가 오히려 커지고 있다고 합니다. 대학생들을 어떻게 교육할 것인가를 두고 현재 엎치락뒤치락하고 있는 것 같습니다.

이과에 여학생이 적으면 어떤 문제가 생길까?

오늘 수업에서 문과와 이과의 문제에 대해서 깊이 파고들 생각은 없지만, 요즘에는 이과가 인기라고 합니다. 특히 감각을 필요로 하는 산업계에서는 대학에 '이과 여학생을 더 많이 배출해달라'고 요청합니다. 도쿄대의 비율은 모르겠지만 오사카대 공학부의 남녀 비율은 현재 9 대 1입니다. 이학부는 8 대 2 정도입니다. 그만큼 남학생에게 편중되어 있습니다. 이는 바람직하지 못한 현상입니다.

공학이란 자연과학과 인문사회과학을 활용하면서 사회에 유용한 것을 만들어내는 학문입니다. 이학과는 달리 단순하게 진리 추구를 지향하는 것이 아니라 사회에 도움이 될 만한 어떤 것을 만들겠다는 방향을 갖고 움직이는 학문입니다. 그런 학문을 남성만 공부한다면 사회의 비율과 너무나 균형이 맞지 않습니다. 게다가 지금 일본 공학부에 오는 남학생들 대부분이 사립 6년제 남학교 출신입니다. 그런데 공학부에 들어가도 주위에는 남자밖에 없습니다. 학생들은 여성과 자연스러운 만남의 기회가 없다며 아쉬워합니다. 그 마음도 이해가 갑니다. 문득 궁금해져서 남학생들에게 어떤 만남이 자연스러운 만남이냐고 물어봤습니다. 그랬더니 '전철역에서 스쳐 지나가면서 손수건을 떨어트리는 것'이랍니다. 그런 일이 있겠습니까? 그런데 이런 말도 안 되는 감각을 가진 학생도 있는 것이 현실입니다.

공학부 학생들과 이런 대화를 한 적이 있습니다. "공학의 남녀 비율이 지금 같은 건 이상합니다. 사실 반반 정도가 되는 것이 바람직하겠죠."라고 했더니 공학부 학생들이 진지한 표정으로 "왜요?"라고 묻더군요. "사회에는 남성과 여성이 반반 정도 비율로 있고, 여러분이 만들어낸 제품의 혜택을 누리는 사람도 반반이겠죠.

그렇다면 만드는 쪽에서도 이용자의 감각이 자연스럽게 스며들게 해야 하지 않을까요?"라고 했더니 "아……. 그렇게 생각할 수도 있겠네요."라는 겁니다.

이 학생들은 실험이나 연구하는 데만 머리를 쓰고 그것이 사회적으로 어떤 의미가 있는지를 생각하는 습관은 되어있지 않습니다. 저는 이것이 넓은 의미에서 봤을 때 교양과 관계된다고 생각합니다.

다가올 새로운 시대, 교양이란

예전에 일본학술회의[63]에서 어떤 것을 할 수 있으면 대학에서 교양을 함양했다는 게 증명되는지를 토론한 적이 있습니다. 여기서 세 가지 포인트가 추려졌습니다.

첫 번째는 자신이 전공한 것을 전공하지 않은 사람에게 알기 쉽게 설명할 수 있는지입니다. 같은 전공을 한 사람들끼리는 금세 말이 통하지만, 그렇지 않은 사람에게 자신의 전문 분야를 제대로 설명하는 일은 생각보다 어렵습니다. 설명을 잘하려면 우선 자신이 전문으로 하는 분야를 깊이 배워야 합니다. 그리고 배운 것을 제대로 이해했는지를 테스트하는 가장 좋은 리트머스 시험지는 전문가

---

63. 내각부의 특별 기관 중 하나. 일본 과학자 대표 기관. 과학의 발달을 꾀하고 행정, 산업 및 국민 생활에 과학을 전파하고 보급하는 것을 목표로 하는 일본의 국립 아카데미.

가 아닌 사람에게 자신이 하는 일에 관해 설명해보는 것입니다. 그걸 할 수 있게 되면 그 분야는 자기 몸에 밴 것이 됩니다. 그러니 여러분도 예를 들어 할머니나 할아버지, 전문가가 아닌 사람에게 자신이 전공하는 분야를 설명할 수 있는 사람이 되기를 바랍니다.

또 한 가지는 자신의 전공 분야가 사회에서 어떤 의미가 있는지를 생각하는 일입니다. '도움이 된다'가 아니라 '의미가 있다'라고 할만한 부분을 찾으라는 것이죠. 돈벌이가 된다, 제품을 만든다, 사람을 이롭게 하는 것과 같은 의미에서 '도움이 된다'도 있지만, 학문에는 그 외에 다른 의미도 있습니다. 그런 측면에서 자신의 전공이 사회적으로 어떤 의미가 있는지를 생각해야 합니다. 의학의 사회적 의미는 알기가 쉽습니다. 공학도 비교적 알기 쉽습니다. 힘들어지는 것은 이학, 문학 계열입니다. 그래도 회피하지 말고 그 의미를 제대로 생각해 보기를 바랍니다.

마지막으로는 자기 전공이 가지고 있는 사고의 습관, 혹은 한계를 말할 수 있느냐입니다. 이 세 가지가 대학에서 갖추어야 할 교양의 포인트가 아닐까요.

학문의 가치를 어떻게 말할 것인가

앞에서도 이야기했듯이 저는 대학에서는 이학부였습니다. 이학부는 기본으로 진리를 추구합니다. 진리 추구를 위해 이런 재미있는 것을 할 수 있게 해주고 세금으로 좋은 환경에서 연구도 하게 해줍니다. 이런 혜택을 왜 제공하는가에 대해 학부생 시절에 동기와 토론한 적이 있습니다.

당시 긴 토론 끝에 도달한 답은 깜짝 놀랄 만큼 단순했습니다. 진리 추구형 과학을 계속해 나가는 일을 세금으로 뒷받침해주는 일이 어떻게 정당화되는 걸까요? 예를 들어 경제학부라면 그 학문 연구가 이 사회에 어떤 의미가 있는지를 이야기하기 쉽습니다. 법학부도 그렇습니다. 농학이나 공학도 사회적인 의미를 알기 쉽습니다. 그렇다면 이학부나 문학부는 어떨까요?

우리가 도달한 답이 무엇이었을까요? 우리가 하는 일은 미래 벤처기업을 세울만한 일이 아닙니다. 원숭이를 쫓아다닙니다. 개미의 생태를 조사합니다. 왜 그런 일에 세금을 사용하는 일이 허용될까요? 그것도 국가 재정이 위기를 맞이하고 있는 이 시대에 말입니다.

학생의 답변: "인류 전체가 그 일에 흥미를 느끼고 있어서가
아닐까요?"

정말 흥미가 있을까요? 근데 그 부분에 포인트가 있는 건 맞습니다. "나중에 반드시 돈벌이가 될 거예요. 몇십 년 뒤가 될지 몇백 년 뒤가 될지는 모르지만요."라는 식으로 말하는 건 건전하지 못합니다. 왜냐하면, 기약 없는 공약을 내 거는 건 사기와 다름없기 때문이죠. 그런 방식으로 순수한 진리 추구의 논의를 정당화하기는 어렵습니다.

우리가 도달한 결론은 간단합니다. 엔터테인먼트입니다. 지적인

엔터테인먼트이지요. 솔직히 우리는 그때 확신했습니다. 어떤 것에 도움이 된다는 식으로 계산적인 이야기를 한들 그건 가짜라고 말이지요. 열여덟 살의 순수함이 있었던 것 같습니다. 하지만 지금, 이 나이가 되어서도 그렇게 틀린 생각은 아닌 것 같습니다. 세상은 반드시 무엇인가에 도움이 되는 것만으로 이루어져 있지 않으니까요. 돈벌이에 도움이 되지 않아도 앞에서 대답한 학생이 '인류 전체가 흥미를 느끼고 있다'고 말한 것처럼 우주 탐색 같은 것이 사람들을 흥분시키는 이유는 지적인 호기심을 만족시키는 측면이 있기 때문입니다. 고급스러운 지적 엔터테인먼트를 낳는 일은 가짜 뉴스로 돈을 버는 것보다 훨씬 중요한 일입니다. 그런 '가치'가 있다는 것을 말하지 않으면 사회에서 지원해 주지 않습니다. 이는 이학뿐 아니라 문학도 마찬가지입니다.

인문학이라는 학문의 의미

평론가인 오야 에이코 씨는 문학부에서 하는 학문에 대해 이런 말을 한 적이 있습니다. "죽는다는 걸 알면서 사람은 어떻게 살아갈 수 있을까? 그 근원적인 이유를 생각하는 것이 문학부이다."[64] 사람은 누구나 죽습니다. 그런데도 우리는 성실하게 살려고 합니다. 오야 에이코 씨는 그 이유를 생각하는 학문이 인문학일 것이라

---

64. 와시다 기요카즈 '그때그때의 말', 《아사히신문》, 2015년 12월 21일.

고 말합니다. 우리는 일상생활에서 24시간 내내 그런 생각만 하며 살 수가 없지만 그런 문제에서 벗어날 수도 없습니다. 그러므로 삶과 죽음에 대한 문제를 전업으로 생각하는 사람에게는 경의를 표해야 한다는 게 제 생각입니다.

극작가 중에 히라타 오리자[65]라는 분이 계십니다. 현재 오사카대 교수이기도 한 그는 재미있게도 이학, 공학, 의학, 문학부의 학생들을 모아 연극을 하면서 수업을 진행합니다. 이 수업은 오사카대 대학원 교육의 인기 강좌 중 하나입니다. 그는 살아가면서 고민할 일이 생기거나 역경과 마주했을 때 연극과 문학이 도움이 된다고 말했습니다.

이와 비슷하게 2017년 오사카대 문학부의 긴스이[66] 학부장의 말도 화제가 된 적이 있습니다. "우리는 고난에 부딪혀서 인생의 갈림길에 섰을 때 고민한다. 그리고 고민하고 있을 때 적어도 그 문제를 한 발 떨어진 곳에서 대상화해서 바라본다. 그런 일을 가능하게 하는 지적 행위로서 문학이 있다. 그래서 평상시에는 큰 의미가 없을지 모르지만, 고난이 있을 때는 도움이 된다. 이때 '도움이 된다'는 말은 벤처기업을 만들 만한 경제적 가치를 낳거나 이노베이션을 일으킨다는 뜻이 아니다. 하지만 사람이 살아가는 데는 필요하다."

---

65. 히라타 오리자(1962~): 극단 '청년단' 주재 고마바 아고라 극장 지배인. 희곡 대표작으로는 《도쿄 노트》, 《서울 시민》 3부작 등.
66. 긴스이 사토시(1956~): 일본어학자. 오사카대 문학부 교수. 주요 저서로는 《버추얼 일본어 역할어의 수수께끼》, 《일본어 존재 표현의 역사》 등.

그런 의미에서 앞으로 여러분이 선택할 전문 분야가 무엇이든지 그 분야가 사회에 있어서 어떤 의미가 있는지를 계속해서 생각하기를 바랍니다. 지금 우리 사회는 '빈자소인(貧者小人)'의 사회이며 대학에서도 돈벌이로 이어질 만한 일을 해야 한다는 압박이 너무 강합니다. 경제적 이익으로 이어질 만한 일을 대학도 해야 한다는 말도 절반은 일리가 있지만, 모두가 돈벌이 수단만 추구한다면 대학은 더는 대학이 아닙니다. 문과를 지망하는 학생이라면 반드시 문과의 의미를 진지하게 생각해보면 좋겠습니다.

자기 사고의 습관, 한계를 알라

일반적으로 '사회 상식이 없는 이과와 과학 상식이 없는 문과'라는 말을 합니다. 대학교 1학년이라면 문과생이라도 수능시험에서 풀었던 이과 지식이 약간은 남아있을 겁니다. 하지만 단언하건대 시간이 지남에 따라 점점 기억에서 사라져갈 겁니다. 틀림없습니다. 이과생 여러분도 지리나 역사 지식이 아직은 남아있을 겁니다. 하지만 서서히 흐릿해지겠지요. 그건 어쩔 수 없는 일입니다.

인간의 지식은 사용하지 않으면 잊히기 마련이니까요. 그런데 자전거를 타는 능력은 좀 다릅니다. 자전거를 타는 능력은 어렸을 때 한번 익혀두면 쉽게 사라지지 않습니다. 그런데 학교 교과서로 배운 지식은 사용하지 않으면 점점 희미해집니다. 누구나 그렇습니다. 그래서 대학 교육 안에서 그런 지식을 사용하거나 필요로 하는 상황이 없으면 이과생이 고등학교 때까지 배운 사회과학적인 지식을 점점 잊어버리게 되는 것은 당연합니다. 반대로 문과생은 과학과 소원해지거나 이과적 지식이 점점 옅어지는 일을 피할 수 없습니다. 하지만 그렇다고 해서 이를 필연으로 받아들이고 어쩔 수 없다는 말로 두루뭉술하게 끝내려고 해서는 안 됩니다.

앞에서 말했듯이 대학과 대학원의 교양 교육은 중요합니다. 저역시 문과와 이과의 벽을 깨부수는 형태로 같은 문제를 함께 토론하는 장을 만드는 일을 해야 한다고 생각합니다. 실제로 오사카대에서 특정 연구과나 학부에만 유리하지 않을 만한 사회적 과제를 하나 설정해서 다양한 학부의 학생들을 모아 토론하는 수업을 만들었는데 매우 재미있었습니다.

한번은 수업에서 광우병 문제를 다뤘습니다. 당시 미국에 광우병이 출현했습니다. 일본은 곧장 미국으로부터의 소고기 수입을 막았습니다. 전국 체인점에서 규동이 사라지는 게 아니냐며 떠들썩했던 시기였습니다. 그때 우리가 내놓은 토론 주제는 '어떤 조건이 갖춰지면 미국 소고기 수입을 재개할 수 있을까?'였습니다. 그러자 이학부 학생은 광우병의 원인이 되는 프라이온이라는 물질을 검출하는 웨스턴 블로트법이라는 과학적인 검출 방법의 정밀도에 대한 논의부터 시작했습니다. 법학부의 정치학 계열 학생은 미일 외교 관계와 정치 관계에서 출발하여 이야기를 시작했습니다. 이는 정부가 책임감을 지고 해결해야 할 외교 문제라고 말이지요. 그러자 문학부의 철학과 학생이 그런 상황에서 '책임'이라는 개념을 어떻게 정립해야 할 것인지에 대해 논의를 시작했습니다.

저는 이 수업에서 학생들에게 같은 문제를 보더라도 각자가 접근하는 방식이 전혀 다르다는 것을 알게 되었습니다. 이를 통해 전문 분야에 따라서 자신의 사고에 어떤 '습관'이 생긴다는 것도요. 사고에 습관이 생긴다는 것은 나쁜 일은 아닙니다. 어쩌면 전문가가 되어 간다는 뜻이기도 하니까요. 다만 자신이 모르는 등산 루트도 있다는 걸 함께 알아야 한다는 겁니다. 자신과 다른 전문성을 가진 이를 존중하는 감각을 어떻게 함양할 것인가를 함께 진지하게 고민해야겠죠.

앞으로 어떤 사회에서 일하게 될까

교양 교육 실험에서 한번은 방사성 폐기물에 대해 다뤘지요. 원자력 발전소에서 나온 연료 쓰레기가 40년 치 이상 일본에 쌓여있습니다. 아직 이것을 어떻게 처리할지에 대한 해답이 나오지 않아 다들 난처해하는 상황입니다. 이에 대해 공학부 학생 스무 명이 토론하였습니다. 그랬더니 두 시간 만에 의견이 모였습니다. 이번에는 같은 주제를 공학, 이학, 문학, 법학, 경제학 등 다른 분야를 전공하는 학생들을 섞어서 토론해보았습니다. 일주일이 지나도 답이 나오지 않았습니다.

"학생이 앞으로 활동하게 될 사회는 어떤 사회인가요?"

저는 한 공학부 학생에게 물었습니다.

"공학부 학생끼리 토론을 하면 금세 의견이 모이는 건 공학부 사람들이 특별히 머리가 좋고 합리적이라서 그럴까요? 그렇지 않아요. 같은 벡터의 사고를 하는 사람들끼리 모여서 토론한 것뿐입니다. 세상은 공학부 출신만 모여 있는 사회가 아닙니다. 다양한 벡터를 가진 사람들이 살고 있습니다. 그런 사회에서 학생이 공학적인 감각을 어떤 식으로 풀어낼지를 생각해야 합니다."

수업을 들은 한 학생이 재미있는 이야기를 했습니다. "예를 들어 의자에 대해 다룬다고 했을 때 공학부의 트레이닝을 받으면 그 의자의 구조상의 강도나 재질 같은 것만 생각하게 되는데, 이 수업을 듣고 '이 의자에 누가 앉을까, 어떤 상황에서 앉을까'까지 생각하게 되었어요."라고요.

학생들이 알아채기를 바란 것은 바로 그런 점입니다. 같은 전문 분야를 가진 사람들끼리 토론을 하면 같은 것만 보입니다. 그만큼 효율은 높아지지만 다른 부분에 대해서는 놓치게 되지요.

깊이 있는 전문 지식과 배어 나오는 교양을 갖추자

여러분은 앞으로 대학에서 전문 분야를 더욱 깊이 있게 공부하게 될 것입니다. 그러나 전공 분야를 공부할 때 머리를 쓰는 방법과 소위 교양이라 불리는, 자신에게 내재한 사고의 버릇을 메타적으로 생각할 때 머리를 쓰는 방법은 다릅니다. 전공 분야에 깊이를 더해 가면서도 이를 어떻게 균형 있게 만들어 갈지가 매우 중요하다는 것을 기억했으면 합니다.

옛날에 제아미라고 하는 노(能)(일본의 대표적인 전통 가면극)로 대성한 인물이 '떨어져서 보면 보인다―이견의 견(離見の見)'이라는 말을 했습니다(《화경花鏡》). 뛰어난 연기자는 연기하는 가운데 연기를 하는 자신의 모습을 또 다른 하나의 눈으로 바라본다고 하는데, 제아미는 그런 경지에 올랐을 때 비로소 가장 뛰어난 노의 경지에 오른 게 아니겠냐는 말을 남겼습니다. 그가 하고자 한 말이 오늘 제가 한 말과 일맥상통하는 것 같습니다. 우리에게는 열중해야 하는 일, 깊이 파고들어야 하는 일, 배워야만 하는 일이 있습니다. 하지만 동시에 그것을 조금 더 냉정한 눈으로 바라보는 또 다른 감각이 필요한데 이 두 가지의 균형을 잡는 일이 교양을 익히는 일이 아닌가 싶습니다.

세상에는 박식한 사람의 교양이 있습니다. 이를 '과시하기 위한 교양'이라고 부릅시다. 그에 반해 제가 지금까지 말한 온 교양은 '배어 나오는 교양'이라고 부르면 좋을 것 같습니다. 그것을 익히기는 매우 어렵습니다. 이는 평생에 걸쳐서 자신이 문제의식을 느낀 일을 향해 돌진하면서 또 다른 눈으로 자신을 바라보는 경험을 반복하는 가운데 익힐 수밖에 없다고 생각합니다. 그리고 저도 지금 그 길 위에 서 있는 것 같습니다. (2017년 12월 15일 강연)

⟨커리어 교실⟩을 통해
전하고 싶은 이야기

복잡하고 불확실성이 높은 시대를 어떻게 살아가야 할까요? 지식이나 기술뿐 아니라 멀리 내다보는 안목과 유연성을 가지고 스스로 커리어를 주체적으로 만들어 가야 합니다. ⟨커리어 교실⟩은 그런 마음을 담아 3년에 걸쳐서 강좌를 진행했습니다. 수업에 참여한 교원들의 생각과 그동안의 심화 과정을 돌아보며 세 명의 편집자가 논의한 좌담회의 뒷이야기를 전합니다.

시네하 세이코

교토대 대학원 생명과학연구과 박사 과정 졸업. 생명과학 박사. 재료 제조사에서 나노 일렉트로닉스와 바이오 소재에 관한 신사업개발·연구기획 업무에 종사한 후 대학의 리서치·어드미니스트레이터를 거쳐 현재는 대학에서 과학기술계 인재 육성과 과학 커뮤니케이션에 관한 교육과 연구를 하고 있다. 본 수업을 담당했을 때는 도쿄대 교양학부 부속 교양교육원 고도화기구 사회 특임 강사였다. 2018년 4월부터 동경공업대 환경·사회이공학원 이노베이션과학계 조교로 일하고 있다. 저서로는 《교양교육 재고》가 있다.

오카모토 요시코

도쿄대 대학원 종합문화연구과 박사 과정 졸업. 철학 박사. 대학원 시절에는 헝가리 과학아카데미 음악학 연구소에 유학했고, 벨라 바르톡(Bela Bartok)의 무대 예술작품을 연구했다. 학위 취득 후 학술단체 사무직원으로 학술지 편집과 국제회의 운영 보좌 업무를 담당했다. 2016년 5월부터 도쿄대 교양학부 부속 교양교육원 고도화기구 사회연계 부문 특임 조교, 2018년 10월부터 특임 강사로서 예술의 실천 수업을 비롯한 사회·민간과 연계한 교육 프로그램 개발과 운영을 담당하고 있다.

나카무라 유키

도쿄대 대학원 이학계 연구과 박사 과정 수료. 이학 박사. 중학교 1학년 때 캘리포니아 주로 이민. 2006년 12월 UC버클리 화학과 졸업. 2012년 3월 도쿄대 대학원 이학계 연구과 박사 과정 수료. 학위를 취득한 뒤 하버드대에서 박사연구원으로 천연물의 신규 합성 루트 개발에 힘썼다. 2013년 11월부터 도쿄대 교양학부 부속 교양교육원 고도화기구 자연과학교육 고도화 부문의 특임 조교로 부임해 PEAK의 화학 실습과 유기화학 및 일반 학생을 위한 자유 세미나 등의 수업을 담당하는 한편 고체 촉매 연구를 하고 있다.

더욱더 폭넓은 시야로 '어떻게 살 것인가'를 생각했으면

〈커리어 교실〉이 탄생한 배경

나카무라: 학생들이 커리어를 생각하는 프로세스를 보면서 시작이 너무 늦었다고 생각하거나 자신이 희망하는 전공 분야에 관련된 직업만을 생각하는 등 시야가 좁다는 것에 문제의식을 느끼고 있었습니다. 폭넓게 배우고 욕심껏 교양을 쌓고 자유롭게 사고해 나갈 수 있는 교양학부생만이 누리는 2년이라는 기간을 유용하게 활용하지 못하고 있다는 인상을 받았으니까요. 개중에는 3학년이 되어서 전공을 선택할 때 유리한 위치에 서기 위해 학점을 따기 쉬운 수업만 선택하는 예도 있었고요.

오카모토: 흥미가 있는 분야에 대해 폭넓게 배우고 깊이 생각할 수 있는 Late Specialzation의 이점이 왜곡된 것 같은 느낌이었다고 할까요? 교양학부의 2년은 결코 유예기간이 주어진 것도 아니고 아무 생각도 안 해도 되는 시간이 아닌데 말이죠. 일단은 그 부분을 자극하고 싶었습니다.

나카무라: 맞아요. 학생들이 생각하는 것 이상으로 세상에는 다양한 직업이 있습니다. 테크놀로지의 발달이나 사회의 변화로 미래에는 지금 존재하고 있는 직업이 사라질 수도 새로운 직업이 생겨날 수도 있고요. 넓은 시야로 사회를 알고 '다가올 시대를 어떻게 살 것인가'를 생각했으면 하는 바람이 있었죠.

시네하: 그래서 1, 2학년을 위한 〈커리어 교실〉이라는 수업을 만들 때는 문과·이과, 성별에 상관없이 산업계나 자치단체, 연구기관 등 여러 분야에 종사하는 분들께 강의를 부탁해서 '다양성'을 확보하려고 했습니다. 학생들은 대기업은 이렇다거나 이과는 이렇다는 식으로 실재하지 않는 이미지를 가지고 스스로 시야를 좁히는 경향이 있는데, 그런 부분을 깨주고 싶었어요.

오카모토: 학생들과 비슷한 경험담을 가진 분들의 강의를 듣게 하는 것도 저희가 공을 들인 부분이었어요. 이 수업을 만들기 전에 진행된 〈커리어 교실〉에서는 글로벌 리더, 톱 리더의 이야기를 들었는데 모든 학생이 톱 리더가 되는 것은 아니니까요. 그래서 이전 수업의 장점을 살리면서 기업이나 관공서 같은 조직 현장의 최전선에서 활약하는 분들의 말씀을 폭넓게 듣게 했습니다.

시네하: 네. 톱 리더의 성공 스토리에 자극을 받는 것도 좋지만 현재 자신의 모습과 거리감을 느끼고 오히려 위축되는 학생도 있었으니까요. 그래서 저명한 톱 리더의 이야기뿐 아니라 다양한 필드에서 활약하고 있는 분들의 학창 시절의 시행착오나 실패담을 들을 수 있는 수업을 만들기 위해 노력했습니다.

햇볕이 닿지 않는 '음지'의 경험을 이야기하다

강사 선택에 담긴 메시지

나카무라: 국내외, 산업계와 관청, 학교 등 다양한 현장에서 활약하고 있는 초청 강사를 모시기 위해서 특히 신경을 많이 썼습니다. 시네하 씨의 주도로 교양교육 고도화기구 내 여러 부문의 연계가 있었고요.

시네하: 한 부문의 교원 인맥만으로는 아무래도 한쪽으로 편중되기 쉬울 테니까요. 분야가 다른 동료분들에게 조언을 구하며 교양교육원 고도화기구 안의 4개 부문(사회연계 부문, 자연과학교육 고도화 부문, 액티브 러닝 부문, 과학기술 인터프리터 양성 부문)을 연계하게 되었습니다.

나카무라: 초청 강사의 직종뿐 아니라 연령대에도 신경을 썼어요.

오카모토: 30~40대 중 현장 담당자뿐 아니라 관리나 책임자를 경험하여 전체를 볼 수 있는 시야를 가진 분도 모시고 싶었죠.

나카무라: 그뿐만 아니라 학창 시절의 마음도 떠올릴 수 있는 분을 원했죠. 당시에 무엇을 고민했고, 무엇 때문에 갈등했는지, 거기에서부터 지금의 길을 어떻게 걷기 시작했는지를 돌아보면 학생들에게도 지금의 자신과 미래의 자신을 연결해 생각해 보는 계기가 될 것 같았어요. 장래에 자신이 어떤 사람이 되고 싶은지 모르겠다고 고민하는 학생들에게 '커리어는 고민하고 헤매면서 쌓아가는 것'이라는 걸 알려주고 싶었습니다. 부족해 보이는 자신에게 계속해서 생각하고 행동하면 길이 생긴다는 긍정적인 메시지를 전달할 수 있으면 좋겠다는 바람이 있었죠.

시네하: '나는 ○○가 되고 싶어' 하며 골인 지점을 미리 설정해두고 그곳에 최단 거리로 도착하는 것만이 정답은 아닙니다. 문맥이 변하면 설정해둔 골인 지점이 바뀌는 일은 얼마든지 있을 수 있으니까요. 실패나 좌절을 맛보는 순간도 있겠지만 돌아보면 좋은 전환점이 되었다는 것을 깨달을 때도 있을 거예요.

나카무라: 그래서 초청 강사들께도 방황이나 좌절도 포함해서 이야기해 주십사 부탁드렸어요.

시네하: 건축사인 가네코 히로아키 씨(3장)는 '고민의 키워드'라는 주제로 대학 입학부터 시작해 학창 시절, 그리고 사회에 나간 뒤에도 다양한 고민이 존재한다는 걸 이야기해 학생들에게 큰 공감을 불러일으켰어요.

오카모토: 사실 저희 편집자 세 사람도 지금에 이르기까지 많은 우여곡절을 겪었죠. 아카데미에 계속 있었던 것이 아니라 회사에서 일하기도 하고 다시 돌아오기도 하고요.

나카무라: 맞아요. 수업에 관여했던 많은 교원이 결코 왕도가 아닌 길을 걸어온 것 같죠? 그래서 이 수업도 뒤에서는 '음지 프로젝트'라고 부를 정도였고요.

시네하: 각각의 '음지'를 걸은 경험이 이 수업을 통해서 우리가 학생들에게 전달하고 싶은 메시지 하나하나의 기반이 되었던 것 같습니다. 저는 원래 분자생물학을 전공했지만 여러 가지 사정이 겹쳐서 학위 취득 후에는 식물과학과 전혀 다른 재료과학 분야를 다루는 제조사의 신사업 개발과 연구 기획 관리직 일을 하기도 했어요. 당시 제 주위의 대부분은 아카데미를 떠나는 제 선택을 부정적으로 받아들였고, 저 역시 그런 주위의 목소리에 영향을 받아서 '나는 도망치는 거구나' 하며 스스로 실망하기도 했어요. 그런데 막상 분야를 뛰어넘은 세계에 가보니 그때까지의 제 시야가 얼마나 좁았는지를 절감하게 되었습니다. 제가 공부해온 전공을 여러 사람과 협동하면서 살리는 일의 즐거움을 밖에 나와서야 비로소 알게 된 것이었죠.

그래서 저는 '세상은 넓다', '학위를 살리는 방법은 다양하다'는 것을 전하기 위해 대학으로 돌아왔습니다. 그것도 문과로 전과까지 하면서요. 다른 입장에 서서 다른 역할을 해보았기 때문에 커리어에 발전이 있었다고 생각합니다. 하나의 전공을 계속해서 이어나가는 것도 훌륭합니다. 하지만 복잡하고 빠르게 변화하는 지금 같은 시대에는 한 우물만 파지 않고 여러 우물을 파는 삶의 방식을 택해도 되지 않을까요?

오카모토: 유연성이 중요하지요.

시네하: 라쿠텐의 기타가와 다쿠야 씨(1장)가 말한 '자신의 약함(vulnerability)을 받아들이는 강인함'도 이 수업의 중요한 메시지 가운데 하나였던 것 같습니다. 저 같은 경우는 박사 학위를 취득한 일이 '자신의 약함을 받아들이는 강인함'으로 이어졌다고 생각해요. 전공이라는 흔들리지 않는 축 덕분에 전공 외의 약한 부분을 받아들일 여

유가 생겼거든요. 이것이 저에게 없는 강인함을 가진 타자와의 협동을 즐기는 지금의 저를 만들어 준 것 같습니다.

학생들의 관심과 고민의 크기를 실감하다

학생들의 반응을 접한 뒤에 느낀 점

나카무라: 이 수업은 금요일 5교시였는데도 매년 100명 정도의 학생들이 수강했어요. 그만큼 진로에 관심이 있는 학생, 진로로 고민하는 학생이 많다는 걸 알게 되었고 다른 수업에 비해 학생들의 발언도 많았습니다.

오카모토: 혼자서 막연하게 고민하던 학생들이 '고민해도 되는구나. 이런 생각을 해도 되는구나!' 하며 안심하고 발언할 수 있었던 것 같아요. 칼럼에 실린 '잡스타'의 후쿠야마 유키 씨(1장)나 도쿄대 커리어 서포트실(2장) 분들의 협력으로 워크숍과 그룹 활동을 진행하면서 인원이 많아도 액티브 러닝이 가능했어요.

나카무라: 학생들의 솔직함도 느낄 수 있었습니다. 저도 강의를 했는데 문과 학생에게 '이과로 전과해도 좋겠다 싶을 만큼 흥미를 느끼게 되었다'는 말을 듣고 학생들의 시야를 넓혀준 것 같아서 뿌듯했어요.

오카모토: '인생관이 달라졌다'라는 코멘트도 솔직히 기분이 좋았는데요, 연애와 결혼 등 일뿐만 아니라 비슷한 또래의 고민 이야기를 나눈 것도 좋았어요. 이 책에는 수록되지 않았지만, '이 사회에서 여성으로서 어떻게 활약할 것인가?'라는 주제로 말한 여성 강사의 강연에서 남자 친구와 떨어지기 싫다는 솔직한 마음을 반영해 선택한 커리어 이야기가 특히 여학생들의 마음을 움직였던 것 같아요.

나카무라: 한편으로 초청 강사의 이야기를 흥미가 있는 분야와 그렇지 않은 분야로 나눠버리는 학생도 일부 있었어요. 직업을 정리해서 카테고리별로 나누는 것도 필요하지만 모처럼의 기회이니 조금 더 열린 마음으로 듣는 자세를 가지면 좋지 않았을까 하는 아쉬움이 남았습니다.

오카모토: 타인의 일이 어느 날 내 상황이 될 수도 있으니까요.

나카무라: 그리고 워라밸에 대한 질문이 여학생에게서만 나왔다는 것도 마음에 걸렸습니다.

시네하: 사생활도 포함해서 '커리어'라는 것을 생각하면 저 역시 남학생들에게 그런 질문이 나오지 않았다는 게 썩 반갑지만은 않았어요. 일뿐만 아니라 어떤 사람들과 함께 인생을 걷고 싶은지, 자신은 무엇에 가치를 둘 것인지 하는 부분도 커리어를 쌓아가는 데 중요한 일이고, 그것은 분명 여성만 생각해야 하는 것이 아니니까요.

나카무라: 일본 여성은 '공부만 하다가는 결혼할 기회가 줄어들지도 몰라', '가정은 여자가 돌봐야지' 등 주위의 환경에 압력을 느끼는 사람이 많은 것 같아요. 여자니까, 남자니까 이렇게 해야 한다는 고정관념을 바꿔나가야 한다는 메시지를 여학생들뿐 아니라 남학생들에게 전달하고 싶었는데, 이 부분에 대해서는 전달력이 조금 부족했는지도 모르겠습니다. 풀어야 할 과제네요.

단 하나의 직업으로는 불확실한 세상을 살아가기 어렵다

편집자가 생각하는 '다가올 시대를 어떻게 살 것인가?'

시네하: 수업을 통해 앞으로 단 하나의 직업이 자신의 모든 것이라고 여

기는 것은 매우 리스크가 클 거라는 생각을 했습니다. 이런 사고방식은 세상을 보는 눈을 편협하게 만들고, 자신에게나 타자에게나 관용적이지 못 하고 또 힘들게 하지요. 일부러도 다른 규칙이 있는 여러 환경에 소속되는 일이 중요하지 않을까요. 안도 야스노부 씨(1장)나 마루 유키히로 씨(1장)처럼 과감하게 다양한 곳에 뛰어들어 보면서 말이죠.

오카모토: 다른 조직에 속해보고 밖에 나가보면 자신과는 전혀 다른 사람을 만나볼 수 있습니다. 그럼으로써 전형적인 스타일에서 탈피해 남을 이해하려고 애쓰는 경험을 하게 될 거예요.

시네하: 다양성이 커지는 사회가 되어 가고 있으므로 자신이 이해할 수 없다고 해서 쉽게 부정하지 않으려는 노력도 해야 하는데 그러기 위해서는 스스로 이단아가 되어보는 경험도 필요하지 않을까 싶어요. JICA의 오가와 료 씨(2장)나 OECD의 무라카미 유미코 씨(2장)처럼 해외에서 일해보는 것도 하나의 선택지가 될 수 있을 것 같습니다. 국내에서 일한다고 하더라도 다양성은 항상 우리 가까이에 있다는 걸 알았으면 좋겠고요.

나카무라: '실패하고 싶지 않다'는 마음이 지나치게 강한 학생들이 많다는 것 역시 염려되는 부분이에요. 이들은 원하는 과에 바로 진학하지 못하고 유급을 하면 상처를 받습니다. 물론 유급을 추천하는 건 아니에요. 하지만 유급을 했다 하더라도 그 시간을 유의미하게 활용한다면 그것이 전환점이 될 수도 있는데, 학생들은 현재의 결과만을 보고 '유급=실패자'라고 인식하는 경향이 있는 것 같아요. 강사들의 이야기를 듣고 씩씩하게 걸어가는 자세를 배웠으면 좋겠습니다. 지금 자신이 있는 환경만이 자신이 있을 곳인 건 아니니까요.

오카모토: 저희가 걸어 온 '음지의 경험'도 참고해주면 좋겠네요.

유연성과 낙관성, 그리고 교양

편집자가 강사진에게 받은 자극

시네하: 다양한 경험을 가진 분들이 강의해주신 덕분에 이 세상에 같은 커리어는 단 하나도 없다는 것을 더욱 실감했습니다. 그러나 공통으로 모든 강사분들은 유연성과 '어떻게든 될 것이다'라고 생각하는 낙관적인 마음을 가지고 있었던 것 같아요.

오카모토: 좌절 경험도 결과적으로 전환점이나 기회로 이어졌다는 이야기와 계속해서 진지한 선택만을 해온 것이 아니라는 점도 흥미로웠어요. 엔비디아의 이자키 다케시 씨(3장)처럼 '설렘과 두근거림'으로 직장을 옮기거나 다양한 일을 경험하는 것도 하나의 방법이에요. 상당히 많은 시간을 일하면서 보내기 때문에 '일이 즐겁지 않으면 인생이 재미없다'라는 말씀이 인상적이었어요.

시네하: 야기타 히로유키 씨(2장)는 고등전문학교를 졸업한 뒤에 입사한 미쓰비시 중공업 그룹에서 지금도 활약하고 있는데 관여해 온 업무, 나라, 지역이 상당히 다양했습니다. 또 직장에 다니면서 대학원에 입학하는 등 에너지 넘치는 성격이 매력적이었어요. 한 학생이 야기타 씨의 강의를 듣고 '나도 모르는 사이에 일본 대기업에 다니는 샐러리맨은 다 똑같다는 고정관념을 가지고 있었다는 걸 깨달았다'라는 코멘트를 보고 기뻤어요.

나카무라: 디자이너인 나카무라 유고 씨(3장)의 이야기도 다른 강사와 전혀 다른 스타일이어서 인상 깊었어요. 본인이 디자인한 작품 이야기를 하시다가 마지막에는 엄청난 기세로 커리어 토크를 해주셨지요.

오카모토: 자신의 선택과 마주하고, 자신을 스스로 이해시키며, 철저하게 집중하자는 메시지가 마음에 와닿았습니다.

나카무라: 저는 공정거래위원회의 간다 데쓰야 씨(2장)의 '아직 아무도 하지 않은 일을 하라'는 메시지가 인상적이었어요. 관료라는 틀에 박힌 이미지와 달리 사고방식이 상당히 스마트했던 것 같습니다. 사회의 기반을 만드는 일이라는 게 이런 거라는 것을 알게 되었고, 마음에 울림도 있었습니다. 학생들도 관료에 대한 고정관념이 깨지지 않았을까요?

시네하: 오사카대 고바야시 다다시 교수님(4장)의 '교양'에 대한 이야기도 인상적이었습니다. 저희 역시 교양학부 〈커리어 교실〉이기 때문에 교양의 중요성을 학생들에게 제대로 전달하고 싶었어요. 그런데 교양이 무엇인지는 사실 매우 어려운 문제인 것 같습니다. 고바야시 교수님은 가까운 곳에 있는 다양성을 깨닫고 경의를 표하는 일이 '배어 나오는 교양'으로 이어진다는 것을 '자신을 한 발 떨어져서 본다'라는 제아미의 '이견의 견(離見の見)'을 예로 들어 설명해 주셨죠.

오카모토: 교수님의 말씀을 바탕으로 생각해 보니 모든 강사분에게서 이런 '배어 나오는 교양'을 느낄 수 있었던 것 같습니다.

시네하: 좁은 의미에서의 '도움이 된다'는 개념을 깨고, 직접적인 돈벌이로 이어지지는 않더라도 소중히 여겨야 할 가치가 있다는 메시지는 아직 전공을 정하지 않은 학생들에게 매우 좋은 자양분이 되었을 것 같아요. 시야를 넓히면 자기 자신이 서 있는 위치를 멀리서 내려다볼 수 있게 됩니다. 그것이 자신과는 다른 타자에 대한 존중으로 이어질 거예요.

커리어에는 왕도도 정답도 없다

독자들에게 보내는 메시지

시네하: 이 수업의 메시지는 비단 도쿄대생들에게만 적용되는 것이 아니에요. 그렇기에 책으로 낼 생각을 했습니다.

나카무라: 맞아요. 자기 생각과 행동에 따라 다양한 환경으로 진출할 수 있다는 걸 알았으면 하는 바람입니다. 또 젊은 독자뿐 아니라 그들의 부모 세대도 자신이 걸어온 지금까지의 길이 전부가 아니며 세상에는 다양한 선택지가 있다는 것을요.

시네하: 대학에서 배운 자신의 전공이 그대로 일로 직결되는 경우는 그렇게 많지 않습니다. 대학 선택 하나만 해도 '지금 취직이 잘 되니까 이 대학의 이 과를 가겠다'는 선택은 믿을 게 못 됩니다. 관심 분야가 바뀌는 경우가 있는가 하면 유급이나 좌절 경험이 양식이 될 때도 있어요. 초조해하지 말고 지금 할 수 있는 일에 최선을 다했으면 좋겠습니다.

오카모토: 다양한 커리어의 모습을 소개했는데, 여기서 소개한 것만이 전부가 아니라는 것 또한 알았으면 좋겠어요.

시네하: 네, 습관처럼 해답을 찾을지 모르지만, 커리어에는 정답이 없어요. 고민하는 시간을 갖는 것도 좋고, 고민하지 않아도 되는 일도 있습니다. 시행착오를 겪는 일이 길을 만드는 방법이라고 생각합니다.

나카무라: 고민하고 우여곡절을 겪는 것도 하나의 본질이기 때문에 저는 높은 차원에서 넓게 배우고 자신의 흥미와 계속해서 마주하기를 권하고 싶어요. 학생이라면 좋은 학점을 따기 위해 요령을 부릴 것이 아니라 학생 시절에만 할 수 있는 공부에 몰두해서 교양을 쌓고 시야를 넓혔으면 좋겠습니다.

오카모토: '이렇게 되려면 이렇게 해야 한다'는 식으로 골인 지점에서 역산해서 계획을 짜지 않았으면 좋겠어요. 가능성을 좁히게 되니까요.

나카무라: 야마자키 마유카 씨(3장)가 '그때그때 할 수 있는 일에 최선을 다하다 보면 다음 일로 이어진다'고 말씀하신 것처럼 말이죠?

시네하: 그런 의미에서 "학생 시절에 꼭 해둬야 할 일이 있을까요?"라는 학생들의 질문에 많은 강사분이 "공부도 열심히 해야 한다."라고 말한 부분도 주목했으면 좋겠네요.

세계 일류라 불리는 대학의 강의를 인터넷으로 누구나 시청할 수 있는 시대에 군이 대학이라는 장소에서 배우는 이유가 무엇일까요? '시간과 공간의 축을 넘어서 선인들의 축적되고 체계화된 지식을 배울 수 있다는 것, 함께 배우는 동료가 있다는 것, 전문적인 교원이 시간을 할애해 준다는 것', 이런 혜택을 받을 수 있다는 것이야말로 학생의 특권이라고 생각합니다. 그것이 커리어를 구축하고 인생을 개척해나갈 기반이 되고, 남을 존중하며 함께 일할 수 있는 '교양'을 쌓는 게 아닐까요?

다가올 새로운 시대를 어떻게 살면 좋을까요. 여러분은 꼭 학생의 특권을 살려서 욕심껏 배우고 자신의 커리어를 쌓아가기를 바랍니다.

사진: 오쿠니시 준지

감사의 말

이 책은 도쿄대 교양학부 부속 교양교육 고도화기구가 개설했던 학부 1, 2학년생을 위한 강의 〈교양학부생을 위한 커리어 교실 – 다가올 시대를 어떻게 살 것인가〉를 바탕으로 만들었습니다. 본 강의는 교양학부 고도화기구 사회연계 부문을 중심으로 한 자연과학교육 고도화 부문, 액티브러닝 부문, 과학기술 인터프리터 양성 부문 등 4개 부문의 연계 프로젝트로 진행되었습니다.

본 강의의 기획과 운영을 위해 4개 부문에 걸친 프로젝트 멤버*가 각각의 폭넓은 경험과 인맥을 동원해 본 강의가 지향하는 '다양한 커리어관'을 제시하기 위해 애써주었습니다. 이 책에는 수록되지 않았지만, 강의해주신 강사분들과 도쿄대 커리어 서포트실 분들에게 많은 도움을 받았습니다. 강의에 참여하고 활발하게 토론해 준 학생들과 티칭 어시스턴트의 의견도 많은 참고가 되었습니다. 또 이 책의 기획 단계부터 많은 의견을 주신 도쿄대 출판회의 스스키 시호 씨, 고토 겐스키 씨께 감사합니다.

마지막으로 이 책을 정리하는 일에 협력해주신 강사분들께 다시 한번 감사의 말씀을 전합니다.

2019년 2월
시네하 세이코 · 오카모토 요시코 · 나카무라 유키

* 프로젝트 멤버(소속은 당시)
동경대 교양학부 부속 교양교육 고도화기구
〈사회연계 부문〉
시네하 세이코(2015~2017), 오카모토 요시코(2016~), 가토 도시히데(2015)
〈자연과학교육 고도화 부문〉
나카무라 유키(2015~), 가시마 이사오(2015~), 호리 마유미(2017~)
〈액티브러닝 부문〉
후쿠야마 유키(2015~2017)
〈과학기술 인터프리터 양성 부문〉
사다마쓰 료(2015~2016), 에마 아리사(2015~2017), 미카미 고이치(2017)

옮긴이 김지윤

가톨릭대학교 철학과와 일본어과 졸업. 세이신여자대학교에 교환 학생으로 유학 후 와세다 대학교 대학원 일본어교육학과에서 공부했다. 글밥아카데미를 수료하고 현재 바른번역 소속 번역가로 활동 중이다. 옮긴 책으로《혼자가 되어야만 얻을 수 있는 것》,《죽은 철학자의 살아있는 인생수업》,《애착은 어떻게 아이의 인생을 바꾸는가》,《카를 융, 인간의 이해》,《친절한 사람이고 싶지만 호구는 싫어》,《운을 부르는 부자의 말투》,《민감한 나로 사는 법》,《물 흐르듯 대화하는 기술》,《그렇다면, 칸트를 추천합니다》,《부자의 습관》,《이방인: 세계의 차별을 여행하다》,《여자아이는 정말 핑크를 좋아할까》 등이 있다.

그들의 진로는 달랐다

초판 1쇄 인쇄 2020년 10월 16일
초판 1쇄 발행 2020년 10월 26일

지은이	시네하 세이코 · 오카모토 요시코 · 나카무라 유키
옮긴이	김지윤
펴낸이	나현숙

펴낸곳	디 이니셔티브
출판신고	2019년 6월 3일 제2019-000061호
주소	서울시 용산구 이태원로 211 708호
전화 · 팩스	02-749-0603
이메일	the.initiative63@gmail.com
홈페이지	www.theinitiative.co.kr
블로그	https://blog.naver.com/the_initiative
페이스북 · 인스타그램	@4i.publisher

ISBN	979-11-968484-4-6 03190

- 이 책은 저작권법에 따라 보호를 받는 저작물이므로 무단전재와 복제를 금지하며
  이 책의 전부 혹은 일부를 이용하려면 반드시 저작권자와 디 이니셔티브의 서면 동의를 받아야 합니다.
- 잘못된 책은 구입하신 곳에서 바꾸어 드립니다.
- 이 도서의 국립중앙도서관 출판예정도서목록(CIP)은 서지정보유통지원시스템 홈페이지
  (http://seoji.nl.go.kr)와 국가자료공동목록시스템(http://www.nl.go.kr/kolisnet)에서
  이용하실 수 있습니다. (CIP제어번호: CIP2020041749)

디 이니셔티브는 보다 나은 미래에 도전하는 콘텐츠 퍼블리셔입니다.